NÖRDLICHES EISMEER
Kap Des
1648
Neusibirische Inseln
heljuskin
Nischne-Kolymsk
Anadyr
BERING-MEER
Bering-Ins.
Jana
Indigirka
Kolyma
Olenek
Werchojansk
Lena
STANOWOL GEBIRGE
Kamtschatka
Nischne-Kamtschatsk
Werchne-Kamtschatsk
Petropawlowsk
Bolscherjezk
Kap Lopatka
Wiljuisk
Jakutsk
Ochotsk
OCHOTSKISCHES MEER
Olekminsk
Aldan
Ajan
Nikolajewsk
SACHALIN
KURILEN
Kirensk
Witim
Olekma
Albasin
Amur
Baikal See
Tschita
Nertschinsk
Argun
Blagowetschensk
Chabarowsk
Aigur
Tsitsikar
JAPAN
MANDSCHUREI
Wladiwostok
Moukden
Tokyo
Kyoto
Osaka
Soul
Tientsin
KOREA
Hwang Ho
Nagasaki
CHINA

B. Möller

Knaus
K

TATIANA METTERNICH

Die Stroganoffs

Eine ungekrönte
Dynastie

ALBRECHT KNAUS

Gesetzt aus Korpus Sabon
Satz: Filmsatz Schröter GmbH, München
Schutzumschlag: Werner Rebhuhn
unter Verwendung eines Gemäldes des
Grafen Paul Alexandrowitsch Stroganoff
von Monnier, mit freundlicher Genehmigung
des Besitzers, Baron Eduard Falz-Fein.
Druck und Bindung: Mohndruck Graphische
Betriebe GmbH, Gütersloh
Printed in Germany
ISBN 3-8135-0067-5

«Ein Bruch in der Geschichte eines Volks ist wie eine Naturkatastrophe. Es ist, als ob man einen mächtigen Fluß mutwillig unterbrochen und aus seinem Bett getrieben hätte. Da entstehen Überschwemmungen, Zerstörungen, unübersehbare Moraste, eine Verwüstung der Landschaft und Umwälzung der Lebensbedingungen.»

Alexander Solschenizyn

Dieses Buch ist ein Versuch,
im Dialog mit einer Familie
die verlorene Geschichte Rußlands
wieder in Erinnerung zu bringen.

T. M.

INHALT

VORWORT

Unter den großen russischen Familien spielten die Stroganoffs eine einzigartige Rolle. Ihr Beitrag zur materiellen und kulturellen Entwicklung des Landes über eine Zeitspanne von mehr als sechs Jahrhunderten hinweg war überragend. Im Familienarchiv aufbewahrte kaiserliche Erlasse, zu denen nur wenige Historiker Zugang hatten, bezeugen immer wieder große Tatkraft, selbstlosen Patriotismus und Hingabe an die Heimat, Eigenschaften, die fortan die Tradition dieser Familie prägten.

Die Stroganoffs waren ursprünglich Bürger der Hansestadt Nowgorod, doch sie wurden nicht als Kaufleute oder Bojaren, sondern als «Erlauchte Herren» bezeichnet – ein Titel, den keine andere Familie führte. Sie traten zum erstenmal ins Licht der Geschichte, als sie ein ungeheures Lösegeld für den Moskauer Großfürsten Wassili den Dunklen bezahlten, um ihn aus tatarischer Gefangenschaft zu befreien.

Ende des 16. Jahrhunderts begannen sie mit der Eroberung Sibiriens. Unter dem Ataman Ermak rüsteten sie ein kosakisches Expeditionskorps aus. Dieser Streitmacht gelang es durch die Hilfe der Stroganoffs, die plündernden Nomaden des Kutschum Khan zu unterwerfen; sie belagerten erfolgreich dessen Hauptstadt Sibir und eroberten sie.

Die Stroganoffs waren ermächtigt, Städte zu gründen und Festungen zu errichten, Armeen aufzustellen, Kanonen zu gießen und selbständig Feldzüge zu führen. Sie verwalteten ihre Ländereien selbst. Sie übten das Richteramt aus und konnten ihrerseits nur vom Tribunal des Zaren gerichtet werden. Bahnbrechend wirkten sie mit beim Bergbau und bei der Industrialisierung ihrer riesigen neu erworbenen Gebiete. Sie gründeten Städte, bauten Kirchen und Schulen.

Im Jahr 1790 trat Graf Stroganoff zehn Millionen Desjatinen – etwa elf Millionen Hektar Land – an die Krone ab, weil ihm seine Besitzungen zu gewaltig und von einer Familie kaum zu bewirtschaften waren. Als vertrauter Freund der

Zarin Katharina II. wurde er zum Präsidenten der Akademie der schönen Künste in St. Petersburg ernannt. Mit eigenen Mitteln unterstützte er den Bau der Kathedrale von Kasan.

Sein Sohn Paul geriet als junger Mann in die Wirren der Französischen Revolution und trat sogar in den Jakobinerklub ein. Durch die folgenden Ereignisse ernüchtert, wurde er nach seiner Rückkehr in sein Vaterland persönlicher Berater Alexanders I., später Gesandter in London und zeichnete sich in den Napoleonischen Kriegen aus. Ein späterer Graf Stroganoff stiftete 1862 zweieinhalb Millionen Rubel, um seine Bauern zu Eigentümern des von ihnen bewirtschafteten Landes zu machen. 1902 beteiligten die Stroganoffs ihre Arbeitskräfte an allen ihren Industrieunternehmungen.

Im Jahr 1905, beim Ausbruch des Krieges gegen Japan, schenkten sie der Regierung ein Konvoi-Schiff. Eines ihrer letzten männlichen Familienmitglieder kämpfte als Marineoffizier in der Schlacht von Tsuschima. Sein jüngerer Bruder wurde nach dessen frühem Tod der letzte Erbe. Als kaiserlich-russischer Marineoffizier entkam er von der Krim nach Amerika und trat in die US-Marine ein. Er nahm am Zweiten Weltkrieg teil und erhielt den Auftrag, in Murmansk einen Kreuzer an die sowjetische Marine zu übergeben. Er wurde dem amerikanischen Marineberater des Präsidenten Roosevelt in Jalta zugeteilt und war bei den meisten folgenschweren Beratungen dort zugegen. Dabei sah er Schlösser und andere Orte wieder, die er ein Vierteljahrhundert früher so gut gekannt hatte.

Es gelang ihm, eine Anzahl schriftlicher Dokumente, Familienpapiere und ein Konvolut kaiserlicher Erlasse, Kataloge, Photographien und Briefe zu retten, die mir für dieses Buch von großem Nutzen waren.

Zur Grundlage hat dieses Buch Familienüberlieferungen, zum Teil unveröffentlichte Papiere und Dokumente, zeitgenössische Tagebücher, Briefe und Berichte, die Jahrhunderte zurückreichen.

Die Transkription der russischen Wörter und Eigennamen

weicht manchmal von den im Deutschen üblichen Umschreibungen ab. Sie folgt der Petersburger Aussprache und versucht, der russischen Schreibweise möglichst nahezukommen, doch wurden gewisse historische Familiennamen in der Schreibweise wiedergegeben, die sich seit Generationen in Westeuropa eingebürgert hat.

Tatiana Metternich

EINFÜHRUNG

Die Familie Stroganoff

Die riesige Landmasse des russischen Kontinents erweckte bei ihren Bewohnern schon immer eine tiefe Sehnsucht nach Weite – «Prostor». Diese Sehnsucht führte die Menschen zu seelischer Verinnerlichung, zur Suche nach Gott und auch zu einem Drang, sich über den sie umgebenden leeren Großraum auszubreiten; ihre ganze Geschichte ist davon geprägt (N. Arsenjeff). Reisende, Abenteurer, Freibeuter, Forscher, Siedler und ein nie endender Strom von Pilgern, die in der historischen Entwicklung des russischen Volkes eine so entscheidende Rolle gespielt haben, waren von demselben Wandertrieb ergriffen und durch die «Gewalt des Raumes» angetrieben. Dieser innere Drang ließ die Menschen nach fernen Horizonten suchen, von weit entlegenen Meeren träumen, Hindernisse und Widrigkeiten überwinden.

Entdeckungen und Unternehmungen führten zu materiellem Gewinn, doch der materielle Vorteil war stets unbedeutend für den großen Abenteurer und Seefahrer, der für andere, die ihm folgen sollten, den Weg bahnte. Die Suche nach Gold, Gewürzen oder Pelzen war oft nur ein praktischer Vorwand für den Aufbruch und Vorstoß ins Unbekannte. Diesem schöpferischen Impuls sind viele entscheidende Errungenschaften der Menschheit zu verdanken.

Trotz der Umwälzungen, Unruhen, Wirrnisse und Gewalttätigkeiten der russischen Geschichte ist bis zur Revolution ein unablässiges Streben nach Weiterentwicklung und Verbesserung der Verhältnisse zu beobachten, unabhängig von der Unterstützung durch die Herrschenden oder vom Wechsel der Regierungen und dynastischen oder politischen Wandlungen. Rußland schöpfte seine Kraft einzig und allein aus der persönlichen Initiative mutiger und einfallsreicher Persönlichkeiten, unter denen die Stroganoffs eine einzigartige Stellung einnehmen.

Das Zeitalter der Vernunft verlangte nach einer Lösung eines jeden Problems und suchte bei jeder Behinderung des stets zu erwartenden Fortschritts nach einem Schuldigen. Dabei wurde die Tatsache außer acht gelassen, daß jede Neuerung eine Störung des bestehenden Gleichgewichts mit sich bringt und eine neue Anpassung verlangt.

Die moderne Erkenntnis, daß «Lösungen neue Probleme hervorrufen», ist in der Tat revolutionär; sie fordert Realismus, Geduld und die Hinnahme langsamer Entwicklungen und organischen Wachstums, ohne auf die schöpferische Phantasie zu verzichten.

Der Schriftsteller Wladimir Bukowski bemerkt: «Wir brauchen nur einen Blick auf unsere eigene Zeit zu werfen, um ihre bestürzenden negativen Aspekte zu erkennen; aber gleichzeitig gibt es ungeheuer positive Entwicklungen von einer Kontinuität, die anscheinend von keiner Katastrophe beeinträchtigt werden kann.»

Sich an die jeweiligen Notwendigkeiten und Bedingungen ihrer Zeit anpassend, leisteten die Stroganoffs sechs Jahrhunderte hindurch einen entscheidenden und vielfältigen Beitrag zur Entwicklung des russischen Reichs. Nie hielten sie nach einer Rolle im Spiel der politischen Mächte Ausschau, nie waren sie Höflinge; auf diese Weise vermieden sie Rivalitäten und Neid. Ihr kritisch fragender Verstand war mit neuen Konzeptionen beschäftigt, ob es sich nun um die Eroberung und Kolonisation [1] Sibiriens oder um großzügige Reformprogramme handelte. Sie waren nie selbstzufrieden, saturiert oder gleichgültig, sondern immer bereit zu neuen Abenteuern; kein noch so gewagtes Unternehmen konnte sie abschrecken.

Es kommt selten vor, daß sich eine Familie über Jahrhunderte durch ein so ausgeprägtes Traditionsbewußtsein und eine solche Beständigkeit auszeichnet. Im Wechsel der Generationen wiederholten sich die gleichen Gedankengänge und Loyalitäten. Dank der Zurückhaltung, die sie sich selbst auferlegten, und ihrem angeborenen Sinn für Verantwortung verführte ihr großer Reichtum die Stroganoffs niemals zum

Mißbrauch. Sie besaßen kein Eigentum, das sie anderen weggenommen hatten, sie hatten ihren Reichtum selbst geschaffen und betrachteten sich als Hüter und Verwalter ihres Besitzes, den sie freigebig wieder verschenkten.

Die Bindungen und Zuneigungen zwischen Vater und Sohn – nur selten blieb mehr als ein Sohn der Familie erhalten – scheinen außergewöhnlich eng und innig gewesen zu sein. Erst nach dem Tod des letzten Erben in der napoleonischen Ära traten die Frauen der Familie in den Vordergrund.

Wer seit dem Mittelalter ein Bürger von Nowgorod war, konnte als Weltbürger gelten. Diese Eigenschaft bewahrten die Stroganoffs viele Jahrhunderte hindurch. Sie waren nicht «verwestlicht» in dem Sinne, daß sie ihre russischen Wurzeln und ihr russisches Wesen verleugnet hätten, aber während sie ihre Liebe zur Heimat und ihre tiefe orthodoxe Frömmigkeit bewahrten, trugen sie den Westen im Herzen mit.

«Die Geschichte ist irrational und ungeordnet; sie windet sich und schlängelt sich wie ein Fluß. Wer behauptet, sie sei ein stehendes Gewässer und versucht, ihr eine neue Richtung aufzuzwingen, unterbricht ihren Lauf, der Fluß hört auf zu existieren; denn der Strom der Geschichte setzt sich aus einer Kette von Institutionen, Traditionen und Bräuchen zusammen.» (A. Solschenizyn)

Die Stroganoffs sind ein lebender Beweis für diese Kette. Im Lauf von sechs Jahrhunderten hat ein halbes Dutzend Angehöriger dieser bemerkenswerten Familie wesentlich zu ihrer ungebrochenen Kontinuität beigetragen. Doch so unabhängig sie ihren Weg auch gingen, ist es wichtig, die Atmosphäre ihrer Zeit zu erfassen, denn bis 1917 war diese unweigerlich mit dem Charakter und den Absichten des herrschenden Monarchen verknüpft.

Die meisten bedeutenden Historiker des späten 18. und des frühen 19. Jahrhunderts wie N. N. Karamsin, N. G. Ustrjaloff, S. M. Solowjeff, L. N. Maikoff und andere waren davon überzeugt, daß die Stroganoffs nicht nur die Eroberung von Sibirien eingeleitet haben, sondern daß diese bemerkenswerte Leistung in jener Zeit einzig ihr Verdienst war.

Karamsin und Solowjeff insbesondere galten als die tragenden Säulen der russischen Geschichtsschreibung. Im 20. Jahrhundert bestätigten S. F. Platonoff, B. Nolde, S. W. Bachruschin, Wedensky und andere diese Ansicht. Sie bezeugten, daß die Archive der Stroganoffs eine große Anzahl von Dokumenten und Freibriefen enthielten, die der Familie von verschiedenen Zaren gewährt wurden und bisher der Öffentlichkeit nicht zugänglich waren. Zu Anfang des 19. Jahrhunderts erlaubte Sophie Wladimirowna Stroganoff dem Historiker Ustrjaloff, eine Liste der Familiendokumente und kaiserlichen Erlasse zusammenzustellen, von denen es mehr als zwanzig in den Stroganoff-Archiven gab. Zu diesem Material hatten andere Historiker wie beispielsweise P. I. Nebolstyn und S. A. Adrianoff keinen Zugang, daher die häufigen Verfälschungen in ihren Darstellungen der sibirischen Eroberung.

Vor 1917 erhielten nur N. G. Ustrjaloff und der Großfürst Nikolai Michailowitsch, der Verfasser einer Biographie über den Grafen Stroganoff, durch den Grafen Sergej Grigorjewitsch Stroganoff (ein Förderer des russischen Erziehungssystems), der beide Historiker kannte und schätzte, Zugang zu den Archiven. In den zahlreichen Erlassen sagten die Zaren dem Projekt der Familie Stroganoff, Sibirien auf eigene Faust zu erobern und auf diese Weise dem russischen Reich einen halben Kontinent zu erschließen, ihre volle Unterstützung zu. Die kaiserlichen Erlasse waren in einem langatmigen, weitschweifigen Stil gehalten, kalligraphisch in verschnörkelter Schrift auf Pergament aufgetragen, jede Seite mit Ornamenten von Vögeln und Blumen reich verziert und von den Wappen der kaiserlichen Städte eingerahmt. In Brokat gebunden, wiesen sie goldene Verschnürungen auf, an deren Quasten sich bei jeder Urkunde ein kleines vergoldetes Kästchen mit dem kaiserlichen Siegel aus rotem Wachs befand.

Da geographische und politische Grenzen in dem Gebiet, das zum russischen Reich werden sollte, fehlten, stießen Invasoren nicht auf Widerstand. Die Steppenstämme wanderten vor und zurück, der Unsicherheit der weiten südöstlichen Ebenen ausgesetzt. Jedes Steppenvolk, das sich der Zeit und seiner Rolle darin bewußt war, unterschied sich deutlich von anderen. Nur Religion und nationale Einheit konnte einen kriegerischen Stamm zusammenhalten und eine Grundlage bilden für konstruktive Versuche, das ungegliederte Land zu einer Einheit zu machen. Es vermittelte allerdings kein ausgeprägtes Formgefühl. Dem Staat blieb es überlassen, einen Rahmen zu finden, der dann mehr oder weniger freiwillig auferlegt wurde. Anders als unter den früheren Beherrschern der Steppe wurde die Region von den Pripjetsümpfen bis zur Wüste Gobi von den Russen nicht nur erobert, sondern auch zivilisiert.

Der Sage nach wurde die Stadt Nowgorod ursprünglich von Noahs drittem Sohn Japhet gegründet und durch den Apostel Andreas persönlich christianisiert. Zunächst siedelte sich hier der Wikingerfürst Rurik (Hroerekr) an. Sein Verwandter Oleg (Helgi) und Ruriks jüngster Sohn Igor (Ingvarr), die nach seinem Tod Kiew belagerten, entrissen die Stadt anderen Wikingerführern. Igor befreite alle slawischen Stämme und Städte der Umgebung von der Unterdrückung durch die Chasaren, einem euroasiatischen Turkmenenstamm, der zum hebräischen Glauben übergetreten war. Er vereinigte die eroberten Gebiete unter seiner Herrschaft. Die Belagerung von Byzanz im Jahr 907 blieb in legendärer Erinnerung. Igors Gemahlin Olga bekehrte sich zum Christentum, aber erst ihr Enkel Wladimir empfing in Cherson die Taufe und führte das Christentum in seinem Land ein. Er hatte sich wegen «der überwältigenden Schönheit ihres Rituals» für die orthodoxe Religion entschieden[2].

Das russische Kiew war drei bestimmenden Einflüssen ausgesetzt: der tief verwurzelten slawischen Naturverbundenheit, dem Einfluß und dem Glauben von Byzanz und der westlichen Kultur, denn Kiew war Westeuropa durch den Handel und durch Einheirat in bedeutende königliche Familien eng verbunden. Die drei Töchter Jaroslaws des Weisen, Enkelinnen Wladimirs, der mit einer schwedischen Prinzessin verheiratet gewesen war, wurden Königinnen von Frankreich[3], Norwegen und Ungarn, seine vier Söhne heirateten byzantinische und deutsche Prinzessinnen.

Das russische Kiew entwickelte sich zu einem kämpferischen christlichen Kulturzentrum. Es war ein Bollwerk gegen anbrandende, weniger zivilisierte Steppenvölker und bewahrte den Westen vor deren Eindringen. Ein Sinn für Majestät und schicksalhafte Bestimmung wurde durch die Kirche vermittelt, die dieses einfache Kriegervolk dazu brachte, von der Schöpfungsgeschichte bis zum Jüngsten Gericht Patriarchen, Propheten und Aposteln die Treue zu halten. Die Blüte sakraler Kunst war für die russische Kirche kein äußeres, schmückendes Beiwerk der Religion, sondern ein «Ausdruck der seelischen Inbrunst; geistige Schönheit wurde in greifbare Formen übersetzt, ein Beweis für den außerordentlichen geschichtlichen Sinn, ein besonderes Merkmal der frührussischen Kultur»[4].

Die Mongolen legten Kiew 1240 in Schutt und Asche. «Niemand kann mit Gewißheit sagen, woher sie kommen, wer sie sind oder was ihre Sprache, Rasse oder ihr Glaubensbekenntnis ist. Aber sie werden Tataren genannt», bemerkt ein zeitgenössischer Chronist. Ihr einziges Vermächtnis war administrativer und militärischer Natur, denn in ihrem Gefolge zog eine jener Schreckensperioden herauf, in denen laut Spengler «die Geschichte sich ermattet zum Schlaf niederlegt. Der Mensch wird wieder zur Pflanze, dumpf und erschöpft klammert er sich an den Erdboden ...»

Das Christentum, der Russen einziger Schutz und Trost, entwickelte sich zu einer Religion, die den Kampf gegen natürliche Unbilden und gegen das Heidentum erfolgreich aufnahm.

Nowgorod, eine Stadt der Hanse

Dank einem frühen Frühlingstauwetter, das alle Zugangswege in einen riesigen Sumpf verwandelte, wurde Nowgorod wunderbarerweise vor der Invasion der Tataren bewahrt. Der «Vater der russischen Städte» – ihre «Mutter» Kiew war vernichtet worden – blieb einerseits das ungebrochene Bindeglied zur Kiewer Tradition und stellte andererseits die einzige Verbindung zu Westeuropa her. Sinnbild dieser Doppelfunktion waren die aus dem 12. Jahrhundert stammenden Bronzetüren der Nowgoroder Kathedrale der heiligen Sophia. Eine von ihnen kam aus Byzanz, eine andere aus Magdeburg.

Als Mitglied der Hanse[5] konnte Nowgorod auf eine ältere und unabhängigere Tradition zurückblicken und verfügte über größere wirtschaftliche Macht als irgendeine andere Hansestadt.

Vier Provinzen Nowgorods erstreckten sich bis zum Weißen Meer, zum Finnischen Golf und im Südwesten bis zu dem Fluß Scheloni. Die fünfte lag weit im Nordosten, einige zweitausend Kilometer von Nowgorod entfernt. Allmählich wurde sie faktisch unabhängig. Im Südwesten des Ladogasees gelegen, besaß Nowgorod eine Schlüsselstellung an der «östlichen Wasserstraße», die nach Süden bis Byzanz und zum Mittelmeer, nach Norden wieder zurück über das Schwarze Meer und über die Flüsse Dnjepr, Lovat und Wolchoff zu den baltischen und skandinavischen Staaten führte.

Der Handel Nowgorods lag zum größten Teil in der Hand einer Gilde von Kaufleuten; man verkaufte Pelze, Bernstein von der Ostsee, Leder und vor allem Bauholz aus den riesigen nördlichen Regionen. Nowgorods Handelsinteressen, die bis nach Indien reichten, hat Rimsky-Korsakoff in seiner Oper «Sadko» dargestellt.

Die Stadt wurde demokratisch von einer Versammlung ihrer männlichen Bürger regiert; sie setzte sich aus Bojaren, Kaufleuten, Handwerkern und aus dem einfachen Volk, dem «Tschern»[6], zusammen. Diese Versammlung, «Wetsche» genannt, trat beim Läuten der großen Glocke auf dem Hauptplatz im Zentrum der Stadt zusammen. Um eine Entscheidung zu fällen, war ein einstimmiges Votum notwendig. Die «Wetsche» wählte den Bürgermeister, bestimmte den Fürsten als Befehlshaber der Armee und ernannte den Erzbischof, der auch in weltlichen Angelegenheiten der Republik eine einflußreiche Rolle spielte. Die Würdenträger konnten auch wieder abgewählt werden. Ein deutsches Geldsystem war im Gebrauch, und die Bevölkerung, ausgenommen der «Tschern», konnte zu achtzig Prozent lesen und schreiben. Als beratende Institution hatte die «Wetsche» schon im Kiewer Rußland existiert, aber in Nowgorod bedeutete sie das eindrucksvolle Experiment einer echt demokratischen Regierungsform.

Nach 1270 wählte die «Wetsche» statt eines Fürsten einen «Bürgermeister» zum Regierenden, aber die Stadt behielt ihre volle Souveränität. Sie rechtfertigte auf diese Weise ihren Namen «Gospodin Nowgorod Weliki»: Herr Nowgorod der Große. Nach Westen hin wurde Nowgorod durch seinen Verbündeten und «kleinen Bruder», die befestigte Stadt Pskoff, die von einem selbständigen Fürsten regiert wurde, geschätzt.

Später brach ein offener Zwist zwischen den Parteien aus, die um die Stimmen der Bevölkerung kämpften. Es kam zu einem Klassenkampf, der die Verteidigungskraft gegenüber den territorialen Ansprüchen des immer mächtigeren Moskau schwächte. Ein alter Chronist berichtete lakonisch: «Das Volk gab sich leichtsinnig zügelloser Freiheit hin.»

Der Ursprung der Stroganoffs

Der Ursprung der Familie Stroganoff liegt im Nebel der Legende: Sie wird zum erstenmal in den Berichten des Bürgermeisters von Amsterdam, Nikolaus Witzen, erwähnt («Nördliche und östliche Tatarei», 1692). Ihr Ahnherr Spiridon soll ein getaufter «Murza» (tatarischer Kleinfürst) gewesen sein, der eine Moskauer Prinzessin heiratete und die christliche Armee gegen sein eigenes Volk führte. In einen Hinterhalt geraten und gefangengenommen, starb er den Märtyrertod durch Schinden («stroganije»), woher der Familienname stammen soll. Wahrscheinlicher ist die Version einer Chronik aus dem Kyril-Kloster am Weißen Meer, derzufolge die Stroganoffs von einer alteingesessenen Nowgoroder Familie, den Dobrynins, abstammen sollen.

Im 14. Jahrhundert berichtet ein Chronist aus Nowgorod, daß Spiridon Stroganoff starke Truppenverbände im Feldzug des Fürsten Dimitri Donskoj gegen die Tataren unter Khan Mamai kommandierte, als es 1380 zur Entscheidungsschlacht bei Kulikowo kam: «Noch drei Tage danach war der Don ein Fluß aus Blut.» Der Fürst war damals neunundzwanzig Jahre alt.

Spiridon soll übrigens auch das tatarische Rechengerät, den Abakus, in Rußland eingeführt haben, wo er auch heute noch vielerorts in Gebrauch ist.

Die Stroganoffs gehörten zur Klasse der «Zhityje ljudi» (etablierte aktive Besitzbürger im Gegensatz zu den «trägen und passiven» Schichten). Sie wurden nie als Kaufleute oder als Bojaren bezeichnet, sondern erhielten bald den Titel «Erlauchte Herren» (Imenityje ljudi)[7].

Als Großgrundbesitzer, deren Vermögen auf Landwirtschaft, Forstwirtschaft und Handel, vor allem mit Salz, Pelzen, Leder und Bauholz beruhte, waren sie ständig mit neuen Unternehmungen beschäftigt. Sie weiteten die Grenzen ihrer Besitzungen so weit aus, daß ihr Vermögen zum größten in ganz Rußland zählte. Offenbar sind sie eine unternehmungslustige Familie gewesen, vergleichbar den amerikanischen Pionieren des 18. und 19. Jahrhunderts. Sie bewahrten sich aber alle Eigenschaften, die für die Menschen ihrer Heimatstadt typisch waren: geistige Unabhängigkeit, Aufgeschlossenheit und Toleranz, ohne ein tiefes Gefühl für die Zugehörigkeit zu Rußland und seine orthodoxe Tradition zu verlieren.

Im Jahr 1445 zahlte Spiridons Enkel Luka Kusmitsch «das riesige Lösegeld» für den Fürsten «Wassili den Dunklen« aus Moskau, der geblendet und später von Khan Machmet von Kasan vor Susdal gefangengenommen worden war. Inzwischen hatte Wassilis Feind Dimitri Schemjaka, der Wassili gern auf Lebenszeit in Gefangenschaft gesehen hätte, Moskau erobert. Damals gab es keine Möglichkeit, den Fürsten durch eine nationale Beisteuer freizukaufen.

Ende des 15. Jahrhunderts faßte Luka Kusmitsch den schwerwiegenden Enschluß, mit seiner Familie von Nowgorod in den Ural zu ziehen, an den «Steinwall», der Europa von Asien trennt. Es ging ihm darum, dort die ergiebigen unterirdischen Salzlager auszubeuten. Der Ural war außerdem reich an Eisenerz, Gold und Halbedelsteinen. Ausgedehnte und jahrhundertealte Lärchenwälder lieferten Holz für den Schiffbau. Ende des 19. Jahrhunderts stieß man dort auch auf Platinvorkommen.

Vierhundert Kilometer westlich des Urals ließ die Familie sich in Solwytschegodsk nieder. Bald war eine Siedlung um das befestigte Holzhaus herum entstanden. Im Jahr 1789 wurde ein Schloß aus Holz mit einem Turm errichtet. Das Gebäude war zweiundsiebzig Meter lang und mit einem ausgedehnten Flügel für das Personal versehen. Es ersetzte das allmählich verfallende Gebäude von 1565.

Nowgorod, das nicht wie Moskau von den Mongolen unterjocht worden war, unterhielt vielseitige Beziehungen zu den größeren Städten des Kiewer Rußland. Der Fall Kiews hatte zu einem kulturellen und politischen Bruch zwischen dem katholischen Europa und den orthodoxen Slawen im Osten geführt. Dennoch gab es noch Kontakte mit dem Westen. Immer wieder kamen Reisende auch während der Tatarenherrschaft in den Osten. Künstlerische Einflüsse und technische Neuerungen sickerten weiterhin von Byzanz her ein.

Nowgorod hatte an eine friedliche Koexistenz mit Moskau geglaubt. In den Klöstern potenzierten sich durch das «lange Schweigen» die geistigen Energien, während Moskau zu einer neuen politischen Macht heranwuchs, die keinen Rivalen neben sich duldete. Im 15. Jahrhundert wurde Nowgorods einzigartige kosmopolitische Stellung von Iwan III. zunichte gemacht. Unter seinem Enkel Iwan IV. dem Schrecklichen hatte der kulturelle Bruch zwischen Nowgorod und Moskau bereits bedrohliche Ausmaße angenommen und schien den Zwiespalt der gegensätzlichen Kräfte in Rußland zu symbolisieren. Der Angriff Iwans IV. gegen Nowgorod und das von ihm veranlaßte Massaker der Stadtbewohner zerstörte das bedeutendste Bindeglied zum Westen, das im Norden Rußlands seit den Kiewer Zeiten bestand.

Fälschlicherweise wurde immer wieder auf östliche oder westliche Einflüsse hingewiesen. In Wirklichkeit bestand eine tiefe Kluft zwischen dem Drang nach Weltoffenheit und einem Rückfall in die finstere, instinktbeherrschte Vergangenheit.

In den folgenden Jahrhunderten sollte eine Anzahl führender Familien die Synthese verkörpern zwischen westlicher Aufklärung einerseits und Verwurzelung in der russischen Erde als zutiefst empfundene Verbundenheit mit dem orthodoxen Glauben andererseits.

Unbeeinflußt durch die politischen Verwicklungen dehnte Luka Stroganoff seine Handelsbemühungen und seinen Landbesitz immer weiter aus – er reichte bald von der Region um Solwytschegodsk am Fuß des Urals bis zur gesamten Provinz von Perm.

Luka erhielt außerdem das Recht, Steuern in dem unter Moskauer Herrschaft stehenden Gebiet an der Dwina zu erheben.

Er hinterließ nur einen Sohn, Fjodor, dessen drei ältere Söhne (Stepan, Ossip und Wladimir) kinderlos starben. Anika, der Jüngste (1488–1570) erwies sich als einfallsreich, energisch und intelligent – ein wahrer russischer Märchenheld. Er schuf eine solide Grundlage für die Unternehmungen der Familie Stroganoff. Die Nachkommen seines jüngsten Sohnes Semjon sorgten für den Weiterbestand der Familie.

I

ANIKA
1488–1570

Die Welt westlich des Ural

Anika Stroganoff wurde in Nowgorod geboren, kurz bevor sein Vater, Fjodor Lukitsch, mit der ganzen Familie nach Solwytschegodsk zog. Seine drei Brüder starben, und der Vater trat in ein Kloster ein; auf diese Weise wurde Anika zum Alleinerben und Oberhaupt der Familie. Das Erbe umfaßte umfangreichen Landbesitz, mehrere Salzsiedereien und andere Besitztümer. Er förderte die Salzgewinnung nicht nur in Solwytschegodsk, sondern auch in Perm und im Gebiet von Kolsk; dabei führte er Verfahren ein, die ihrer Zeit weit voraus waren. Außerdem gründete er Siedlungen an den Ufern der Kama, eines Nebenflusses der Wolga. Da die Kama im nördlichen Ural entspringt, war der Abtransport von Holz aus den Forsten der Stroganoffs gesichert.

Während der Regierungszeit König Eduards VI. von England unternahm Sir Hugh Willoughby im Mai 1553 mit drei Schiffen eine Expedition ins nördliche Rußland. Zwei der Schiffe erreichten Lappland, wo sie zu überwintern hofften, aber die Seeleute waren weder mit dem Klima noch mit dem Bau von Iglus vertraut. Sir Hugh Willoughby wurde später erfroren mit dem Logbuch auf den Knien aufgefunden.

Chancellor, der Kapitän des dritten Schiffs, erreichte Tschalmagory im Mündungsgebiet der Dwina, nördlich vom heutigen Archangelsk. Man brachte ihn nach Moskau. Er hat «die unvergleichliche Pracht» am Hof des Zaren Iwan IV. beschrieben. Man speiste dort von goldenen Tellern. Unter den bemalten Decken der Säle flimmerte alles in Gold und Silber.

Als Chancellor nach England zurückkam, hatte Queen

Mary den Thron bestiegen. Er gründete dann die «Muskovy Company», erlitt aber bei seiner zweiten Rückreise von Rußland Schiffbruch an der schottischen Küste. Nur der ihn begleitende russische Gesandte überlebte das Unglück. Er überreichte eine vom Meerwasser durchnäßte Botschaft des Zaren und eine Aufstellung der verlorengegangenen Geschenke. Von nun an entwickelte sich ein regelmäßiger Warenaustausch, durch den eine Anzahl englischer Abenteurer und Kaufleute nach Rußland gelangte. Sie schickten farbige und phantasievolle Reportagen von ihrem Aufenthalt nach Hause. Ein Engländer schilderte lebhaft die neuesten sportlichen Ereignisse dieser Zeit: «Tapfere junge Burschen kämpfen mit langen Speeren gegen riesige Bären. Kondraschka verlor nur eine Hand, aber Zhenka wurde der Kopf abgebissen.»

Nachdem er den hanseatischen Stützpunkt Nowgorod zerstört hatte, war der Zar bemüht, konkurrierende Handelspartner ins Land zu bringen. Anika wurde beauftragt, alle englischen und anderen ausländischen Händler und Kaufleute, die von Archangelsk nach Moskau unterwegs waren, zu kontrollieren. Sie durften weder Eisenerz noch Hanf zur Herstellung von Tauwerk kaufen. Moskau wollte jährlich über die Qualität des von Engländern und «Deutschen» (Ausländern) erworbenen Schiffsbauholzes und über die Waren unterrichtet werden, die sie auf dem freien Markt erstanden und nach Moskau transportierten.

Am 18. Mai 1562 erhielt Anika die Weisung, Weizen aus dem Gebiet von Solwytschegodsk einzutreiben und Getreidespeicher zu bauen. Die ausländischen Beziehungen Anikas waren ihm von großem Nutzen bei seinen eigenen Handelsunternehmungen, die bis ins Uralgebiet reichten. Im Tauschhandel bezog er von dort «weiche, wertvolle Waren», nämlich Pelze. Als er erfuhr, daß solche Pelze in großen Mengen jenseits der Gebirgskette zu beschaffen seien, entsandte Stroganoff eine aus zehn Männern bestehende Expedition über den Ural nach Sibirien, mit der Weisung, Handelsbeziehungen mit der einheimischen Bevölkerung aufzunehmen. Außerdem sollte die Expedition «mit äußerster Sorgfalt» Informationen über die Bevölkerung sammeln.

So mancher Reisende war schon früher im fernen Nordosten spurlos verschwunden, doch die Abgesandten kehrten wohlbehalten und mit guten Nachrichten zurück. Anika erkannte die gewaltigen Möglichkeiten, die nun in seiner Reichweite lagen. Im folgenden Jahr überquerten einige seiner Verwandten erneut den Ural. Die neuen Abgesandten fanden außer den schon bekannten Einheimischen im Flußgebiet des Ob auch die Ostjaken. Sie waren ein westsibirisches Volk, das zum ugurischen Zweig der Ural-Sprachgruppe gehörte und mit den Ungarn verwandt war. «Freundlich und gutmütig», tauschten sie billige Waren gegen wertvolle Silberfüchse, Hermeline und Zobelfelle ein.

In ihren vorher erwähnten Berichten über Rußlands «Nord- und Osttataren» (1609 und 1666) vertraten die Holländer Isaak Maasa und der Bürgermeister von Amsterdam, Nikolaus Witzen, die Ansicht, Anika Stroganoff sei einer der ersten Russen gewesen, die Sibirien entdeckt und den Handel mit den dortigen Nomadenstämmen in Gang gebracht hätten. In Wirklichkeit unterhielten schon lange vor seiner Zeit unternehmungslustige Reisende, «Pomorzy»[1] und andere Händler einen geheimgehaltenen Warenaustausch mit den Bewohnern Sibiriens, aber aus Angst vor Steuern und Konkurrenten hatten sie nichts darüber berichtet. Gewisse sibirische Regionen wurden sogar auf der Titelliste des Moskauer Zaren erwähnt.

Nach Witzens Meinung haben die Stroganoffs im Gegensatz zu anderen nicht versucht, ihre Handelsbeziehungen zu verheimlichen.

Vermutlich unternahm Anika in Begleitung seines Sohnes Grigori im Jahr 1557 noch einmal die gefahrvolle Reise nach Moskau.

Seit Lukas Tagen hatten die Stroganoffs ihre Beziehungen zu Moskau verstärkt. Sie konnten alles, was der Hof brauchte, herbeischaffen. Die jetzt unternommene Reise war jedoch folgenschwer und von großer Bedeutung. Nicht ohne Furcht erschienen Vater und Sohn vor dem Zaren, dem sie zahlreiche Geschenke mitgebracht hatten: kleine Perlen aus dem Iksafluß, Walroßzähne, Kaviar aus dem Mündungsgebiet der Petschora, Rentierfelle, gesalzenen und geräucherten Fisch, Wachs und vor allem Pelze. Die Stroganoffs waren allgemein bekannt, aber das Land, aus dem sie kamen, schien in den Nebel der Unwirklichkeit gehüllt. Man bezeichnete es als «Mangaseja»; angeblich war es von Wilden bevölkert, den Samojeden oder Menschenfressern. Einige dieser weit entfernt lebenden Stämme waren dem Zaren tributpflichtig, aber nur wenig war über sie bekannt.

In ihren langen pelzgefütterten roten, kastanienbraunen, dunkelgrünen oder blauen Tuchmänteln bahnten sich die Reisenden den Weg durch die ausgedehnte, geschäftige Gartenstadt Moskau mit ihren vierzig mal vierzig Kirchen bis zum Fuß des Kreml. Sie betrachteten voller Bewunderung die unglaubliche Vielfalt der Bauten, die sich doch zu einem harmonischen Ganzen zusammenfügten. Wie ein prächtiges Spielzeug funkelte die Zitadelle vor ihren Augen. Sie überquerten den riesigen «roten» Platz (rot – krassnoje – heißt schön), wo Jahrmärkte, Paraden und Prozessionen stattfanden, der zugleich aber auch Schauplatz öffentlicher Hinrichtungen, grölender Aufstände und Tatarenbelagerungen gewesen war. Sie verbeugten sich tief und bekreuzigten sich vor der heiligen Ikone, die wie ein Juwel über dem Festungstor eingelassen war. Dann stiegen sie die breiten Stufen zum kaiserlichen Palast hinauf. Auf beiden Seiten der Treppe standen Lakaien in roten Livreen, die auf dem Rücken mit dem byzantinischen Doppeladler bestickt waren. Die Reisenden streiften die hohen Pelzmützen ab und traten in den niedrigen, gewölbten und mit Fresken geschmückten Thronsaal, «um vom Zaren und seinem ganzen Hof empfangen zu werden». Anika erstattete Bericht über alles, was er über das unbewohnte Land und die von ihm entdeckten Stämme wußte. Die farbenprächtige Szene wurde von flackernden, rauchigen Öllämpchen erhellt. Schimmernde Lichter fielen auf die engen Brokatgewänder mit ihren hochstehenden Samtkragen und den breiten persischen Schärpen. Bärtige, beleibte Höflinge scharten sich um den gefürchteten Zaren, der auf seinem Thron saß. Iwan IV. trug weiche Stiefel aus rotem Saffianleder. Die mit Edelsteinen verzierten Spangen seines golddurchwirkten Gewandes, das mit Zobel gefüttert war, blitzten. Er beugte sich auf seinem Stock – dem «pόssoch» – vor und richtete seine blassen, raubvogelartigen Augen unter der pelzbesetzten, juwelenbestickten Mütze auf die biblische Gestalt Anikas und seine Begleiter.

Der junge Zar, der später mit Recht den Beinamen «der Schreckliche» bekam, stand noch unter dem milden Einfluß seiner allzu früh verstorbenen Gattin Anastasia, die seine jähen Wutausbrüche zu zähmen wußte. Er war noch nicht den schrecklichen Launen verfallen, die zur Zerstörung Nowgorods, zur gnadenlosen Ermordung seiner Bewohner und zu den vielen anderen Grausamkeiten führten, die seine Regierungszeit verdunkelten. Die bedeutende Festungsstadt Kasan war erst zwei Jahre zuvor nach einer denkwürdigen Belagerung dem Khan Jadigar entrissen worden. Dieses Ereignis bedeutete einen Wendepunkt in den endlosen Kämpfen gegen die tatarischen Eindringlinge.

Die Aussicht, auf tatarisches Gebiet vorzustoßen, faszinierte den Zaren, als der Patriarch Anika «die schlummernden Wälder und unberührten Seen mit ihren unbewohnten Inseln» beschrieb. Er berichtete von riesigen brachliegenden Fluren, die sich weit über hundert Kilometer zu beiden Seiten der Flüsse Kama und Tschussowaja ausdehnten. Anika beschwor die Zukunft wie einen zur Wirklichkeit gewordenen

Traum und rief: «Gosudar!» – eine gebräuchlichere Anredeform als «Euer Majestät» – «Gewähre uns dieses Land – uns allein –, und wir werden die Wälder an den Flüssen und Seen roden, den Boden bebauen, auf dem noch kein Pflug eine Furche zog; wir werden Höfe errichten und Festungen mit Kanonen bestücken, um sie vor Einfällen der Nogaier und anderer Nomaden zu schützen; wir werden nach Salz und anderen Mineralien forschen und Menschen um uns versammeln, die lesen und schreiben können und fähig sind, Abrechnungen zu machen, um Steuer einzuziehen, denn solches ist noch nie geschehen. Alles wird zu Eurer Ehre und zum Ruhme Rußlands gedeihen, denn dieses Land ist überreich an allen Schätzen und eignet sich gut zur Besiedlung an der Kama im Gebiet von Groß-Perm»[2].

Mit vorsichtiger Zurückhaltung ordnete der Zar eine Untersuchung an; einheimische Bewohner wurden über die Verhältnisse in der Region von Perm befragt. Ein gewisser Kadgon, Bewohner von Perm, der sich damals in Moskau aufhielt, bestätigte persönlich, diese Gebiete seien menschenleer und alles, was die Stroganoffs berichtet hätten, entspräche der Wahrheit.

Am 4. April 1558 wurde ein Freibrief auf den Namen von Anikas Sohn Grigori ausgestellt, der die Familie Stroganoff zu Eigentümern eines Gebietes von 3415000 Desjatinen Land (etwa 3722350 Hektar) machte. Für die nächsten zwanzig Jahre wurden die neuen Besitzer von allen Steuern befreit, da sie die Besiedlung des Landes fördern sollten.

Der Erlaß schloß mit den Worten: «Wir befehlen hiermit deinem Sohn Grigori, nach Kupfererz am Fluß Ustjug, in Perm und anderenorts zu suchen. Du, Anika, wirst ihm gestatten, diese Weisung auszuführen!» mahnte der Zar in strengerem Ton. Den Stroganoffs wurde erlaubt, Eisenerz zu schmelzen und nach Blei und brennbarem Schwefel zu schürfen. Sollten sie Silber, Kupfer oder Zinn entdecken, so durften sie diese Bodenschätze nicht selber abbauen, sondern mußten ihren Fund unverzüglich dem staatlichen Schatzamt melden.

An der Stelle, wo das Flüßchen Kankora in die Kama

mündet, gründeten die Stroganoffs die Stadt Kankor, die jetzt untergegangen ist. Sie war das erste einer langen Reihe von Bollwerken. Eisenerz wurde unter der Leitung eines Engländers namens Randolph gefördert, der vom Zaren die Konzession dazu erhalten hatte. Grigori hatte in Solwytschegodsk und an der Kama viel Zeit und Mühe auf die Suche nach Kupfer verwendet, weil dem Zaren an der Förderung dieses Metalls in Rußland besonders gelegen war. Aber es fehlte an den notwendigen Kenntnissen, und er hatte keine ausgebildeten Fachleute. So blieben seine Bemühungen vorläufig erfolglos. Erst achtzig Jahre später entstand an der Stelle, wo Kankor gelegen hatte, die erste Kupferschmelze.

Im Jahr 1564 gründete Grigori die Stadt Orel, die auf Wunsch seines Vaters seiner persönlichen Gerichtsbarkeit unterstellt wurde. 1570 ersuchten die beiden Brüder Grigori und Jakoff den Zaren um die Genehmigung, weitere befestigte Plätze zu errichten, «um die Gefahr von Angriffen durch mongolische Stämme zu verringern und diese Stämme unter die Herrschaft des russischen Staates zu bringen».

Besiedlung des Landes

Bei seiner Rückkehr nach Solwytschegodsk im Jahr 1558 ließ Anika seinen jüngsten Sohn Semjon mit dessen beiden Brüdern Jakoff und Grigori im Gebiet von Perm zurück. Er selbst wollte Siedler für die neuen Territorien gewinnen; «Freie» (keine Leibeigenen) und «tapfere Kämpfer», zu denen Letten, Tataren und «Deutsche» («nemzy» – Westeuropäer) zählten. Natürlich gab es unter ihnen auch eine ganze Anzahl Steuersünder und entlaufene Leibeigene. Die Steuerfreiheit zog bald neue Siedler in das vorher menschenleere Gebiet; sie rodeten Wälder, um Anbauflächen zu schaffen; sie errichteten befestigte Siedlungen, die sie zu ihrer Sicherheit brauchten. Siedler und Einheimische konnten bald «die Früchte ihrer Arbeit und den Lohn für ihren Mut» ernten, wie der Chronist berichtet. Der unverbrauchte Boden war sehr fruchtbar, und die Siedler brachten es zu einigem Wohlstand. Doch wie so oft in der russischen Geschichte spielte die Bekehrung zum gemeinsamen orthodoxen Glauben bei der Integration so vieler verschiedenartiger Völkerschaften die Hauptrolle.

Anika kaufte in den Petschersky- und Kolotorsky-Distrikten am Ustjug und in anderen Landesteilen weitere Gebiete auf. Kirchen wurden gebaut, darunter die schöne Kathedrale von Solwytschegodsk. Im Jahr 1560 wurde in Pyskorky auf dem Westufer des gleichnamigen Flüßchens ein Kloster zu Ehren der «Verklärung Unseres Herrn» gegründet. Anika schenkte dem Kloster, das noch im Jahre 1917 bestand, Ländereien zwischen den Flüssen Lyswy und Pyskorky, außerdem Gutshöfe und Salzsiedereien. Er gründete die Ortschaften Kamgort und Kankor, außerdem die befestigte Siedlung Kargedan an der Kama. Diese Niederlassungen verschafften Rußland eine starke Verteidigungslinie an der Ostgrenze zu Asien. In allen neugegründeten Siedlungen wurde in beträchtlichen Mengen Salz gewonnen. Auf der Kama und über die Wolga wurde es zu den größeren Städten wie Kasan, Nischni-Nowgorod und anderen transportiert. Einen bedeutenden Teil verkauften die Händler, die sich aus allen Teilen Rußlands einfanden, an Ort und Stelle. Inzwischen weitete sich der ergiebige Pelzhandel weiter aus und trug beträchtlich zu Anikas Erfolgen bei.

Im August 1566 erhielten die Stroganoffs eine kaiserliche Urkunde mit neuen Privilegien: Anika, seine Kinder, seine Niederlassungen und Handelsbeziehungen wurden unter den «besonderen Schutz des Zaren» gestellt. Dieser Erlaß befreite die Stroganoffs von der Kontrolle durch alle anderen Behörden, er unterstellte sie unmittelbar dem Zaren oder dessen Bevollmächtigten.

Im Jahr 1568 meldete Grigoris älterer Bruder Jakoff dem Zaren, er habe an der Tschussowaja Sole gefunden. Er bat um die Sondergenehmigung Iwans IV. zur Errichtung einer Siedlung und zur Ausbeutung der Salzlager, wodurch der Staat eine neue Steuerquelle erhalten würde. «Ich fordere weder eine Armee noch Kanonen oder Geld, nur das Recht, am

Tobol Siedlungen bauen zu dürfen ...» Der Zar erlaubte ihm mit Erlaß vom 30. 5. 1574, beliebig viele Freie anzuwerben, aber keine Diebe und Banditen. Jakoff bekam auch das Recht, auf seinen Besitzungen unabhängig vom Permer Gouverneur zu regieren und zu richten. Daraufhin strömten Siedler in großer Zahl in seine Ländereien, denn er galt als gerecht und mild. Die Stroganoffs wußten, daß sich mit Güte mehr erreichen ließ als mit Gewalt. Ihr Beispiel planvoller Kolonisation war einzigartig. Zwar paßte sich die Familie dem Wandel der Zeiten an, aber auch die folgenden Generationen hielten an dieser Grundhaltung fest.

Die Gebiete, die Zar Iwan IV. den Stroganoffs überlassen hatte, lagen zu beiden Seiten der Flüsse Tobol und Irtysch. Für lange Zeit bildeten die Wasserstraßen die wichtigsten Verbindungsmöglichkeiten. Der Tobol erreicht nach etwa fünfhundert Kilometern die Stadt Tobolsk, wo er sich mit dem Irtysch vereinigt, der etwa zweihundertfünfzig Kilometer vor der chinesischen Grenze entspringt und hinter Tobolsk in den Ob mündet – er hat eine Gesamtlänge von achthundert Kilometern.

Wie der Historiker Ustrjaloff berichtet, bestätigte Alexej Fjodorowitsch Adaschoff, der mächtigste Berater Iwans IV., die Freibriefe. Der Besitz solcher Urkunden war damals ungewöhnlich. In ganz Rußland gab es keine andere Familie, die sich auf ein ähnliches Dokument berufen konnte.

Anika hatte nach und nach eine Bibliothek erworben, die aus zweihundertundsechs schön illustrierten Bänden bestand. Aus Moskau brachte er zwei weitere Bände mit, eine Ausgabe von Dionysius Areopagita und die Lehren des Athanasius von Antiochien. Während der langen Wintermonate im Norden wurden sie für ihn zu einer Quelle des Trostes und der Entspannung.

Anika faßte den Plan – ein früher Historiker gibt Zeugnis davon –, Sibirien, das so nahe war und zu dem er so viele Verbindungen hatte, insgesamt oder wenigstens zu einem Teil dem russischen Reich einzuverleiben; «auf diese Weise würde er eine Großtat vollbringen und dem Zaren und seiner Heimat einen bedeutenden Dienst erweisen». Er besprach diesen Plan insgeheim mit seinen Söhnen und suchte nach Mitteln und Wegen, sein Ziel zu erreichen. Es kam aber nicht mehr dazu.

Anika Stroganoff war zweimal verheiratet. Seine erste Frau Mawra starb 1544 in Solwytschegodsk. Nach dem Tod seiner zweiten Frau 1567 in Kamgort verließ er die Kama und kehrte nach Solwytschegodsk zurück, wo er bei seinem jüngsten Sohn Semjon wohnen wollte. Doch schon nach kurzer Zeit «spürte er die Last des Alters und allgemeiner Körperschwäche». Er zog sich in ein Kloster zurück, wo er den Namen Eosaf annahm. Bald danach erkrankte er und starb 1570 im Alter von fast einundachtzig Jahren. Er hatte für die nächsten dreihundert Jahre eine bedeutsame Entwicklung eingeleitet.

Kriegerische Auseinandersetzungen

Obwohl Grigori und Jakoff an der Gründung und am Ausbau befestigter Siedlungen und an allen anderen wichtigen Unternehmungen beteiligt gewesen waren, hatten sie zu Lebzeiten ihres Vaters Anika nur eine bescheidene Rolle gespielt. Als Anika die Kama verließ, übernahmen sie die Verwaltung der neu erworbenen Gebiete. Nach seinem Tod machten sie verschiedenen Klöstern, zum Beispiel Pyskorky, große Schenkungen in Form von Grundbesitz, zum Andenken an den verstorbenen Zaren und an Angehörige der Familie Stroganoff.

Neue Gefahren bedrohten ihre Gebiete. Die Ländereien der Stroganoffs in Perm wurden immer wieder von mongolischen und ostjakischen Nomadenstämmen überfallen. Für ein so ausgedehntes Gebiet reichten die Verteidigungskräfte nicht aus.

Diese Schwierigkeiten wurden noch durch einen Aufstand der unzufriedenen einheimischen Tataren und Tscheremissen vermehrt, deren Rechte auf Fischfang und Pelzjägerei 1572 beschnitten worden waren. Die Rebellen brachten Ostjaken, Baschkiren und Buniten dazu, sich ihnen anzuschließen. Zuerst wurden russische Kaufleute, die zu den Stroganoffs unterwegs waren, um Handel zu treiben, in einen Hinterhalt gelockt und getötet. Dann griffen die Aufständischen Besitzungen der Stroganoffs und die Siedlungen in Groß-Perm an, raubten die Flußschiffe auf der Kama aus und töteten dabei siebenundsiebzig Männer. Grigori und Jakoff, die von den Ereignissen zunächst überrascht worden waren, stellten Militäreinheiten unter zuverlässigen Kommandanten auf und setzten sie gegen die Tscheremissen ein. Die Rebellen ergaben sich, einige Geiseln wurden dem Statthalter des Zaren in Perm übergeben.

Jetzt konnten die Stroganoffs vom Zaren die Erlaubnis fordern, sich nicht nur gegen Angriffe zu verteidigen, sondern weiter nach Osten vorzudringen. Sie berichteten dem Zaren, die unbotmäßigen Tscheremissen hätten Unterstützung «bei Eurem Feind, dem sibirischen Khan Kutschum» gefunden. Der Khan habe den ostjakischen, wogulischen, ugurischen und jagrischen Stämmen unter Androhung der Todesstrafe verboten, den «jasak» (Tribut) an Moskau zu zahlen, und drohte ihre Außenposten zu vernichten. Des Khans «Bruder» Mamekkul[3] hatte schon vorher einmal zahlreiche Ostjaken, Verbündete der Stroganoffs, gefangengenommen und getötet. Einen Gesandten des Zaren hatte man auf dem Weg zu den Kirgisen abgefangen und sich daraufhin wieder hinter den «Steinwall» des Urals zurückgezogen.

Am Anfang der Regierungszeit Iwans IV. kümmerte sich die Moskauer Verwaltung unter dem tüchtigen Minister Adaschoff vor allem um die inneren Angelegenheiten des Landes. Die Goldene Horde war in drei Khanate auseinandergebrochen: Im Westen lag das Khanat von Kasan, das von den Russen besiegt worden war; im Süden hatte sich das Reich der Krimtataren herausgebildet, deren Einfälle verhindert werden mußten; die Wolgatataren beherrschten von ihrer Hauptstadt Saraj aus das Gebiet am Unterlauf der Wolga. Allerdings waren letztere wesentlich durch ihre Niederlage bei Kulikowo 1380 und durch die Einfälle Tamerlans geschwächt worden.

1575 heiratete Iwan IV. Anna Wassiltschikoff. Kurz danach wurde sein Schwager als Botschafter des Zaren zum Schah von Persien entsandt.

Der Schah empfing den jungen Bojaren hoch zu Roß auf dem Maidan von Isfahan. Wassiltschikoff verlangte kurzentschlossen ein Pferd, um dem Schah von gleich zu gleich gegenübertreten zu können, oder, forderte er, der Schah solle absitzen. Einen Augenblick lang herrschte Unsicherheit. Früher pflegte man hier mißliebige Gesandte «eingesalzen in einem Faß» nach Hause zu befördern. Nach Kulikowo und Kasan schienen jedoch solche Methoden nicht mehr angemessen. Also wurde für den Botschafter Moskaus ein Pferd herbeigeschafft. Diese Episode war symptomatisch für die Veränderung des Umgangstons im Osten.

Im Nordwesten führte der Zar Krieg mit Livland. Es war deshalb zwingend notwendig, die sibirische Grenze zu sichern. Das Angebot der Stroganoffs, Perm mit ihren eigenen Streitkräften zu verteidigen und eine Expedition gegen Kutschum auszurüsten, war also hochwillkommen.

Im Jahr 1572 ermächtigte ein kaiserlicher Erlaß die Stroganoffs zur Aufstellung eigener Truppen «unter einem guten Befehlshaber», um die marodierenden sibirischen Nomaden unter russische Herrschaft zu bringen.

Nach Bewaffnung eines Kontingents, das durch sympathisierende Ostjaken und Wogulen verstärkt wurde, und nach Einsetzung eines tüchtigen Kommandanten, gingen die Stroganoffs ihrerseits zum Angriff über. Die überrumpelten Aufständischen wurden geschlagen. Eine Zeitlang herrschte wieder Ruhe.

Jakoff und Grigori starben zwischen 1574 und 1579, «aber ihr großer Plan wurde nicht mit ihnen zu Grabe getragen».

Ihre Besitzungen[4] wurden dreigeteilt und dem jüngeren Bruder Semjon, Jakoffs Sohn Maxim und Grigoris Sohn Nikita vermacht. Nikita bekam die nördliche Region zu beiden Seiten der Kama. Maxim erhielt die Zentralregion auf dem rechten Ufer der Tschussowaja und der Kama zwischen den Flüssen Inwa und Salwo. Semjon Stroganoff erbte den südlichen Teil am linken Ufer der Tschussowaja und der Kama bis zur Mündung. Semjon hatte keine Schenkungen des Zaren erhalten wie seine älteren Brüder, mit denen er ständig im Streit gelegen hatte. Vielleicht war die endgültige Aufteilung des Besitzes eine großzügige Geste seiner Neffen. Maxim und Nikita erwiesen sich als ebenso klug und weitsichtig wie ihre Väter. Sie übernahmen deren weitreichende Pläne. «Bald klangen ihre Taten», die sie zusammen mit ihrem energischen Onkel Semjon vollbrachten, «wie Donnerhall über Sibirien wider».

Nachdem die Stroganoffs das Recht erhalten hatten, kriegerische Aktionen in Asien durchzuführen und selbständige Truppeneinheiten aufzustellen, schickten sie im April 1579 einen freundlichen Brief und reiche Geschenke an die Kosakendörfer an der Wolga. Sie forderten deren Ataman Ermak Timofejewitsch auf, «Frieden mit Rußland» zu schließen und mit ihnen zusammen einen ruhmreichen und ehrenvollen Feldzug zu führen, um Groß-Perm und das östliche Land der Christenheit zu beschützen (Karamsin, Bd. IX, Seite 224).

«Kosak» ist ein türkisches Wort, es bedeutet «Abenteurer» oder «Rebell», auf jeden Fall aber «freier Mann». Im Mittelalter nannte man solche Männer Kosaken, die vor dem Gesetz oder aus der Leibeigenschaft geflohen waren. Sie zogen es vor, auf den Steppen und an den Flüssen nördlich des Schwarzen Meeres ein Nomadenleben zu führen; zu Recht wurden sie dort als «Flußpiraten» bezeichnet.

Rußland und Polen fanden in den Kosaken nützliche Söldner zur Verteidigung ihrer Grenzen. Als Rußland sich bis zum Kaukasus und zum Kaspischen Meer ausdehnte, bildeten die Kosaken die Vorhuten. Später ließen sich die verschiedenen Kosakenstämme am Don, Ural, Kuban, Terek und Amur nieder, sie wurden zu tüchtigen Bauern und Landwirten, erhielten gewisse Privilegien und verpflichteten sich dafür zum Militärdienst innerhalb ihres Gebiets. Im Kriegsfall sollten sie sich mit anderen Kosakenregimentern vereinigen, doch hatten sie die Pflicht, ihre eigenen Waffen und Pferde zu stellen. Ein Kosakendorf wurde «stanitza» genannt und von einer gewählten Volksvertretung verwaltet, besonders nach den kaukasischen Kriegen im 19. Jahrhundert. Die «stanitzas» schlossen sich zu «okrugi» zusammen; mehrere «okrugi» bildeten ein «wojsko» (eine Truppeneinheit). Es unterstand einem von der Zentralregierung ernannten «Ataman» oder «Hetman». Im 19. Jahrhundert trugen sie eigene Uniformen, die denen der kaukasischen Stämme ähnelten.

1567 drangen zwei Kosaken-Atamane, Petroff und Jalitscheff, bis nach Peking vor; sie übermittelten dem Zaren eine anschauliche Schilderung ihrer Reise.

Wie die Stroganoffs erfuhren, hatten die Wolga- und die Kuban-Kosaken den Zorn des Zaren erregt. Ausländische und russische Kaufleute sowie der russische Botschafter in Persien, Karamyscheff, waren von ihnen ausgeraubt worden. Die Stroganoffs setzten die marodierenden Kosaken kurzerhand zur Verteidigung ihrer gefährdeten Grenzen[5] ein. Sie hielten es aber für klüger, ihr Vorhaben vorerst geheimzuhalten, um den Zaren nicht zu erzürnen: Immerhin paktierten sie mit Gesetzesbrechern.

Der Historiker Ustrjaloff erwähnt mehr als fünfhundert Freiwillige, die dem Aufruf folgten. Im Herbst desselben Jahres, noch bevor die Flüsse zufroren, fuhren sie unter Führung Ataman Ermaks die Wolga, die Kama und die Tchussowaja hinauf, um sich mit den Stroganoffs in Verbindung zu setzen[6]. Die nächsten beiden Jahre verbrachten sie mit der Verteidigung der Grenzsiedlungen gegen Ostjaken,

Wogulen, Nogaier und andere angriffslustige Nomadenstämme.

Doch der mörderische Einfall von Kutschums «Bruder» Mamekkul im Jahr 1573 war nicht vergessen. Die Stroganoff-Vettern bereiteten eine entscheidende Aktion vor. Unterstützt von ihrem Onkel Semjon in Solwytschegodsk mobilisierten sie eine Streitmacht. «Sie verschafften Ermak fünftausend bewaffnete Krieger zur Verstärkung, wofür sie 20000 Rubel ausgaben (für damalige Verhältnisse eine gewaltige Summe). Die Truppe mußte mit Geld, Bekleidung, Schuhzeug, Feuerwaffen und Pulver versorgt werden; außerdem beschafften sie Lebensmittelvorräte und eine Flotte flacher Boote.» [7]

Zunächst widersetzten sich einige Kosaken dem Plan der Stroganoffs, aber auf einer allgemeinen Ratsversammlung ließen sie sich dazu überreden, den Feldzug wie vorgesehen mitzumachen.

Die Stroganoffs stellten eigene Militäreinheiten aus Russen, Tataren, Letten und Litauern auf, «nachdem sie den Beweis für Mut und Treue der Kosaken und die große Erfahrung und Entschlossenheit ihres Führers bekommen hatten». Sie rüsteten die Kosaken mit allem zur Kriegführung Notwendigen aus und ernannten Ermak zum Truppenführer [8].

Der Feldzug hatte die Eroberung Sibiriens zum Ziel.

II

DIE EROBERUNG SIBIERIENS

1582

Ermak, der Führer der Kosaken

Ermak war zwar ein Geächteter und Räuber, aber doch auf seine Weise gottesfürchtig. Drei Priester und ein entlaufener Mönch begleiteten seine Streitmacht; sie sollten die Messe zelebrieren, sobald sich eine Gelegenheit dazu ergab. Ermak ließ in jeder kleinen Siedlung, durch die er kam, Kapellen errichten. Da er streng auf Disziplin achtete, wurde seine Truppe bald zu einer kleinen, aber schlagkräftigen Armee. Gemäß der von Dschingis-Khan übernommenen Tradition bildete er Stäbe von zwei «Atamanen» und vier «Essauls» (Adjutanten und Rittmeister). Jede Einheit war in Kompanien zu je einhundert Mann eingeteilt; jeweils fünfzig Mann unterstanden einem Hauptmann, zehn einem Subalternoffizier. Besonders streng wurden Vergehen gegen Frauen bestraft, und zwar auf einfallsreiche Art. Deserteure steckte man in Säcke, die mit Steinen beschwert waren, und ertränkte sie.

Ermak ging davon aus, daß wenn Kutschum und sein «Bruder» [1] Mehemet-Kul den Weg von Tobol zur Tschussowaja finden konnten (bei den östlichen Stämmen bedeutete der Ausdruck «Bruder» einen «engen Verwandten» oder auch nur jemand, dem man besonders zugetan war), es ihm gelingen müsse, die Tataren zu erreichen und allen künftigen Angriffen auf russisches Gebiet ein Ende zu setzen.

Im Sommer 1580 brach er auf. Doch seine Wegführer erwiesen sich als unzuverlässig, er verirrte sich in den Wäldern an den Ufern der Tschussowaja und ihrer Nebenflüsse. Die Armee mußte den Winter in einem eiligst errichteten Lager am Silwa-Fluß verbringen und im Frühjahr zu den Stroganoffs nach Tscherosoff zurückkehren. Die Versorgung von Ermaks Truppen über eine längere Zeitspanne fiel den Stroganoffs trotz ihres Reichtums nicht leicht. Und die Gefahr, einen zusammengewürfelten, zur Untätigkeit verdammten Haufen, wie Ermaks Armee noch immer war, in ihrer Nähe zu haben, ließ sie nach jeder Möglichkeit suchen, ihn wieder in Marsch zu setzen. So brach die Expedition endgültig im Jahr 1581 auf.

«Leichten Herzens» legte Ermak an der Spitze von fünftausend Mann dieselbe Route stromabwärts der Tschussowaja zurück. Er beabsichtigte, den Tagil zu überschreiten und vom anderen Ufer aus zum Tobol und schließlich zum Irtysch vorzustoßen. Auf der Suche nach der kürzesten Strecke führte ihn ein Wegkundiger zum Fluß «Mejenaja Gukka», der an der Grenze der Stroganoffschen Ländereien lag (Meje bedeutet Grenze). Doch die Schiffahrt auf dem Fluß erwies sich als unmöglich. So kehrte die Truppe noch einmal zur Tschussowaja zurück, wobei sie «Boote und Segel unter großen Schwierigkeiten über trockenes Land schleppte». Beim Einbruch des Winters erreichten sie schließlich einen Nebenfluß der Tschussowaja, die Serebrjanka. Wieder mußte ein «Gorodistsche», bekannt als «Ermaks Gorodistsche», errichtet werden, um dem Feldlager Schutz zu geben.

Ermaks Truppe war auf dreitausend Mann zusammengeschmolzen, nachdem es zu Scharmützeln mit den Stämmen der Wogulen bei der Beschaffung von Lebensmitteln und Nachschub gekommen war. Eine Vorhut überschritt den Tagil, wurde aber von einem «Murza», einem tatarischen Kleinfürsten, der auf der Lauer gelegen hatte, vernichtet[2].

Um keine Niederlage zu erleiden, änderte der tollkühne Anführer seine Taktik. Die Bedeutung seines Vorhabens ließ ihn über sich selbst hinauswachsen. Jetzt kamen dem begabten Befehlshaber seine Erfahrungen und alten Kriegslisten gegenüber einem unberechenbaren Feind von unbekannter Stärke zugute: Tarnung, falsche Gerüchte, vorgetäuschte Rückzüge, Verführung zum Verrat und systematische Unterminierung der Kampfmoral des Feindes. Zugleich bemühte er sich, so viel wie möglich über die Gewohnheiten, Absichten und Vorstellungen seines Gegners zu erfahren.

Zudem ließ er Milde walten, da ihm klar war, daß wahllose Racheakte seiner ungezügelten Kosaken zu Haßausbrüchen führen würden, unter denen seine Truppe zu leiden hätte. Seine kleine Streitmacht verfügte über Feuerwaffen. Kutschums Männer hatten dagegen den Vorteil außerordentlicher Beweglichkeit. Feinde, deren Lieblingssport darin bestand, Gefangenen mit einem einzigen Säbelhieb die Köpfe abzuschlagen, wenn sie johlend an den Pfosten vorbeigaloppierten, an denen die Unglücklichen gefesselt hingen, waren zu fürchten.

Im Frühjahr erreichten Ermaks Truppen den Tagil; sie errichteten sogleich ein befestigtes Lager, das sich später zu einer Stadt namens Turinsk, heute Tjumen, entwickelte. Ermak ließ Boote bauen, mit denen er die Tura hinunterfahren wollte. Vom Ufer aus wurden sie von dem Tataren Murza Epaneja angegriffen, aber der Hagel wogulischer Pfeile konnte nur wenig gegen die kosakischen Arkebusen ausrichten. Ermaks Armee war inzwischen auf 1636 Mann zusammengeschmolzen. Den Winter verbrachten sie in der tatarischen Stadt Tschingi, die von fruchtbarem Land umgeben war. Kundschafter wurden zur Beschaffung von Nahrung und Pelzen ausgesandt, sie nahmen bei dieser Gelegenheit einen bedeutenden Tataren namens Kutagay gefangen. Ermak behandelte ihn gut; gleichzeitig versuchte er, Informationen von ihm zu bekommen und über ihn eine freundschaftliche Begegnung mit Kutschum «bei seiner Wiederkehr im nächsten Frühjahr» zu vereinbaren. Er hatte die Absicht, Kutschum durch diesen Vorschlag zu täuschen. Der Gefangene wurde in Ehren entlassen und mit reichen Geschenken für den Khan zurückgeschickt.

Kutschums Magier hatten vorausgesagt, daß sein Land durch Ermak von großem Unglück heimgesucht werden würde. Aus diesem Grund glaubte er Kutugays Nachrichten nicht, sondern ließ alle Stämme zu den Waffen rufen, um gegen die Eindringlinge zu kämpfen und die «neuen Teufel mit ihrem rauchenden Gedonner» zu vernichten[3].

Der Feldzug

Im Frühjahr 1582 verließ Ermak sein Winterquartier Tschingi. Er fuhr den Fluß Tura hinunter, geriet jedoch in den Hinterhalt mehrerer «Murzas», die erst nach tagelangen heftigen Kämpfen zurückgeschlagen werden konnten. Ermak machte mehr Beute, als er brauchen konnte; er vergrub den Rest.

Der Vormarsch ging mit einer Truppe von 1060 Mann weiter. Wieder wurde Ermak vom linken Steilufer des Flusses aus den Birkenwäldern angegriffen; es gelang ihm jedoch, den Feind zu vertreiben. Als die Kosaken eine enge Stelle des Tobol passierten, stellten sie fest, daß Kutschum eine Kette über das Wasser gespannt hatte, um sie aufzuhalten. Die Tataren, die vom rechten Steilufer aus schossen, waren in großer Überzahl. Die Schlacht dauerte drei Tage. Dann ließ Ermak Reisigbündel mit Kosakenkleidung in die Boote setzen, seine eigenen Männer krochen heimlich an Land und überfielen den Feind von hinten. Die Tataren hielten sich für umzingelt und flohen in wilder Panik. Ermak und seine Männer bestiegen die Boote wieder und setzten ihre Fahrt fort.

Aber die Kosaken waren durch die zahlreichen Gefechte erschöpft. Als sie erfuhren, der Khan wolle das ganze Land in eine Festung verwandeln, äußerten viele von ihnen den Wunsch, umzukehren und den Tapdji-Fluß hinaufzufahren, um im Südwesten das Jugor-Gebirge zu erreichen; von dort stand ihnen der Weg nach Rußland offen. Eine Versammlung wurde zur Beratung einberufen. Die Mehrheit der Krieger beschloß jedoch, den Vormarsch fortzusetzen und Glück und Erfolg in dem riesigen Gebiet zu suchen, das vor ihnen lag.

Inzwischen errichtete Kutschum Festungen und ließ tiefe

Gräben ausheben. Unter der Führung von Mehemet-Kul sammelten sich seine Stämme. Fünfunddreißig Kilometer von der Mündung des Tapdji entfernt, griffen sie Ermaks Truppen an. Der wütende Kampf dauerte fünf Tage lang, aber schließlich wurden die Tataren besiegt.

Die Ländereien eines wohlhabenden Murzas namens Karatscha, die jenseits der Mündungsarme des Tobol und Irtysch an einem See lagen, wurden im Handstreich genommen. Der Murza leistete keinen Widerstand, und Ermak machte reiche Beute: Wertgegenstände, Verpflegung und Vieh. Ostern stand bevor. Er ermunterte seine Männer, vierzig Tage mit ihm zu fasten, in der Hoffnung, Gott würde ihr Unternehmen zum Erfolg führen. Im September 1581 schiffte sich die kleine Truppe wieder ein. «Über drei Werst» (1 Werst = 1067 km) folgten sie dem Westufer des Irtysch, dann stießen sie mit dem Murza Atlik zusammen, vertrieben ihn und plünderten seinen Besitz. Ermak hortete die Beute als Nachschub an Ort und Stelle.

Seine Streitmacht war nun auf etwas mehr als fünfhundert Mann zusammengeschrumpft. Aus Angst vor Vernichtung durch die zahlenmäßig weit überlegenen Tataren beschworen sie Ermak noch einmal, nach Rußland zurückzukehren. Doch der Kriegsrat entschied, es sei besser, im Kampf gegen die Ungläubigen zu sterben als christliche Landsleute auszurauben, wie sie es früher getan hatten. Die Wankelmütigen wurden erneut umgestimmt. Aber noch bevor sie ihr Winterquartier in Tschupasch[4], einer Festung hoch auf dem Ostufer des Irtysch, einrichten konnten, fiel Kutschum mit einer starken Streitmacht über sie her. Das Gefecht endete unentschieden[5]; bedroht von feindlichen Kundschaftern zog sich Ermak in das Lager von Atlik zurück. Hier hatte er die Möglichkeit, mit seinen Vorräten durch den Winter zu kommen.

Am 23. Oktober 1581 belagerten Kutschum und Mehemet-Kul das Winterquartier von beiden Seiten. Auf einem vorspringenden Felsen brachten sie zwei Kanonen in Stellung. Doch da die Tataren diese Waffen nicht zu bedienen wußten, bedeuteten sie keine Gefahr. Die Entscheidungsschlacht stand bevor. Trotz eines mörderischen Pfeilhagels griffen die Kosaken ihre Belagerer mit solcher Wucht an, daß sie schließlich einen entscheidenden Sieg errangen. Kutschum und Mehemet-Kul entgingen nur knapp der Gefangennahme.

Die Ostjaken und Wogulen, die bis jetzt mit den Tataren gemeinsame Sache gemacht hatten, zogen sich nun zurück. Der Khan und seine Murzas rafften einige Wertsachen zusammen und flüchteten aus dem Land, da sie die Hoffnung auf einen Sieg aufgegeben hatten.

Ermak glaubte zunächst nicht an einen endgültigen Sieg und erwog, Kutschum in dessen eigener Hauptstadt Sibir[6] zu belagern. Da die Stadt nicht verteidigt wurde, zog er an der Spitze seiner kleinen Streitmacht im Triumphzug dort ein.

Der erste, der ihm vier Tage später seine Reverenz erwies, war der ostjakische Kleinfürst Bejar vom Demjanka-Fluß, der als Tribut wertvolle Pelze und Fische mitbrachte. Andere versprachen Ermak, ihrer religiösen Tradition gemäß, Vasallentreue. Über Nacht war aus dem ehemaligen Räuberhauptmann Ermak ein gnädiger Herrscher geworden, der seinen neuen Untertanen auch vor seinen eigenen Kosaken Schutz versprach.

Der Friede blieb jedoch unsicher. Reste von Kutschums Truppen setzten ihre Überfälle fort, denn die Kosaken ließen es an Vorsicht fehlen. Mehemet-Kul überfiel eine Fischerexpedition, die aus zwanzig Kosaken bestand; keiner von ihnen kehrte zurück. Obgleich Ermak ihn sofort verfolgen ließ, entkam er noch einmal.

Ermak erkannte, daß er nicht in der Lage sein würde, mit seinen reduzierten Streitkräften ohne weitere Hilfe das eroberte Land zu halten. Im Dezember 1581 schickte er einen seiner Atamane, Iwan Koltzo, nach Moskau. Er sollte den Zaren bitten, ihm und seinen Männern Missetaten der Vergangenheit zu verzeihen und das neu eroberte Land in Besitz zu nehmen. Zusammen mit dieser Botschaft sandte er viele kostbare Pelze nach Moskau: sechzig Bündel zu je vierzig Zobelfellen, zwanzig Bündel mit Blaufüchsen und fünfzig mit

Biberfellen. Koltzo unternahm diese Reise mit «nartas», den schmalen leichten Schlitten, die von Rentieren oder Hunden gezogen wurden und einem Führer auf «lyschi» (Schneeschuhen oder primitiven Skiern) folgten. Gleichzeitig wurde den Stroganoffs Meldung erstattet.

Kurz nach Ermaks erstem Aufbruch waren die Permer Besitzungen der Stroganoffs von Behbeley Antonoff, einem Kleinfürsten aus Polym, überfallen worden. Nach einer wilden Verfolgungsjagd besiegten Maxim und sein Onkel Semjon die Ostjaken und Wogulen, die für Antonoff kämpften; er selbst wäre beinahe von ihnen gefangengenommen worden. Die Stroganoffs beschwerten sich hinterher beim Zaren, weil Nikita Grigorjewitsch ihnen nicht zu Hilfe gekommen war. Nikita erhielt einen strengen Verweis und den Befehl, seine Verwandten in solchen Fällen nach Kräften zu unterstützen. Auch an den Vizekönig von Perm, den Fürsten Eletzky, der in Tscherdyn residierte, erging die Weisung, falls erforderlich, «Regierungstruppen» zu mobilisieren. Am 20. Dezember 1582 wurde es allen Regierungsstellen untersagt, die Stroganoffs bei der Einstellung von Freiwilligen und freien Kosaken zu ihrer Verteidigung zu hindern.

Im Jahr darauf versuchte Behbeley vergeblich, Orel einzunehmen. Er verwüstete jedoch das umliegende Land. Diesmal schlossen sich alle drei Stroganoffs zusammen, um ihn in einen Hinterhalt zu locken. Der Kampf tobte den ganzen Tag. Behbeley wurde überwältigt und gefangengenommen; kurz danach starb er an seinen Verwundungen.

Zur gleichen Zeit versuchte der Gouverneur von Tscherdyn, Wassili Polepilitzyn, die Stroganoffs in Mißkredit zu bringen. In einem Bericht an den Zaren beschuldigte er sie, mit Hilfe der geächteten räuberischen Kosaken Willkürakte durchgeführt zu haben; sie hätten die treuen Stämme dazu überredet, Ermaks Truppen zu unterstützen, so daß diese bei der Verteidigung Perms gegen Behbeleys Überfälle fehlten. Diese Ereignisse erregten die Empörung des Zaren. Er verfaßte einen wütenden, an die Stroganoffs gerichteten Brief, der mit den Worten endete: «Wenn die Kosaken zurückkehren, werdet ihr sie unverzüglich nach Tscherdyn zurückschicken, statt sie bei Euch zu behalten. Bei Ungehorsam werde ich Euch meine Gnade entziehen; die Atamane und die Kosaken, die gemäß Euren Instruktionen unsere Länder nicht schützen, werden gehängt werden.»

Dieser harte Brief – Ungnade («opaa») war ein unheilverkündendes Wort – versetzte selbst die Stroganoffs in Angst und Schrecken. Doch bald erhielten sie die erfreuliche Nachricht, daß Ermaks Expedition außerordentlich erfolgreich gewesen und er sogar in Kutschums Hauptstadt eingerückt sei.

Mit dieser frohen Kunde eilten sie nach Moskau, um sie persönlich dem Zaren zu überbringen. Zur gleichen Zeit gelangte Ermaks Botschafter, Iwan Koltzo, in die Hauptstadt und bestätigte ihren Bericht. Man vermittelte ihnen eine Audienz beim Zaren, wo Ermaks Meldung laut vorgelesen wurde. «Nachdem alle Einzelheiten geschildert worden waren», baten sie den Zaren, die neuen Territorien «unter seine hohe Hand» zu nehmen.

Die Neuigkeiten lösten Jubel in der Hauptstadt aus. «An Stelle von Niedergeschlagenheit brach Freude aus. Anstatt Zorn herrschte Wohlwollen», berichtet der Chronist.

In der Kathedrale wurde ein Dankgottesdienst zelebriert; an die Armen verteilte man reiche Gaben. Die Kosaken aus Sibirien bekamen eine ansehnliche Summe Geld; jeder von ihnen erhielt außerdem einen Ballen Tuch, und man ersetzte ihnen großzügig alle Ausgaben. Der Zar gewährte dem Kosakenführer und seinen Männern Straffreiheit für alle begangenen Verbrechen. Ermak erhielt als persönliches Geschenk zwei Rüstungen, eine davon aus Silber, einen silbernen Helm und einen kostbaren Pelzmantel von des Zaren eigener Schulter. Er durfte das Neuland so lange selbst verwalten, bis der Abgesandte des Zaren, Fürst Semjon Dimitriewitsch Bolschowsky, die Kontrolle mit eigenen Truppen übernehmen würde. Ermak wurde durch kaiserlichen Erlaß für seine Leistungen belobigt; man bestätigte ihm und seinen Männern nochmals das Wohlwollen des Zaren.

Den Stroganoffs, «denen dieser gewaltige Gebietszuwachs für den russischen Staat zu verdanken sei», wurden alle Eigenmächtigkeiten verziehen, und sie bekamen, neben der Steuerfreiheit, das Recht zuerkannt, Handelsbeziehungen mit den neuen Gebieten aufzunehmen.

Zwar war Khan Kutschum mit seinen Murzas aus seiner Hauptstadt vertrieben worden, doch es gelang ihnen, sich am Irtysch wieder zu sammeln. Sie hielten die Kosaken ununterbrochen in Atem. Die Eroberung war, wie Ermak erkannte, noch lange nicht abgeschlossen; er bereitete sich auf eine neue Aktion vor.

Kutschums Erbe, Mehemet-Kul II., von den Russen «der sibirische Zarewitsch» genannt, hatte sich in der Nähe von Wagay, zwischen den Flüssen Tobol und Ischim, verschanzt. Auf dem Weg zum Kulara-See in der Nähe des Irtysch wurde er von sechzig Kosaken so plötzlich überfallen, daß seine Streitmacht vernichtet und er selbst gefangengenommen wurde. Ermak gestattete nach einigem Zögern seinem Ataman Iwan Grosa, dem Zaren Fjodor Iwanowitsch, der 1584 den Thron bestiegen hatte, seinen prominenten Gefangenen und den Tribut zu überbringen. Mehemet-Kul wurde in Moskau ehrenvoll behandelt. Er errang die Achtung der Russen durch seine Tapferkeit im Krieg gegen die Schweden (1590), an dem er teilnahm. 1598 kam er dem Zaren Boris Fjodorowitsch Godunoff bei Serpuchoff zu Hilfe, wo dieser von den Krimtataren überfallen worden war.

Inzwischen hatte Ermak den Ataman Bogdan Brjasgi mit fünfzig Kosaken an den Unterlauf des Irtysch entsandt, um Steuern von Tataren und Ostjaken einzutreiben. Der Ataman gelangte ohne Schwierigkeiten durch das eroberte Land. Aber am Fluß Arimdsjanki hatten sich die Tataren in einer kleinen Festung verschanzt. Bogdan nahm sie im Sturm, die Besatzung wurde erschossen oder an den Füßen aufgehängt, wenn sie nicht den Treueid über gekreuzten Säbeln leistete, von denen noch das Blut tropfte. Brjasgis Grausamkeit sollte sich bald rächen. Ermak selbst näherte sich dem Ob. Er eroberte ein ostjakisches Fort am Nasim, einem Nebenfluß des Ob vor der Mündung des Irtysch. Unterwegs machte er Beute in den Kodsk-Siedlungen. Er erreichte den Tardyn-Fluß noch im selben Jahr, 1583, und unterwarf aufständische Wogulenstämme.

Der tatarische Murza Karatscha, dessen Besitzungen am Tobol von den Kosaken geplündert worden waren, versuchte, Ermaks Truppen durch eine Kriegslist zu spalten. Er schickte Ermak eine Botschaft mit der Bitte um Hilfe gegen die kirgisischen Kosaken. In der falschen Hoffnung, diesen wichtigen Murza auf seine Seite zu ziehen, entsandte Ermak den Ataman Iwan Koltzo mit vierzig Kosaken zur Unterstützung. Nach ihrer Ankunft ermordete man sie bis auf den letzten Mann. Die Tataren und Ostjaken wurden aufgefordert, Ermaks Steuereinzieher umzubringen. Dann belagerte und umzingelte Karatscha die Hauptstadt Sibir. Ohne Hoffnung auf Entsatz unternahm die kleine Garnison einen verzweifelten Ausbruchsversuch in der Nacht des 9. Mai, dem Namenstag des heiligen Nikolaus, der als Schutzpatron der Kosaken galt. Sie griffen die Belagerer nicht an, sondern paddelten leise über den Irtysch und stürmten Karatschas Lager. Der Feind war vollkommen überrascht. In dem anschließenden Scharmützel wurden beide Söhne Karatschas getötet. Er selbst entkam mit wenigen Leuten, aber für die Belagerer war es zu spät, ihrem Fürsten zu Hilfe zu kommen. Am nächsten Morgen gingen sie zum Gegenangriff über. Die Kämpfe dauerten den ganzen Tag, doch die Kosaken gewannen schließlich die Oberhand über den Feind, der schwere Verluste erlitten hatte.

Der tatarische Aufstand führte in Sibir zum Mangel an Lebensmitteln. Der neue Gouverneur war der erste, der darunter zu leiden hatte. Fürst Bolschowsky und sein Vertreter Iwan Glukhoff waren mit einem Kontingent von fünfhundert

Mann auf dem Wasserweg von Moskau über die Wolga, die Kama und die Tschussowaja gekommen. Im folgenden Winter brach in Sibir eine schwere Hungersnot aus; sie forderte viele Opfer. Auch der glücklose Gouverneur war unter ihnen.

Der Unterlauf des Irtysch war nun befriedet, aber an seinem Oberlauf weigerte man sich noch immer, Ermaks Autorität anzuerkennen. Mit dreihundert Mann rückte er den Irtysch zwischen Tobol und Ischim und dessen Nebenfluß Wogay hinauf. Dort stieß er mit den Truppen des feindlichen Tataren Begasch zusammen. Ermak besiegte ihn schließlich in einer langen und blutigen Schlacht.

In Turpende ergab sich der regierende Kleinfürst Jeligay, ein Nachkomme vom Ischim-Khan Sarganka, freiwillig. Er überbrachte reichlich Tribut und bot Ermak sogar seine Tochter an, die nach tatarischen Vorstellungen besonders schön war. Ermak wies das großzügige Geschenk zurück und verbot seinen Männern, das Mädchen zu berühren.

Nach einigen Scharmützeln im Mündungsgebiet des Irtysch mußte Ermak an Kutschums uneinnehmbarer Festung Kularu vorbeiziehen; er entschloß sich, sie erst später zu belagern. Die kleine Stadt Taschatku ergab sich; er erreichte das Dorf Schischtamak an der Mündung des Flusses Schischa, einem Nebenfluß des Irtysch. In der Nähe lag die Stadt Turga, wo die Tataren noch in Jurten wohnten. Die Nachbarstämme, die auf den großen, fruchtbaren Steppen als Nomaden lebten, hießen «Turali» oder «Turolintzi». Da sie bettelarm waren, verzichtete Ermak bei ihnen auf den «jasak», den Tribut. Außerdem wären die auf dem Wasser vordringenden Kosaken durch die Verfolgung dieser Nomaden über die weiten Steppengebiete unnötig aufgehalten worden.

Ermak zog dann zum Wogay-Fluß. Er hatte gehört, daß eine Karawane mit Händlern aus Bukhara, die mit ihm Handel treiben wollte, aus Angst vor Kutschum angehalten hatte. In der kleinen Siedlung Atbasch (Pferdekopf) fand er sie. Er befürchtete jedoch, in eine Falle geraten zu sein und kehrte in Richtung Sibir um. Vor der Mündung des Wogay macht der Irtysch etwa sieben Kilometer nach Osten einen Bogen. Um abzukürzen, soll Ermak seinen Leuten befohlen haben, einen Kanal quer durch die Flußschleife zu graben[7]. Er verzichtete zunächst auf den weiteren Vormarsch; für die Nacht ließ er ein Lager aufschlagen. Schwere Regenfälle gingen nieder, ihr Rauschen verhinderte vielleicht, daß Ermaks Leute das Heranrücken von Kutschums Kundschaftern hörten. Die berittenen Tataren fielen über die Kosaken her. Durch den Überraschungsangriff erlitten die Kosaken schwere Verluste. Nur wenige entkamen bis zu den Booten; unter ihnen auch Ermak. Die Chronik berichtet, daß er in der Nacht vom 5. August 1584 in den Fluß sprang, um zu den Booten zu schwimmen. «Er trug beide Rüstungen, die ihm der Zar geschenkt hatte; deren Gewicht zog ihn in die Tiefe. Bei dem Versuch, an Bord zu klettern, ertrank er.»[8]

Dank seiner ständigen Kampfbereitschaft, seinem Wagemut, dem persönlichen Einsatz und seiner Umsicht sowie auch seiner eisernen Konstitution und hartnäckiger Entschlossenheit hatte sich Ermak als hervorragende Führerpersönlichkeit erwiesen; jedoch ohne die Initiative und ständige Unterstützung der Stroganoffs wäre der sibirische Feldzug nicht zu bewerkstelligen gewesen, obwohl noch viele Jahre vergehen sollten, bevor das riesige neue Land bevölkert und weiter entwickelt werden konnte.

Dieser bemerkenswerte Mann erreichte, was er sich vorgenommen hatte: Sibirien war ein Teil des russischen Reiches geworden.

In einem kaiserlichen Erlaß heißt es kurz und bündig: «Die Stroganoffs waren auf den Gedanken gekommen, ganz Sibirien unter die ‹hohe Hand› des Zaren zu bringen. Sie verstärkten die kleinen Truppeneinheiten des Kosakenführers Ermak Timofejewitsch und brachten dauerhaften Frieden für die russische Grenze, indem sie die kriegerischen Nomadenstämme unterwarfen.»

Sibir (Isker) war von den Kosaken geräumt worden. Eine kleine Streitmacht, die nur eine einzige Kanone mit sich schleppte, kehrte unter Führung des Wojwoden Mansuroff über den Ural zurück. Er hatte Weisung, klug und umsichtig vorzugehen und von einer Festung zur nächsten vorzurücken. Tobolsk wurde Ali Bey Sejdak, dem Sohn des Etiger, wieder abgenommen. Die Stadt nahm das Wappen der Stroganoffs an: zwei aufgerichtete Zobel.

Drei Jahre nach Ermaks Tod befand sich Sibir wieder in russischer Hand. Der Zar Boris Godunoff gab bekannt, daß sich das Reich jetzt bis zum Ob und zum Irtysch erstrecke und daß Tribute in Form von Pelzen unterwegs seien.

Die Erforschung und Kolonisierung der neuen Gebiete in nördlicher und östlicher Richtung ging rasch voran. Im Süden jedoch verhinderte der unbezähmbare Kutschum noch immer das weitere Vordringen. Im Jahr 1591 wurde nach Gefechten am Ufer des Ischim und bei Tara seine ganze Familie, mit Ausnahme seines Sohnes Ali, vom neuen Befehlshaber Fürst Eletzky gefangengenommen und nach Moskau geschickt. Dort vergrößerten sie die kleine Kolonie bevorzugter politischer Geiseln. Ihre Nachfahren heirateten später in russische Adelsfamilien ein.

Auf Eletzkys Kapitulationsangebot antwortete Kutschum stolz: «Der Adler der Steppe läßt sich nicht in eine Hundehütte sperren.» Kutschum entkam zu den Wogays, die ihn jedoch aus Furcht vor russischer Vergeltung auf der Stelle umbrachten.

Vierzig Jahre nach Ermaks Tod befand sich ein Drittel des gewaltigen Kontinents in russischer Hand.

Der Kaiser von China, der den sibirischen Khan Kutschum für seinen Vasallen gehalten hatte, erfuhr von dessen Tod erst zwanzig Jahre später.

Erst im Jahr 1646 kam der Kosaken-Ataman Demnik endlich bis zum Ochotskischen Meer, nach Kamtschatka und zum Pazifischen Ozean, der neunzehntausend Kilometer von der Ostsee entfernt ist. Im Jahr 1858, zwei Jahre nach Beendigung des Krimkriegs, besetzte Murawieff – später «Amursky» genannt – ohne viel Aufhebens ein großes Gebiet nördlich des Ussuri und verschaffte dem russischen Reich dadurch Zugang zu eisfreien Häfen am Pazifik. Während des Zweiten Weltkriegs war der Zugang zu den Meeren eine wesentliche Bedingung der sowjetischen Verhandlungsführung in Jalta. Obwohl die historische russische Vergangenheit in Vergessenheit geraten war, blieben die geographisch bedingten Ziele dieselben.

Lange Zeit war es nur den unablässigen Bemühungen führender Familien wie den Stroganoffs zu verdanken, daß der neu erschlossene Kontinent allmählich ein Teil von «Mütterchen Rußland» wurde. Zu dieser Entwicklung trug auch der unersättliche Tatendrang und Wissensdurst all jener bei, die durch Idealismus oder aus Abenteuerlust auf der Suche nach Reichtum oder nach freier Entfaltung in die neuen Länder aufbrachen. Die Kosaken pflegten zu singen: «Sibirien ist auch russisches Land.»

Als Ort der Verbannung ist Sibirien zu einem negativen Begriff geworden. Die Zahl von etwa sechstausend aus politischen Gründen Verbannten unter dem Zaren stieg unter Stalin in Frenkels mörderischen Gulags auf über zwanzig Millionen an. Aber für die geborenen Sibirier wurde es wahrhaftig zur russischen Heimat, zu einem Land unbegrenzter Möglichkeiten[9].

In seinem Werk über den russischen Staat im 16. Jahrhundert beschreibt der Gesandte der britischen Königin Elisabeth I., Fletcher, die Macht und den Ruhm der Stroganoffs in jener Zeit.

Ihre Ländereien schlossen nicht nur die gesamte Provinz

von Perm ein, sondern ein Territorium von zehneinhalb Millionen Desjatinen (ungefähr 11 445 000 Hektar) sowie mehrere kleine Güter von etwa eineinhalb Millionen Desjatinen (insgesamt 3 740 000 Hektar). Im Jahr 1715 belief sich der gesamte Landbesitz auf etwa 104 000 Quadratkilometer.

Aber die Stroganoffs betrachteten den Reichtum, der ihnen als Frucht ihrer gewaltigen Unternehmungen zufiel, nicht als einziges Ziel. Von Anfang an begriffen sie die Expansion und die Nutzung der Möglichkeiten, die sich ihnen eröffneten, als Wesen ihrer Aufgabe.

Seit Anikas prophetischem Ausruf vor dem Zaren Iwan IV.: «Gosudar, gibt uns dies Land, es wird Euch und Rußland Ruhm bringen», planten sie ihre Unternehmungen systematisch.

Die Leibeigenschaft war vom ersten Augenblick an abgeschafft; sie besiedelten den neuen Kontinent mit freien Menschen. In der Tradition des frühen Nowgorod leisteten sie einen entscheidenden Beitrag zur Christianisierung des sibirischen Nordens. Sie bauten Kirchen und gründeten Klöster in den wachsenden Städten. Siedler unterschiedlicher Herkunft und verschiedenen Glaubens wurden unter dem Dach einer Religion geeinigt und gehorchten denselben Gesetzen.

Die Stroganoffsche Ikonenschule

Das Hauptanliegen der Stroganoffs war die Erziehung: Zahlreiche Schulen wurden gegründet, wobei Fleiß und Ehrlichkeit besonders belohnt wurden. Um Talente zu fördern, ging man seit Anfang des 16. Jahrhunderts auf die Suche nach den besten Lehrern und Meistern.

Aus den entferntesten Ländern holten sich die Stroganoffs hervorragende Künstler. Architekten, Maler, Bildhauer und Kunsthandwerker kamen aus Italien, Ikonenmaler aus Griechenland. Eine Malschule wurde gegründet, die einen neuen Ikonenstil einführte: elegante Gestalten in Miniaturgröße mit liebevoller Behandlung der Details und dem besonderen Farbensinn des Ostens.

Einige Meister, die dieser Schule entstammten, wirkten später an der Moskauer Akademie der schönen Künste: Prokofy Schirin, Nikifor und Istoma Savin. Die Goldschmiedewerkstätten aus Solwytschegodsk, die sich später bis nach Weliki Ustug, Tobolsk und Moskau ausbreiteten, errangen Weltruhm.

Sechs Jahrhunderte hindurch waren die Stroganoffs ihrer Zeit auf dem Gebiet des Bildungswesens, der kulturellen, wissenschaftlichen und administrativen Entwicklung weit voraus; außerdem galten sie als Förderer der russischen Industrie.

Der Zar mußte feststellen, daß sich die Grenzen seines Reiches fast ohne sein Zutun weit über jedes vorhergesehene Maß hinaus erweitert hatten. Seinem Herrschaftsgebiet war ein halber Kontinent hinzugefügt worden. Die Eroberung Sibiriens verschaffte ihm Zugang zu unübersehbar reichen Bodenschätzen; durch sie wurde Rußland nicht nur ein Industriestaat, sondern eine Weltmacht. Die neue Dimension, die Ausdehnung nach Osten, gab nicht nur der Politik, sondern auch der Literatur und Philosophie neue Anstöße. Man mußte sich dieser Aufgabe, die ungeheure Lasten und Entwicklungsprobleme mit sich brachte, stellen. Es blieb der überragenden Persönlichkeit Peters des Großen vorbehalten, sie zu meistern und in seine überdimensionalen Stiefel hineinzuwachsen.

Viele Jahre später sagte Fürst Metternich, Politiker neigten bei der Beurteilung anderer Länder dazu, zwei wesentliche Faktoren zu übersehen: Geschichte und Geographie.

Gegen Ende des 16. Jahrhunderts vollzog sich in den geographischen Vorstellungen von unserer Erde ein radikaler Wandel. Die Expeditionen des Columbus brachten den unbekannten Erdteil Amerika in das westeuropäische Bewußtsein. Neunzig Jahre später bewirkte die Eroberung Sibiriens den

Anschluß Asiens an Europa. Während einerseits der Pazifik für künftige Generationen an Bedeutung gewann, eröffnete sich über Sibirien auch der Ferne Osten mit seinen noch immer ungeahnten Möglichkeiten.

1584 hatte Zar Fjodor Iwanowitsch den Thron seines Vaters bestiegen. Er bestätigte die den Stroganoffs gewährten Rechte zur Eroberung Sibiriens. Am 7. April 1588 erhielt Nikita Grigorjewitsch ein riesiges Territorium unterhalb von Groß-Perm, das sich hundertsechzig Kilometer zu beiden Ufern der Kama entlangzog und alle Inseln und Wälder mit einschloß. Das Gebiet umfaßte 600000 Desjatinen oder 654000 Hektar Land. Die Stroganoffs durften befestigte Siedlungen errichten und Salz sieden. Für fünfzehn Jahre wurden sie von jeder Steuer befreit.

Nikita erbaute die Stadt Otscher[10] am Otscher-Fluß und gründete in der Nähe ein Kloster zu Ehren der «Heiligen Jungfrau von Okhansk». Er bevölkerte das neue Land mit «Analphabeten und Freien» und mit Flüchtlingen aus fremden Ländern, die sogleich zum orthodoxen Glauben bekehrt wurden. In der Nähe einer anderen neuen Siedlung, Nowaja Usolije, wurden ergiebige Salzlager entdeckt. Gegen Ende des 19. Jahrhunderts sollte dieser Ort zur Zentrale der Stroganoffschen Besitzungen im Ural werden. Die Moskauer Regierung vertraute Maxim Jakowitsch und Nikita Grigorjewitsch die Verteidigung der neuen Grenzen an, eine Ehre, die weder in ihrem persönlichen Interesse lag, noch ihnen etwas einbrachte.

Am 28. Mai 1590 wurde Maxim Jakowitsch offiziell ermächtigt, die Verteidigung gegen «gefährliche Verschwörer» unter den Nagajs zu verstärken. Am 5. Juni 1598 unterstützte Nikita Grigorjewitsch den Gouverneur Nikita Trachanjotoff gegen den Polym-Fürsten mit einhundertfünfzig Mann zu Fuß und einhundert Berittenen.

In den Jahren der Wirren (1598–1612), bevor die Romanoffs den Thron bestiegen, als Rußland durch innere Zwistigkeiten und fremde Eindringlinge zerrissen war, spielten die Stroganoffs eine wichtige Rolle bei der Befriedung des Landes und sorgten dafür, daß die Städte an der «Pomorje[11] und die Provinz Kasan dem Zaren die Treue hielten.

Sie entsandten Boten mit einer denkwürdigen Proklamation überall hin, um die Nation an ihre traditionelle Loyalität gegenüber der Moskauer Regierung zu erinnern. «Abtrünnige Litauer haben sich mit russischen Dieben und Verrätern verbündet und sowohl Gott und den orthodoxen Glauben als auch ihren der Krone geschworenen Eid vergessen», hieß es in dem Appell. Es folgte eine ausführliche Schilderung ihrer Missetaten. «Das Gerücht geht um, daß diese Städte sich nicht miteinander beraten oder gegenseitig unterstützt haben und deshalb zugrunde gegangen sind. Wir dagegen, die wir mit unseren Nachbarn verbündet sind, küssen das Kreuz und verteidigen, getreu unserem Eid, die heilige Kirche, den orthodoxen Glauben und den rechtmäßigen Zaren Wassili Joannowitsch Schujsky. Wir stehen hinter unserem Zaren ohne Hintergedanken und List..., um gemeinsam zu leben und zu sterben...»

Die Stroganoffs konnten zwar den Zaren nicht retten, aber sie stellten sich mit der gleichen Entschlossenheit hinter Fürst Pojharsky und den jungen Michail Romanoff. Ein kaiserlicher Erlaß bestätigt, daß sie große Summen aus ihrem Einkommen und Besitz bezahlten, um Truppen aufzustellen, damit die neue Dynastie gestützt und das verwüstete Land wieder aufgebaut werden konnte. Als Zeichen der Dankbarkeit wurde ihnen bestätigt, daß nicht nur ihre eigene Familie, sondern auch ihre Bauern und Arbeitskräfte direkt der kaiserlichen Gerichtsbarkeit unterstanden – zur damaligen Zeit ein begehrtes Privileg.

Als Moskau im Jahr 1612 zerstört wurde, unterstützten die Stroganoffs die Staatskasse mit einer Summe von einer halben Million Rubel; dieselbe Summe brachten sie für Smolensk auf, «ohne jemals eine Rückzahlung zu fordern, sondern nur, um dem Zaren und dem Staat aufrichtig zu dienen».

Im Jahr 1663 verteidigten sie ihre Provinz Perm gegen einen Überfall der Baschkiren aus Ufa «ohne Unterstützung durch das kaiserliche Schatzamt».

Der Nordische Krieg (1700–1721) des späteren Zaren Peter des Großen wurde ausschließlich von den Stroganoffs finanziert. Nach einem Aufruf des Zaren kamen sie dem unter akuter Salzknappheit leidenden Land aus eigenen Mitteln zu Hilfe.

Nach Iwan IV. turbulenter Herrschaft hatten sich zwar die Grenzen seines Landes erweitert, aber der innere Zusammenhalt der Völker war durch seine Willkür und Grausamkeit erschüttert. Die Kontinuität und die Verbindung zu einer geheiligten Vergangenheit hatte er zum Teil unterbrochen. Die innere Harmonie zwischen Souverän, Kirche und den verschiedenen Gesellschaftsschichten, die das Fundament der russischen Zivilisation bildeten, war gestört.

Dann folgte die «Zeit der Wirren» mit Invasionen von Polen und Schweden (J. Billington, Cultural History of Russia), die brandschatzend durch das Land zogen. Es bedurfte der eisernen Faust Peters des Großen, um Rußland neu erstehen zu lassen. Tiefgreifende Wandlungen kündigten ein neues Zeitalter an. In den vergangenen Jahrhunderten war Rußland zu einer «einheitlichen organischen Zivilisation auf religiös-klösterlicher Grundlage» [12] gewachsen.

Unter Alexej Michajlowitsch und seinem Sohn Peter verwandelte es sich in einen säkularen Vielvölkerstaat. Der frühere innere Zusammenhalt mußte nun durch eine Zentralgewalt ersetzt werden. Die entscheidende Frage war, ob Reformen von oben verordnet oder als Reaktion auf heftige Forderungen nach Liberalisierung von unten eingeführt werden sollten. Die Antwort darauf mußte von der moralischen und ethischen Grundeinstellung abhängen, unter Berücksichtigung der menschlichen Fehler und Schwächen derjenigen, die diese oft so unvereinbaren Richtungen zu greifbarer Wirklichkeit gestalten sollten.

III

GRAF ALEXANDER SERGEJEWITSCH STROGANOFF

1733–1811

Rußland im frühen 18. Jahrhundert

Kaiserin Katharina erhielt 1790 einen ungewöhnlichen Brief. «Da ich meinen Landbesitz als zu groß für eine Privatperson erachte und die Liebe meiner Vorfahren für ihre Heimat teile, verzichte ich hiermit freiwillig auf die Eigentumsrechte an zehn Millionen Desjatinen Land (zwölf Millionen Hektar), das meiner Familie zuerkannt wurde. Ich gebe das Land an die Krone zurück.»

Graf Alexander Sergejewitsch Stroganoff wurde durch diese Großzügigkeit nicht zu einem armen Mann. Die Schenkung betraf ein Drittel seines Grundbesitzes. Aber die Geschichte kennt kein anderes Beispiel einer solchen Geste.

Peter I., der Große, war acht Jahre vor der Geburt des Grafen Alexander gestorben. Nach schauerlichen, aber lehrreichen Jugenderfahrungen hatte der Zar sich unter gewaltigen Mühen und großen Opfern an Menschenleben rücksichtslos über alle Traditionen und Gebräuche seines rückständigen und rohsittigen Landes hinweggesetzt und Rußland über Nacht zu einer europäischen Großmacht umgekrempelt. Er plante in Zeitabständen von je sieben Jahren im voraus und setzte sich zum Ziel, sich erst Macht, dann Autorität und schließlich Ordnung zu schaffen. Seine umwälzenden Reformen gingen in alle Richtungen gleichzeitig. Er duldete keinen Widerspruch und knechtete seinen Hofstaat bis zu serviler Kriecherei. Die Adligen des Landes wurden zu Funktionären und besaßen keinen anderen Rang als den «Tschin» (Dienstgrad), der nach den jeweils geleisteten Diensten für Staat,

Armee und Verwaltung und anderer «nützlicher» Tätigkeiten zugeteilt wurde.

Vor seiner Regierungszeit, seit Boris Godunoff, waren die Bauern an das Land gebunden, das sie zu beackern hatten, damit sie nicht in Versuchung kamen, in fruchtbarere Gegenden abzuwandern. Peter band sie an ihre Grundbesitzer und änderte das Abgabesystem: Statt der Herdsteuer wurde die Kopfsteuer eingeführt. Auf diese Weise konnte der Staat mit höheren Steuereinnahmen rechnen, außerdem wurde die Erfassung der Rekruten für die wachsende Armee erleichtert. Diese neue Art der Dienstleistung führte zu einer verspäteten Form von Leibeigenschaft. Mißbrauch kam nur selten vor und wurde streng bestraft. Doch dieses System fraß an der russischen Gesellschaft wie ein Krebsgeschwür, bis ein späterer Zar schließlich die Mittel und die Entschlußkraft fand, es abzuschütteln, und dafür ermordet wurde.

Vier Zarinnen setzten – jede auf ihre Weise – die Reformen des explosiven, manchmal halb wahnsinnigen Genies fort, das ihnen vorangegangen war: Peters Witwe, die livländische Magd Katharina I. (1725–1727), Peters Nichte Anna Joannowna (1730–1748), seine schöne, großmütige und beliebte Tochter Elisaweta Petrowna (1741–1761), und schließlich ihre Schwiegertochter Katharina II. (1762–1796), die kleine deutsche Prinzessin von Anhalt-Zerbst, Ehefrau von Elisabeths unfähigem und bald darauf abgesetztem Neffen Peter III.

Sie sollte von allen die Größte werden.

Obwohl Alexander Stroganoff schon bald nachdem die Herrschaft Peters des Großen Rußland in den Grundfesten erschüttert hatte, geboren wurde, war er seit seiner Kindheit mit den neuen Ideen vertraut.

Bei seinen Bemühungen, das Land nach Westen zu öffnen, hatte Zar Peter bereits eine Anzahl junger Russen ins Ausland geschickt. Schon unter seinem Vater Alexej Michajlowitsch studierten dreißig junge Leute in westlichen Ländern; nur vier von ihnen kehrten zurück. Später kamen alle wieder nach Hause. Sie sollten sich ein möglichst umfassendes Wissen auf den verschiedenen Gebieten aneignen, um es später in Rußland anzuwenden. Nach ihrer Heimkehr betätigten sie sich größtenteils nicht nur in wichtigen Staatsämtern, sondern übten die verschiedensten Funktionen aus. Obwohl sie fremde Sprachen und Bräuche übernommen hatten, entfremdeten sie sich nie ihrer Heimat. In manchen Kreisen der Gesellschaft wurden in der zweiten Hälfte des 18. Jahrhunderts die modernsten Ausbildungstheorien erprobt und angewandt. Solche Erziehungsmethoden hatten eine Überzeugungskraft, wie man sie heutzutage vergeblich sucht.

Die große Tour

Im Alter von neunzehn Jahren begab sich auch der junge Stroganoff in Begleitung seines Lehrers Antoine auf die große Reise. Sein Vater, ein Würdenträger am Hof der Zarin Elisaweta Petrowna, plante alle Einzelheiten liebevoll im voraus: Kreditbriefe, Geldmittel und Empfehlungsschreiben an bedeutende Persönlichkeiten sollten den Reisenden alle Wege ebnen. Sprachschwierigkeiten waren nicht zu erwarten, denn Französisch war damals die Umgangssprache unter gebildeten Europäern. Begleitet von einer angemessenen Zahl von Bediensteten machten sie sich im Reisewagen auf die beschwerliche Fahrt.

Berlin war das erste Ziel. Dort sollte Feldmarschall Keith [1] die Reisenden unter seine Fittiche nehmen. Er war Gouverneur der preußischen Hauptstadt und ein Freund des alten Stroganoff aus der Zeit, in der er in Rußland gedient hatte. Die beiden Gäste lernten alle führenden Persönlichkeiten der Stadt und auch zahlreiche Künstler und Wissenschaftler kennen. Sie besichtigten unermüdlich Museen, Schlösser, Bibliotheken, Manufakturen und alle wichtigen Einrichtungen. Dieses Programm wiederholte sich in etwas gemäßigterem Tempo in Hannover, Hanau, Frankfurt am Main und Straßburg. Gegen Jahresende 1753 kamen sie nach Genf, wo damals viele prominente Wissenschaftler, Professoren und Dozenten tätig waren.

Alexander studierte Physik bei Necker, Rechtswissenschaften bei Romine, Mathematik und Logik bei Gilbert, Geschichte und Geographie bei Vernet, dessen Vorlesungen er am liebsten mochte. Die Beziehung zwischen Lehrer und Schüler sollte zu einer dauerhaften Freundschaft führen, die später auch Alexanders jungen Sohn Paul einschloß. Stroganoff lernte mit glühender Begeisterung. Die Zeit verging ihm wie im Fluge, und zwei Jahre später trennten sich die Reisenden mit Bedauern von Genf, um ihre Fahrt nach Italien fortzusetzen. Die Empfehlungsschreiben des russischen Gelehrten Miller führten sie bei bedeutenden italienischen Familien und berühmten Wissenschaftlern ein.

Der Reihe nach besuchten sie Turin, Mailand, Bologna, Venedig und Rom. Keine Gemäldegalerie, kein Museum ließen sie aus; mit großer Aufmerksamkeit betrachteten sie die dort ausgestellten italienischen Kunstschätze. Alexander war von seinem Vater mit erheblichen Geldmitteln ausgestattet worden und konnte daher eine Anzahl wertvoller Gemälde und anderer Kunstgegenstände erwerben, die später den Grundstock seiner berühmten Sammlung bilden sollten. Er begegnete bedeutenden Persönlichkeiten, darunter Papst Benedikt XIV. Alexander war damals erst zweiundzwanzig Jahre alt. Er muß ein ausgesprochen gewinnendes und liebenswürdiges Wesen gehabt haben, denn wo immer er erschien, entwickelten sich dauerhafte Freundschaften. Viele seiner neu gewonnenen Freunde besuchten ihn später in seinem Petersburger Palais.

Von Italien fuhren Antoine und sein Schüler nach Paris, wo Alexander zwei Jahre lang Chemie, Physik und Metallurgie studieren sollte. Außer Museen und Galerien besichtigte er auch Fabriken, Gießereien und Stahlwerke. Alles, was er lernte und in sich aufnahm, sollte später einmal für die Entwicklung seiner großen Besitzungen im Ural genutzt werden.

Graf Sievers, ein Freund seines Vaters, schrieb diesem aus Venedig: «Dein Sohn hat verschiedene Sprachen fließend gelernt: deutsch, französisch und italienisch. Durch seine Vermittlung habe ich mehrere bekannte Gelehrte getroffen. Er ist von allen wohlgelitten, und dies verdankt er mit Sicherheit seiner Persönlichkeit und seinem Auftreten.»

Der Botschaftsrat an der russischen Botschaft in Paris, F.D. Bechtejeff, bemerkte in geradezu bitterem Ton: «Man könnte nur wünschen, daß alle Russen so beliebt und angesehen wären wie er.»

Die Heirat

Das alles klang höchst erfreulich. Als die Rückkehr seines geliebten Sohnes bevorstand, plante Baron Sergej Grigorjewitsch[2] gerade den Bau eines Petersburger Palais auf dem Newsky-Prospekt (1752–1756). Der Architekt, den er sich dafür auswählte, war der berühmte Rastrelli[3].

Außerdem war er mit den Vorbereitungen für die Heirat seines Sohnes mit der Gräfin Anna Michailowna Worontzoff beschäftigt. Sie war die Tochter des Premierministers der Zarin, eine der wichtigsten Persönlichkeiten bei Hofe.

Aber am 30. September 1756 erlag Sergej Grigorjewitsch einem Schlaganfall. Er hatte zu seinen Lebzeiten riesige Summen für akademische und philanthropische Einrichtungen gespendet. Nach seinem Tod hieß es: «Er war das Auge der Blinden, das Bein der Lahmen und jedermanns Freund.»

Seinen Sohn erreichte die Nachricht vom Tod des Vaters auf der Heimreise in Holland. Obgleich er nichts gegen die geplante Eheschließung einzuwenden hatte, nahm er sich nun mit der Rückkehr mehr Zeit. Es verging ein weiteres Jahr, ehe er endlich nach fünfjähriger Abwesenheit Petersburg wiedersah.

Im September 1757 fand die offizielle Verlobung mit Anna Worontzoff statt. Im Februar darauf wurde die Hochzeit in

Gegenwart der Zarin mit großem Pomp im Winterpalais gefeiert. Die junge Braut war ein schönes Mädchen mit großen traurigen, dunklen Augen, aber die Ehe sollte nicht glücklich werden. Im Oktober 1760 reiste Alexander Sergejewitsch als Sonderbevollmächtigter nach Wien, um dem Kaiserhof zur Heirat des Thronerben Erzherzog Joseph zu gratulieren.

Kaiserin Maria Theresia verlieh dem jungen Mann den Titel eines «Grafen des Heiligen Römischen Reichs.»

Nach dem Tod der Zarin Elisaweta erbte ihr Neffe Peter III. den Thron. Seine Mätresse, Elisaweta Romanowna Worontzoff, war eine Kusine von Alexanders Frau. Nach einer Herrschaft von sechs Monaten wurde der labile und unfähige Peter III. abgesetzt und fiel dann einem Mordanschlag zum Opfer. Graf Alexander war ein treuer Gefolgsmann und enger Freund von Peters Gattin Katharina, die nun den Thron bestieg. Es war unvermeidlich, daß der Bruch mit den Worontzoffs sich unheilvoll auf die Ehe der jungen Stroganoffs auswirken würde. Im Jahr 1764 trennten sie sich. Fünf Jahre später starb Anna Michailowna im Alter von siebenundzwanzig Jahren. Diese familiären Schwierigkeiten beeinträchtigten jedoch in keiner Weise die enge Freundschaft des Grafen Alexander mit den Vettern seiner Ehefrau, Alexander und Simon Worontzoff, obwohl sie der Verstorbenen äußerst zugetan gewesen waren.

Begegnung mit Voltaire

«Ah, Madame, was für ein schöner Tag für mich! Ich habe die Sonne gesehen und Sie!» rief der alternde Voltaire, als er dem Grafen Alexander Sergejewitsch Stroganoff und dessen zweiter Ehefrau, der jungen Prinzessin Katharina Petrowna, entgegenhumpelte. Wie viele andere, waren die Stroganoffs 1771, bald nach ihrer Hochzeit, aus Paris nach Genf gereist, um den «Weisen von Ferney» kennenzulernen.

Der Besuch kam durch die Freundschaft Katharinas II. mit

Voltaire zustande. In Westeuropa, insbesondere in Frankreich und Paris, hielt man Rußland immer noch für ein unzivilisiertes, armes und rückständiges Land, das tief in Barbarei und Unwissenheit versunken war. Das wußte die Zarin nur allzugut. Man warf ihr den Tod ihres Gatten Peter III. und seines Erben Iwan VI. vor, obwohl Katharina II. an deren Ermordung keine Schuld trug. Im Westen gehörte es fast zum guten Ton, kaum einen Unterschied zwischen «ihrem» Rußland und dem alten Großherzogtum Moskau zu machen. Sie bemühte sich, diese Vorurteile zu überwinden. Zu ihrer weltweiten Korrespondenz gehörte auch der Briefwechsel mit Voltaire, Diderot und Baron Friedrich Melchior[4] Grimm. Sie unterstützte nicht nur russische, sondern auch ausländische Künstler – Schriftsteller und Maler. Sie kaufte Diderots Bibliothek und zahlte ihm taktvoll eine Pension, damit er sein eigener Bibliothekar werden konnte[5].

Voltaire war von dem leidenschaftlichen Wunsch beseelt, die ihn umgebenden Verhältnisse zu verbessern, und zugleich war er ein glühender, wenn auch wenig ehrerbietiger Bewunderer Katharinas, die er lässig-familiär «Ma Câteau» nannte.

Seine eigene Regierung war vor ihm auf der Hut und meinte: «Die Geistesverfassung dieses Mannes könne einem Staat zum Verhängnis werden.» Katharina war zu weit entfernt, um seinen Einfluß fürchten zu müssen; sein Streit mit der katholischen Kirche betraf sie nicht. Die «liberalen Grundsätze», nach denen sie autokratisch regierte, stammten jedoch von Voltaire, und sie bekannte offen, wie tief sie in seiner Schuld stehe. Vielleicht war es eine glückliche Fügung, daß die beiden sich nie persönlich begegneten. Zwar konnte Voltaire seine Gesprächspartner durch Charme bezaubern, aber seine ständig wechselnden Stimmungen, sein heftiges Temperament und sein Hang zu hysterischen Szenen wurden manchen seiner Gastgeber bald unerträglich.

Er war in bittere, wenn auch zuweilen erfrischende Auseinandersetzungen mit dem Genfer Stadtrat verwickelt, konnte jedoch trotz heftigster Einsprüche nicht verhindern, daß es Schweizer Mädchen verboten wurde, als Gouvernanten nach

Rußland zu reisen. Obwohl auch die kalvinistische Justiz nicht gerade mit Samthandschuhen vorging, ließen sich die durch Iwan den Schrecklichen und Peter den Großen erzeugten Vorurteile nicht so leicht aus dem Weg räumen.

Voltaire hatte sich 1758 in Ferney bei Genf niedergelassen, wo er seitdem «Hof» hielt. Aber mit fortschreitendem Alter war er fast zum Einsiedler geworden und versuchte, dem nie endenden Besucherstrom auszuweichen. Als sich die Stroganoffs dem Schlößchen näherten, huschte seine unverwechselbare Gestalt zwischen die Bäume des Parks. Aber der Anblick alles Schönen erfreute ihn, und eine Schauspielernatur wie er konnte der Versuchung nicht widerstehen, allen ihm zu Gebote stehenden Charme auf die fremden Besucher wirken zu lassen. Er erschien bald, um die Gäste herumzuführen. Dabei schwang er seinen Stock mit dem Gartenmesser am einen und der Hacke am anderen Ende. Unter seinem Hausmantel trug er eine lange gelbgefütterte Jacke aus blauem, mit gelben Blumen besetztem Tuch, darunter zwei Wämser, dazu eine rote Kniehose, weiße Wollstrümpfe und Leinenschuhe. Ein schwarzer Samthut war über die altmodische Perücke bis auf seine buschigen Augenbrauen herabgezogen und betonte das Nußknackerprofil[6]. Mr. Sherlock, Lord Bristols Kaplan, bemerkte: «Das Wesen dieses Mannes ist außergewöhnlich: Er hatte sich vorgenommen, universell gebildet, reich und adelig zu werden. Er erreichte alles (Orieux, Voltaire). Voltairs beißender Witz duldete weder Heuchelei noch Dünkel. Er verteidigte seine Freunde ebenso bedingungslos, wie er seine zahlreichen Feinde haßte. Er war von überragender Klarheit des Geistes, zugleich menschlich mitfühlend und außerordentlich boshaft, im Alter knorrig wie eine alte Baumwurzel und ohne Zähne, aber aus seinen tiefliegenden Augen blitzte ewige Jugend.

Die Behauptung, daß «man nicht deshalb altert, weil die Fähigkeiten nachlassen, sondern weil die Welt inzwischen keine Verwendung mehr für diese Fähigkeiten hat», beschrieb ihn genau. Dennoch wurden seine vor Geist sprühenden Aussprüche in ganz Europa zitiert.

Voltaire war in der Tat ein Symbol seiner Zeit, des leichtlebigen, unsentimentalen und aufgeklärten 18. Jahrhunderts. Trotzdem war es viel mehr Jean-Jacques Rousseau mit seiner verschwommenen Gedankenwelt und seinen nebulösen Idealen, der die Zukunft beeinflussen sollte. Voltaire lehnte es ab, ihn ernst zu nehmen. Darin irrte er sich. Sie haßten sich gegenseitig und sollten beide entscheidend – wenn auch in gegensätzlicher Weise – zum Untergang ihres Zeitalters beitragen.

Beim Aufbruch der Stroganoffs zeigte Voltaire ihnen voller Stolz den prächtigen Zobelmantel, den die Zarin Katharina ihm geschickt hatte. «Ich würde lieber einem einzigen Tyrannen gehorchen als dreihundert Ratten meiner Art», erklärte er. Es kam zu einem tränenreichen Abschied und zur Versicherung gegenseitiger Wertschätzung. Voltaire übermittelte durch den Grafen eine Botschaft an die Zarin.

Graf Alexander dachte oft an seine glücklichen Studienjahre in Genf zurück. Er zeigte seiner jungen Frau alles, was er in Westeuropa so sehr bewundert hatte. Für sieben Jahre ließ sich das Paar in Paris nieder. Sie führten einen Salon, in dem die bedeutendsten französischen Familien sowie Künstler und Literaten aus aller Welt verkehrten. Die Stroganoffs zeigten sich häufig am Hof Ludwigs XV., wo die junge Gräfin allgemeine Bewunderung erregte. Ganz Europa versuchte damals, die Pracht und die verfeinerte Eleganz von Versailles nachzuahmen. Doch der Graf vergaß keinen Augenblick, welche seiner Erfahrungen er für sein eigenes Land nutzen wollte.

Im Jahr 1772 wurde sein Sohn Paul geboren, bald gefolgt von der kleinen Schwester Nathalie.

1779 verließen die Stroganoffs Paris und kehrten nach Rußland zurück. Die Zarin Katharina II. war damals gerade mit einem gewissen I. N. Korsakoff liiert, einem gutaussehenden jungen Mann von vierundzwanzig Jahren, der eine wunderbare Stimme besaß. Korsakoff verliebte sich leidenschaftlich in die junge Gräfin Stroganoff. Die Zarin schickte ihn in ihrer heftigen Eifersucht nach Moskau, wohin Gräfin Katharina ihm – zum Erstaunen des Hofes – nacheilte.

Ihr Ehemann bewahrte Güte, Würde und Zurückhaltung. Er schenkte ihr nicht nur sein Haus in Moskau und das in der Nähe gelegene Gut Bratzewo, sondern setzte ihr auch ein beachtliches Vermögen aus. Die Leidenschaft, die sie und Korsakoff so unvermittelt ergriffen hatte, sollte ihr ganzes Leben lang dauern. Ein Sohn entstammte der Verbindung, er erhielt den Namen Ladomirsky[7].

Reisen mit Katharina II.

Vierundvierzigjährig stand Graf Alexander wieder allein. Er blieb jedoch vielseitig interessiert und wurde von seinen Zeitgenossen verehrt und geschätzt. In diesen Jahren widmete er sich ganz der Erziehung seiner Kinder, die er über alles liebte. Der Lehrer Romme, den er in Paris engagiert hatte, traf in Petersburg ein; aber obwohl ihm die Erziehung des kleinen Paul gänzlich anvertraut wurde, verfolgte Alexander selbst die Fortschritte des Kindes mit der größten Aufmerksamkeit.

Stroganoff hielt sich von allen Hofintrigen fern. Seine Beziehung zur Zarin entwickelte sich allmählich zu einer engen, aufrichtigen und dauerhaften Freundschaft. In der Gesellschaft dieses treuen und ihr seelenverwandten Menschen entfalteten sich Katharinas Gutmütigkeit und Frohsinn sowie ihr reger Geist. Graf Alexander war ein begnadeter «Raconteur». Die Zarin schätzte seinen Witz, seine Schlagfertigkeit und Intelligenz; sie bewunderte sein großes und vielseitiges Wissen auf so vielen Gebieten. Bald wurde er ihr Lieblingspartner beim Whist oder bei dem modischen Kartenspiel Boston. Wenn sie gewann, warf er gelegentlich zum Spaß mit Kissen nach ihr. Er gehörte zu dem Dutzend intimer Vertrauter, die an ihren privaten Theatervorstellungen teilnehmen durften. «Die bedauernswerten Schauspieler befanden sich in den ersten Tagen, in denen sie in einem großen, hell erleuchteten, aber leeren Theater auftreten mußten, in großer Verlegenheit», kommentierte Graf Louis-Philippe de Ségur (1753–1830), Diplomat und Historiker.

Doch diese leichten Unterhaltungen und Zeitvertreibe blieben ganz an der Oberfläche der wirklichen Staatsinteressen. Alexander Sergejewitsch machte sich besonders als Förderer der Künste, der Literatur und als Philanthrop für sein Land nützlich, ja unentbehrlich. 1781 wurde der französische Lehrer seines Sohnes, Romme, der Zarin vorgestellt. Er beschrieb diese Begegnung in seinen Privatnotizen, die um so mehr von Bedeutung sind, als sie nur für ihn allein bestimmt waren.

«Bei allen, die sie kennen, ruft sie Verehrung und Achtung hervor. Diese Frau gehört zu den außergewöhnlichen Persönlichkeiten, die das Geschick anderer erhellen. Sie ist beliebt trotz ihrer Schwächen, von denen ja niemand verschont bleibt. Ihre Jugend hat sie zurückgezogen verbracht und alles studiert, was ihren geistigen Horizont erweitern konnte. Sie spricht und schreibt Französisch und Deutsch sehr gut und verwendet gern eine dieser Sprachen, wenn es ihr schwerfällt, sich in Russisch auszudrücken. Obwohl der Thron, den sie bestieg, oft genug von schrecklichen Ereignissen erschüttert worden war, gelang es ihr, dessen Fundament durch Milde und menschliche Anteilnahme, die sie ihren Untertanen entgegenbrachte, zu festigen. Sie ist beständig in ihren Zuneigungen. Nie hat sie einen Regierungsgrundsatz, ein Vorhaben oder einen Freund aufgegeben. Jedermann darf seine Funktion und seine Stellung behalten. Dadurch werden Intrigen vermieden. Trotz ihres fortgeschrittenen Alters steht sie zu frühester Morgenstunde auf, sie zündet selbst Feuer an und arbeitet täglich sechs Stunden. Das Glück ihres Volks geht ihr über alles; dadurch genießt sie allgemeines Vertrauen. Auf politischem Gebiet strahlt die Ruhe, die sie in ihrer Umgebung geschaffen hat, bis in die entferntesten Regionen des Riesenreiches aus, wo ihr Name von allen gesegnet wird.» [8]

Graf Alexander und die Zarin schrieben ihre Gedanken zu Themen, die sie besprochen hatten, in Kurzfassung auf. Eine dieser Aufzeichnungen bezieht sich auf die verschiedenen Möglichkeiten, Gutes zu tun. Zu dem Text der Zarin bemerkt der Graf: »Welches auch immer die Beweggründe sein mögen, die nützliche Taten für die menschliche Gesellschaft auslösen, ganz gleich, ob sie auf das Streben nach persönlichem Gewinn, auf Eitelkeit, Feigheit oder Charakterschwäche oder einfach auf den Willen, Gutes zu tun, zurückgehen, wenn Gutes getan wird, bleibt es wichtig und wohltuend für denjenigen, dem es erwiesen wurde.»

Stroganoff setzte diese Prinzipien in die Tat um, wenn es darum ging, für die achtundzwanzigtausend Menschen zu sorgen, die auf seinen riesigen Ländereien und in seinen Fabriken beschäftigt waren. In seinen Briefen an die Aufseher auf den Gütern im Gebiet von Perm betonte er immer wieder, er habe sich vorgenommen, «für sie alle mehr ein Vater als ein Großgrundbesitzer zu sein». Er schickte die in seinen Salzsiedereien, Fabriken und Stahlwerken arbeitenden Bauern im Sommer nach Hause, damit sie Heu machen und ihr eigenes Getreide ernten konnten. Er war durch seine Wohltätigkeit den Vorstellungen seiner Zeit weit voraus.

Er begleitete die Zarin auf zahlreichen Reisen durch Rußland, auf Expeditionen und Ausflüge nach Finnland, Weißrußland, nach Riga und zur Wolga, nach Kiew und Kherson. Sie fuhren in Kutschen oder Schlitten. Im Winter ging die Fahrt in Schlitten meist angenehmer und glatter vor sich als die Reise über Straßen, die nach der Winterkälte durch Schlaglöcher fast unpassierbar geworden waren.

Die Zobelmütze flott auf die ungepuderten Haare gesetzt, einen Zobelmantel über dem Reisekleid aus rubinrotem oder smaragdgrünem Samt, mit Spitzen am Hals und an den Handgelenken, pflegte die Zarin, die als einzigen Schmuck das blaue Band des Andreasordens mit Stern trug, in dem ersten von sechs feurigen Pferden gezogenen Schlitten Platz zu nehmen. Ein Reitertrupp bildete die Vorhut des Reisezugs;

ihnen folgte eine lange Reihe weiterer Schlitten, die zum Teil dem Gepäcktransport dienten. Katharina verzichtete auf eine Wacheskorte, wenn diese nicht zu repräsentativen Zwecken nötig war.

Bei kaltem Wetter wurden in kurzen Abständen Baumstämme kegelförmig aneinandergelehnt und große Feuer entzündet. Auf diese Weise wurde der Weg beleuchtet, und die Schaulustigen am Straßenrand bekamen etwas von der Wärme ab.

Da die Reisen manchmal mehrere Monate dauerten, behielt die Zarin ihre übliche Tageseinteilung bei. Sie stand um sechs Uhr früh auf und arbeitete eine Zeitlang mit ihren Ministern zusammen, ehe sie die einheimischen Honoratioren empfing. Die Abfahrt zur nächsten Station fand um neun Uhr statt. Ein paar Stunden später wurde das Mittagessen eingenommen und etwa zehn Personen dazu eingeladen; Botschafter, Gäste und hohe Würdenträger erhielten die Ehrenplätze. Die Tagesreise endete um acht Uhr abends. Bei jedem Aufenthalt besuchte Katharina die örtliche Kirche, um zu beten. Sie nahm immer Rücksicht auf die Empfindlichkeiten und Traditionen ihrer Untertanen. «Kleine Unterlassungssünden können unabsehbare Konsequenzen haben», bemerkte sie einmal. Wo immer sie erschien, sammelte sich das Volk, um freimütig mit ihr zu sprechen. Die Männer küßten ihre Hand, und sie küßte alle Frauen, wobei sie ihr Gesicht mit Rouge beschmierte, das von den Damen in der Provinz ausgiebig verwendet wurde.

Einmal wöchentlich lud die Zarin ihr gesamtes Gefolge ein, eine Gesellschaft von sechzig Personen. Einmal oder zweimal in der Woche wurde Hof gehalten, es gab Bälle und Konzerte oder Theater, das Katharina besonders am Herzen lag; dagegen hatte sie zu ihrem eigenen Leidwesen für Musik wenig Sinn.

Die Abende verbrachte man mit Plaudereien, Erzählungen und Scharaden, an denen sich die Zarin persönlich beteiligte. Katharina bevorzugte Gesellschaftsspiele wie Reime schmieden und Verse erfinden zur Unterhaltung ihrer Gäste, obwohl sie selbst unfähig war, einen Vers zustande zu bringen. Ihre Gedanken waren so sehr mit politischen Problemen beschäftigt – wie es der französische Botschafter ausdrückte –, daß sie keine poetischen Gleichnisse finden und sich nicht auf Versmaß oder Rhythmus konzentrieren konnte.

Solche Reisen entwickelten sich zu einer reizvollen Form nomadenhafter Geselligkeit. Ständiger Szenenwechsel und unterhaltsame Veranstaltungen unterwegs machten die Tage abwechslungsreich und lebendig. Darüber hinaus boten sie eine gute Gelegenheit, künftige innen- und außenpolitische Entscheidungen vorzubereiten, besonders was Polen und die Türkei betraf.

Graf Stroganoff schrieb am 20. Mai 1780 aus Polotzk an seinen Sohn: «Meine erste Aufgabe in einer neuen Stadt besteht darin, mich bei den Gouverneuren, der Stadtverwaltung, dem Adel, der Bürgerschaft, aber auch bei den einfachen Leuten nach ihren Sorgen und Nöten zu erkundigen. Ich unterrichte mich darüber, wie die Rechtsprechung gehandhabt wird und wer die Unglücklichen sind, die in Kerkern schmachten. Dann erstatte ich der Zarin Bericht. Wenn die Sträflinge keine Kapitalverbrechen begangen haben, öffnen sich für sie die Gefängnistüren. Unter die Bedürftigen werden milde Gaben verteilt. In diesem Gebiet ist den Jesuiten die Verbesserung des Erziehungs- und Schulwesens zu verdanken, die oft an anderen Orten stark vernachlässigt wird. Dann ergreift die Zarin wirkungsvolle Maßnahmen, um dem Übelstand, der sofortige Besserung erfordert, abzuhelfen.»

Sie begegneten auch dem österreichischen Kaiser Joseph II., der es vorzog, als Graf Falkenstein zu reisen und auf diese Weise allen höfischen Ehrungen zu entgehen. Er fuhr in einer Kutsche, begleitet von einem hohen Offizier und zwei Dienern. Seine Einfachheit wirkte ein wenig gekünstelt, aber sie versetzte ihn in die Lage, mehr zu hören und zu sehen, als es sonst möglich gewesen wäre. Er zeigte sich umgänglich und natürlich und drängte sich nie in den Vordergrund, da er für das Zeremoniell nicht viel übrig hatte. Jedes Thema behandelte er mit fundierten Kenntnissen, gesundem Menschenverstand und sprachlicher Gewandtheit. Allerdings konnte er als Angehöriger einer alten Dynastie, in deren Grenzen «die Sonne nicht unterging», einen Anflug von Herablassung Katharina gegenüber nicht verhehlen. Ihre bemerkenswerten Leistungen erschienen ihm noch zu neu, um Kontinuität zu gewährleisten; er wollte sich nicht beeindrucken lassen. Für Katharina dagegen bedeutete der Besuch des Kaisers einen persönlichen Erfolg; sie bemühte sich, ihm die Reise in jeder Weise so angenehm wie möglich zu gestalten.

Graf Stroganoff schrieb erneut aus Mogileff: «Das erste Zusammentreffen zwischen dem Kaiser und der Zarin brachte natürlicherweise eine gewisse Verlegenheit mit sich. Allmählich gewöhnten sie sich jedoch aneinander. Jetzt könnte man denken, sie seien alte Bekannte. Niemand ist liebenswürdiger und respektvoller als der Kaiser zu unserer Zarin. Sie dinieren täglich zusammen und reden ständig miteinander. Die Zarin äußerte, sie sei glücklich, daß seine Reise ihr das Vergnügen seines Besuchs verschafft habe. ‹Madame›, sagte er, ‹man hat uns in der Vorstellung erzogen, aus anderem Holz als unsere Mitmenschen geschnitzt zu sein. Aber wenn wir auf Reisen sind, erkennen wir, daß wir uns von anderen kaum unterscheiden ...› Die beiden Herrscher verstehen sich so gut, daß sie sich vorläufig nicht trennen wollen. Joseph wird uns noch bis nach Smolensk begleiten; von dort wird er nach Moskau weiterfahren und mit der Zarin in St. Petersburg noch einmal zusammentreffen.»

Der Kaiser kehrte noch einmal nach Rußland zurück, um an der berühmten Krimreise in der ersten Hälfte des Jahres 1787 teilzunehmen, die der Prinz de Ligne und der französische Botschafter, Graf von Ségur, anschaulich beschrieben haben.

Fürst Potemkin, der die Zarin heimlich geheiratet hatte, blieb bis an sein Lebensende ihr vertrautester Ratgeber. Er war verantwortlich für die Besiedlung Südrußlands und hatte bereits riesige Gebiete der Wildnis entrissen. In bemerkenswert kurzer Zeit gelang es ihm, Siedler aus aller Welt anzulocken, um diese Region in den westeuropäischen Kulturkreis einzubeziehen. Er gründete zahllose Städte, ließ Kirchen, Klöster, Häfen, Werften, Fabriken, Festungen und Krankenhäuser bauen. In den von ihm gegründeten Schulen wurde der Unterricht dreisprachig abgehalten: russisch, tatarisch und neugriechisch. Im ganzen Land reformierte er die Armee und setzte sich für religiöse Toleranz ein. Um der Zarin vorzuführen, was er geschaffen hatte, gestaltete er ihre Reise zu einer Fahrt ins Märchenland. In Westeuropa spottete man höhnisch von «Potemkinschen Dörfern», aber in Wirklichkeit hatte sein Riesenwerk Bestand. In Südrußland führten seine Reformen zu dauerhaftem Wohlstand. Ein katastrophaler Rückschlag traf erst zweihundert Jahre später ein – durch Stalins gnadenlose Unterdrückung der Krimtataren und der Kosakenbevölkerung und durch die Verwüstungen des Zweiten Weltkriegs.

Die Reise auf die Krim war in allen Einzelheiten geplant. Diesmal bestand der kaiserliche Zug aus vierzehn Wagen, hundertundzwanzig Schlitten und weiteren vierzig Lastschlitten für den Transport des Gepäcks. An jeder Poststation standen fünfhundertsechzig frische Pferde bereit. In Kiew bestieg die Gesellschaft eine Flotte von achtzig Schiffen. Dazu gehörten sieben buntbemalte Prunkboote mit prachtvoll eingerichteten Räumen, in denen Musikkapellen spielten.

Während die Zarin mit ihrem Gefolge den Dnjepr hinunterfuhr, strömten aus dem ganzen Reich große Menschenmengen am Ufer zusammen, um ihr zuzujubeln. Kosaken ritten durch die umliegenden Steppen und führten ihre Reitkünste vor. Inzwischen war der Schnee geschmolzen. Die weiten Ebenen bedeckten sich mit einem einzigen Blumenteppich. «Städte, Dörfer, Häuser und Hütten am Reiseweg waren so verschwenderisch mit Girlanden und Triumphbogen geschmückt, als seien sie gerade erst gebaut und eingeweiht worden», schrieb Ségur.

Nach ihrer Morgenlektüre führten die Gäste einen angeregten Briefwechsel miteinander, obwohl nur dünne Wände sie trennten. Viele kleinere Wasserfahrzeuge umschwärmten die Hauptboote, die nur langsam vorankamen und immer wieder anhielten. Dann wurden die Passagiere in leichteren und schnelleren Booten an Land gebracht. Sie unternahmen Spaziergänge und besichtigten die Inseln im Strom, die mit frischem Grün bedeckt waren, bis es wieder an der Zeit war, zur Zarin zurückzukehren, die sich auch hier strikt an ihren täglichen Arbeitsplan hielt. Sie gab zahlreiche Audienzen und bemerkte: «Man erfährt mehr, wenn man ungebildete Menschen nach ihrer Tätigkeit befragt, als durch die Theorien gelehrter Leute, die über keine praktische Erfahrung verfügen und gar nicht wissen, wovon sie reden.»

Niemals würden die Gäste den Zauber dieser Märchenfahrt vergessen. Die Reise erlaubte auch der Zarin, in weite Gebiete ihres Landes vorzudringen. «Man glaubt sich zu den Klängen der Musik durch ein wunderschönes, farbiges Bild zu bewegen», schwärmte Ségur. «Die ständig wechselnde Szenerie, die tadellose Organisation und die angenehme Gesellschaft ließen keinen Augenblick Langeweile aufkommen.»

Für die Gastgeberin war stets eine passende Unterkunft vorbereitet. Die Gäste jedoch mußten sich gelegentlich mit der Unterbringung bei der einheimischen Bevölkerung begnügen. Auf diese Weise erfuhren sie aber aus erster Hand viel über Land und Leute.

Ségur unternahm auch allein zahlreiche Reisen durch Rußland. Er beschrieb «die lähmende Wirkung der Leibeigenschaft, die keine Aussicht auf Verbesserung der Lebensumstände bot. Andererseits fühlt das Volk sich gegen jede Not geschützt, es hat ein Gefühl der Sicherheit. Hausarbeit gilt als ein Fortschritt. Daher entsteht ein Überangebot an Dienerschaft. Russische Grundbesitzer besitzen unumschränkte Autorität über ihre Leibeigenen; deshalb werden Befehle nicht gedankenlos oder übereilt gegeben. Während der fünf Jahre, die ich von 1784 bis 1789 in Rußland verbracht habe, hörte ich von keinem einzigen Fall von Tyrannei oder Grausamkeit ...»

Ségur fügte hinzu: »Die Besserung öffentlicher Moral und die klugen Absichten Katharinas und ihrer Enkel haben mehr für die Zivilisation getan als auch eine gute Gesetzgebung es erreichen könnte ... Der Wunsch der Zarin war gleichzeitig, ein Bürgertum zu schaffen und ausländische Geschäftsleute ins Land zu bringen; Industrie und Landwirtschaft zu fördern, Banken zu gründen; Papiergeld einzuführen mit verbesserten Wechselkursen bei gleichzeitiger Zinssenkung. Sie ließ Städte gründen, Akademien einrichten und Wüstengebiete bevölkern; am Schwarzen Meer wurden zahlreiche Schiffsgeschwader gebaut. Die russischen Truppen besiegten die Tataren, drangen in Persien ein und setzten schrittweise ihre Erfolge gegen die Türken fort. Die Zarin hoffte, die polnischen Ambitionen einzudämmen und ihren Einfluß über ganz Europa auszudehnen. Es schien eine unmögliche Aufgabe zu sein, aber es sollte ihr schließlich alles gelingen.»

Das war die aufrichtige Meinung eines ausländischen Botschafters. Ségur, ein aufgeschlossener, liberaler Mann, hatte selbst ausgiebig die Gelegenheit zum Reisen durch Rußland genutzt, aber auch mit zahlreichen anderen Rußlandkennern wie dem Herzog von Richelieu[9], dem Gründer von Odessa, gesprochen. Es ist deswegen verständlich, daß Graf Stroganoff 1787 in einem Brief an seinen Sohn in Genf, in dem er die bemerkenswerte Reise schilderte, erklärte: «Jeder Tag läßt mich mehr Liebe und Bewunderung für die Zarin empfinden.»

Unter Katharinas Herrschaft wurde jede Stadt in Rußland nach einer Gesamtplanung unter dem Gesichtspunkt funktioneller Einfachheit und Schönheit neu gebaut. Das vielseitige Genie eines Lomonossoff, der Naturwissenschaftler, Dichter, Essayist und Historiker war, führte die erst kurz vorher gegründete Akademie der Wissenschaften zu Weltruhm. Gelegentlich hört man, Katharina habe sich bei ihren außergewöhnlichen Leistungen von einem starken Geltungsbedürfnis leiten lassen. Doch ein so großes Maß an schöpferischer Phantasie und Beharrlichkeit bei der Verfolgung ihrer Ziele läßt sich durch solche Einwände kaum herabsetzen.

Montesquieus «De l'Esprit des lois» regte Katharina dazu an, die Gesetzgebung zu begreifen als die «Kunst, Menschen soweit irgend möglich zum Guten zu führen». Damit war gemeint, «was innerhalb gegebener Traditionen und unter Berücksichtigung äußerer Umstände für die Menschheit von Nutzen sein kann... Strafen sollten genau abgemessen und von erzieherischem Wert sein – nicht willkürlich oder rachsüchtig».

Die Ziele der Zarin konnten nicht alle verwirklicht werden, aber sie legte für viele spätere Entwicklungen den Grundstein. Allzu oberflächlich sind die bedeutenden Errungenschaften ihrer Regierungszeit als «Potemkinsche Dörfer» abschätzig beurteilt worden, obwohl gerade die Gründung neuer Siedlungen in bisher menschenleeren Regionen eine beständige Entwicklung einleitete.

Um zu gewährleisten, daß die Impulse Katharinas und ihrer Ratgeber grundlegende Auswirkungen auf die Zukunft hatten, bemühte sie sich, eine verantwortungsbewußte Elite zu schaffen, die ihre Bemühungen unterstützen und fortführen sollte. Diese Tatsache brachte ein Jahrhundert später den Revolutionär und begabten Schriftsteller Alexander Herzen in seinem Vorwort zu Katharinas Memoiren zu der abschätzigen Ansicht, daß «sie Rußland und das Volk außer acht» gelassen habe. Dabei galt ihre Besessenheit gerade Rußland und dem Volk.

Voltaire hatte sie stärker beeinflußt als Rousseau. Sie hielt Reformen von oben für die menschlichere Lösung. Herzen dagegen wollte die bisher gültige Gesellschaftsstruktur beseitigen – koste es, was es wolle. In dieser Entwicklungsphase des Riesenreiches wäre es jedoch für jede verantwortungsvolle Regierung unmöglich gewesen, der «sozialen» Frage vor den Entwicklungsproblemen den Vorrang zu geben, ohne mit Aufstand, Hungersnot und sogar der Auflösung des Reiches rechnen zu müssen.

Stroganoff stand der Zarin bei vielen ihrer Vorhaben mit allen verfügbaren Mitteln zur Seite, aber seine wahre Leidenschaft galt weiterhin vor allem seiner Kunstsammlung, die zu Weltruhm gelangte. «Er befindet sich in einer glücklicheren Lage als ich», klagte die Zarin bei diesem freundschaftlichen Wettbewerb: »Er kann sich seine Stücke für die Sammlung selbst auswählen, während ich auf andere, die sie für mich kaufen, angewiesen bin.»

Der Graf arbeitete damals an einer Niederschrift, die er «Voyage pittoresque de la Russie» nannte und seinem Sohn widmen wollte. Viele Jahre lang war er auf der Suche nach Malern, Kupferstechern, Bildhauern und Schriftstellern, um sie auf Forschungsreisen durch Rußland zu schicken.
Seit 1768 beschäftigte er sich mit der Gründung der Petersburger Akademie der schönen Künste, und 1800 wurde er deren Präsident.

Seine Ernennung fand den Beifall aller zeitgenössischen Künstler, die ihn nicht nur als «Connoisseur» und Sammler, sondern auch als Freund und Mäzen schätzten. Unter seiner Leitung erlebte die Akademie eine besonders erfolgreiche Zeit; ihr Ruf reichte weit hinaus über Rußlands Grenzen. Stroganoff galt bei französischen, deutschen und italienischen Kollegen als anerkannte Autorität.

Houdon wurde beauftragt, Marmorbüsten seiner Freunde Voltaire und Diderot herzustellen; Hubert Robert schmückte einige Säle des Petersburger Palais der Stroganoffs mit Wandgemälden; Greuze und Madame Vigée-Lebrun wurden Porträtmaler der Familie. Madame Lebrun gab in ihren Memoiren eine anschauliche, farbige Schilderung ihrer feierlichen Aufnahme in die Akademie am 16. Juni 1800: «Ich hatte mir die Uniform der Akademie anfertigen lassen: das Gewand einer Amazone mit kurzem lila Jäckchen, gelbem Rock und schwarzem Federhut. Um ein Uhr betrat ich einen Salon, der zu einer langen Galerie führte. An deren Ende erkannte ich

Graf Stroganoff, der an einem Tisch saß. Zum Glück entdeckte ich einige Freunde und Bekannte in den Sitzreihen der langen Galerie, die ich entlangschreiten mußte. So erreichte ich das Ende des Saales, ohne die Contenance zu verlieren. Der Graf hielt eine kurze, höchst schmeichelhafte Ansprache und überreichte mir im Namen des Kaisers ein Diplom meiner Aufnahme in die Akademie. Der Beifall war so stark, daß ich fast zu Tränen gerührt war. Ich werde diesen bewegenden Augenblick nie vergessen. Viele der Anwesenden lobten mich an jenem Abend wegen meiner Courage ... Dann malte ich mein Selbstporträt für die Akademie, das mich bei der Arbeit mit der Palette in der Hand zeigt.»

Als Einführung zu einem kleinen Katalog seiner Bildersammlung verfaßte Graf Alexander Sergejewitsch ein «Avertissement», in dem er betonte, daß seine Sammlung von Kunstschätzen im Laufe von über vierzig Jahren zusammengetragen wurde. Er schilderte die Gefühle, die diese Schätze in ihm wachriefen. «Ich schreibe dies für sachkundige Liebhaber, die aus angeborener Leidenschaft zu solchen wurden, damit ihr Sinn für das Schöne sich immer weiterbilde. Kurz, für diejenigen, die die schönen Künste aufrichtig lieben und sich bemühen, die unentbehrlichen Kenntnisse zu erwerben, um sich eines Kunstwerks zu erfreuen, es würdigen und beurteilen zu können.

Ich habe diese Einführung nicht für jene kalten Seelen geschrieben, denen Kunstwerke im Grunde ganz gleichgültig sind, auch wenn sie so tun, als seien sie daran interessiert.

Auch nicht für die überschwenglichen Enthusiasten, die meistens Gefühlskomödianten sind; oder für diffuse Dozenten, die mit übertriebener Selbsteinschätzung Theorien verkünden, die sie zufällig aufgelesen oder von anderen entlehnt haben. Mein Text ist auch nicht für jene bestimmt, die sich nur aus Berechnung als Kunstkenner ausgeben. Falls sie selbst Sammlungen besitzen, ist es ihnen nur darum zu tun, sie anderen vorzuführen und sie zu vergessen, wenn sie allein sind.

In diesem Fall sind die Sammlung und ihre Besitzer wie ein schlecht zusammenpassendes Ehepaar: In der Gesellschaft soll der Eindruck tiefer Zuneigung erweckt werden; wenn sie miteinander allein sind, langweilen sie sich und erstarren in Gleichgültigkeit.

Großer Gott, erlöse uns von solchen Liebhabern ohne Liebe, solchen Kunstkennern ohne Kenntnisse. Sie verfälschen den Geschmack des Publikums und hemmen den Fortschritt jeder künstlerischen Entwicklung.»

Alexander Sergejewitschs Gastfreundschaft war sprichwörtlich. Rastrellis Palais galt als eines der schönsten Bauwerke in Petersburg. Noch lange erinnerte man sich an die Empfänge, die er dort und in seiner Villa außerhalb der Stadt in Kamenny-Ostrow gegeben hat. Drei aufeinanderfolgende Herrscher – Katharina II., Paul I. und Alexander I., waren bei Diners und Bällen häufig seine Gäste. Ein ausländischer Besucher berichtet: In Graf Stroganoffs Haus brauchte man nicht im Salon zu erscheinen. Menschen, die niemand kannte, kamen vorbei, aßen etwas und gingen wieder. Der Hausherr äußerte nur die höfliche Bitte, daß «ihm unbekannte Personen nicht seine Privatgemächer betreten möchten».

«Servir à la russe» wurde zur Redensart. Es bedeutete, daß jedem Gast dasselbe «Menu» serviert wurde. Nach französischer Sitte gab es eine Reihe von Gerichten – Wachteln, Hähnchen, Wild – auf ein und derselben Platte. Wer weiter oben an der Tafel saß, konnte sich die besten Bissen nehmen.

Als Paul I. die Nachfolge Katharinas antrat, suchte er Graf Stroganoff häufig auf. Die meisten Günstlinge seiner Mutter konnte der Zar nicht leiden, aber Graf Stroganoff lud er zu Diners im Familienkreis auf sein Schloß bei Gatschina ein. Dort hatte Paul I., voll Eifersucht auf den Hof seiner Mutter, Jahre tiefer Niedergeschlagenheit verbracht.

Paul I. nahm Alexander Sergejewitsch in den Malteserorden auf und machte ihn zu einem Grafen des russischen Reiches. Doch einmal erregte auch er die sinnlose Wut des sprunghaften Herrschers, als er vor einer beabsichtigten Ausfahrt Regen voraussagte – zu Recht, denn es goß tatsächlich bald in Strömen.

Nach seiner Thronbesteigung führte auch Zar Alexander I. die guten Beziehungen zu dem achtundsechzigjährigen Grafen fort. Seinen Sohn Paul verband eine enge Freundschaft mit dem jungen Herrscher, doch Alexander Sergejewitsch weigerte sich bald, dem Wandel der politischen Szene zu folgen. Er lehnte Napoleon ab und lud auch dessen Botschafter nie ein. Als er sich schließlich doch einmal dem entsprechenden Wunsch des Zaren fügte, schrieb Caulaincourt in einer seiner Depeschen erfreut: «Es war ein Ereignis, als der wegen seiner Gegnerschaft uns gegenüber bekannte Graf Stroganoff sich zum erstenmal bei einem Diner zeigte, das Graf Rumjantzeff für den französischen Botschafter gab.»

Die Kathedrale von Kasan

Im Jahr 1801 wurde Graf Stroganoff von Paul I. zum Vorsitzenden des Komitees ernannt, das den Bau der Kathedrale von Kasan auf dem Petersburger Newsky-Prospekt überwachte. Das Grundstück gehörte der Familie Stroganoff, es lag einen Steinwurf von ihrem Palais entfernt. Der Architekt Andrej Woronikhin [10], der sich 1803 beim Wiederaufbau des Palais von Pawlowsk sowie auch eines abgebrannten Flügels des Stroganoff-Palais ausgezeichnet hatte, wurde mit der Durchführung des Vorhabens beauftragt. Graf Alexanders Liebe für alles Russische zeigte sich hier wieder, denn nur russische Architekten wurden zur Teilnahme aufgefordert, insbesondere die Schüler der Stroganoffschen Schule: Borowikowsky, Tschebujeff, Stschukin, außerdem die Bildhauer Martos, Bordejeff und Schubin.

Trotz seiner körperlichen Gebrechlichkeit kletterte der Graf auf den Baugerüsten herum. Die Kathedrale war für ihn zu einem heiligen Anliegen geworden, und er setzte seine letzte Energie dafür ein. Da die für den Bau zur Verfügung gestellten Mittel nicht ausreichten, ermöglichte er die Fertigstellung auf eigene Kosten.

Nach zehnjähriger Bauarbeit wurde die Kathedrale von Kasan am 15. September 1811 eingeweiht. Der alte Graf nahm trotz widrigen Wetters an der Zeremonie, zu der der ganze Hofstaat erschienen war, teil. Während er auf den Erzbischof zuschritt, um den Segen zu erhalten, hörte jemand ihn leise murmeln: «Herr, jetzt lassest Du Deinen Knecht in Frieden scheiden.»

Am Abend gab es für das kaiserliche Paar und viele seiner Freunde ein Diner in seinem Palais, das aus diesem Anlaß strahlend erleuchtet und prächtig geschmückt worden war. Überglücklich empfing er seine Gäste und nahm deren Glückwünsche zur Vollendung der Kathedrale entgegen. Am nächsten Tag erkrankte er an einer bösen Erkältung. Sein Zustand verschlechterte sich, und wenige Tage später starb er in seinem Lehnstuhl inmitten seiner geliebten Bilder in der langen Galerie.

Er war dreiundsiebzig Jahre alt geworden. Der schmerzliche Verlust wurde allgemein betrauert – von seinen Freunden, den Schriftstellern und Künstlern, die ihn umgeben hatten, aber auch von den Bauern auf seinen Gütern, denen er wirklich ein Vater gewesen war.

Der bekannte Schriftsteller Batjuschkoff erklärte: «Er war ein großer Aristokrat, ein ‹bel esprit›, ein Original, ein kluger und heiterer Mann. Dazu kam noch eine seltene Eigenschaft – ein großes und gütiges Herz. Sein Tod macht mich sehr traurig.»

Bei seiner freundlichen und liebenswerten Art hatte er wenig politisches Gewicht besessen. Aber gerade diese mit echter Frömmigkeit verbundene Güte, die manchmal fälschlicherweise für Schwäche gehalten wurde, entwaffnete sein Leben lang die lauernden Neider.

Er hatte zwei Zarinnen, Elisabeth I. und Katharina II., und zwei Zaren, Paul I. und Alexander I., ehrenvoll gedient, aber mit Takt und Menschenfreundlichkeit hatte er es stets vermieden, zum Höfling zu werden. Seinem Vaterland war er treu ergeben, und er wünschte vor allem, diese Liebe an seinen Sohn Paul weiterzugeben. Die Kenntnisse, die er sich während seiner Auslandsreisen in der Jugend angeeignet hatte, nutzte er zum Wohl Rußlands. Besonders bemerkenswert waren die Instruktionen, die er den Verwaltern seiner Güter erteilte. Er war seiner Zeit weit voraus; das bewiesen sowohl die technischen Verbesserungen, die er in der Landwirtschaft einführte, als auch die Änderungen in den Lebensverhältnissen seiner Bauern.

Er hinterließ einen eigenhändig geschriebenen Brief an seinen Sohn, den er wahrscheinlich lange vor seinem Tod verfaßt hatte. Dieser Brief wurde von den nachfolgenden Generationen seiner Familie im Palais eingerahmt aufbewahrt:

«Paul, mein lieber Sohn. Hundertmal habe ich Dir eingeprägt, daß man bei Tag und Nacht, zu allen Zeiten und an allen Orten an den einen wahren Gott glauben soll. Er befindet sich im Himmel, Er ist überall zugleich. Er ist groß, Er ist gut. Ich glaube an Ihn, Du mein Sohn tue desgleichen. Vor allem sei ein guter Russe und richte Dich nach den Gesetzen des Landes, in dem all Deine Angehörigen geboren sind. Bewahre die Worte, die ich so oft wiederholt habe, in Deinem Herzen, gleichgültig, ob Du berufen bist zu befehlen oder zu gehorchen – bei Hofe oder anderswo. Sei gut, sei freimütig und sei gewiß, mein Sohn, daß man bei festem Willen das Mögliche zu tun, auch alles, was man sich vorgenommen hat, erreicht.

Dein Ziel sei vor allem das Wahre, das Große und das Schöne.»

IV

GRAF PAUL ALEXANDROWITSCH STROGANOFF

1772–1817

Kindheit

Paul, der Sohn des Grafen Alexander Sergejewitsch Stroganoff aus dessen zweiter Ehe mit Prinzessin Katharina Petrowna Trubetzkoy, wurde am 18. Juni 1772 in Paris geboren. Bevor seine Eltern 1779 nach St. Petersburg zurückkehrten, galt ihre Hauptsorge der Suche nach einem geeigneten französischen Hauslehrer für den Knaben. Ihre Freunde Graf Golowkin und seine Gattin empfahlen Gilbert Romme, einen mürrischen jungen Mann, der ihrem Sohn Nachhilfestunden in Mathematik gab. Die Stroganoffs waren beeindruckt von «der Strenge seiner Sitten, von seinem aufrechten Charakter und seiner Hingabe an die Wissenschaft».

Sie überredeten ihn, nach Rußland zu kommen, und vereinbarten genau, auf welche Weise Paul erzogen und unterrichtet werden sollte. Das Gehalt des Lehrers und andere Zahlungen wurden für Jahre im voraus festgesetzt, auch die Summe, die er erhalten sollte, wenn sein Schüler das achtzehnte Lebensjahr vollendet haben würde. Außerdem standen ihm achttausend französische Pfund zu, bis er sich zur Ruhe setzen wollte.

Trotz des verlockenden Angebots fiel Romme die Entscheidung nicht leicht. Er war 1750 als jüngster Sohn eines tüchtigen Mathematikers in der Kleinstadt Riom in der Auvergne geboren und von seiner verwitweten Mutter erzogen worden. Er ging nach Paris, wo er seine wissenschaftliche Ausbildung vervollkommnete, und erteilte Privatunterricht, um seine begrenzten Mittel aufzubessern. Bei seiner Ankunft in Petersburg wurde Romme in einem Appartement im Palais

Stroganoff auf dem Newski-Prospekt untergebracht. Außer einer Privatbibliothek bekam er Arbeitsräume, die mit einem physikalischen Labor und einer mineralogischen Sammlung ausgestattet waren. Der siebenjährige Paul, «Popo» genannt, wurde ganz und gar der Obhut seines Lehrers anvertraut. Zwar gelang es Romme von Anfang an, das Vertrauen des Grafen zu gewinnen, aber dennoch entwickelte sich das Verhältnis zwischen Lehrer und Zögling nicht reibungslos. Seine linkische Art und sein wenig einnehmendes Äußeres täuschten über Rommes starken und herrischen Charakter. Sein sonst für ihn eingenommener Biograph de Vissac[1] beschrieb ihn als «klein von Wuchs, mit spindeldürren Armen und Beinen. Seine eckigen Bewegungen entbehrten jeder Grazie; seinem kurzen Haarschnitt, seiner Kleidung und seinem Auftreten fehlte jede Eleganz. Er sprach mit ermüdend monotoner Stimme; die hervortretende Stirn betonte sein nachdenkliches Wesen. Über seinen stark kurzsichtigen Augen lag eine Art Schleier. Seine fahle Gesichtsfarbe war die eines Kranken oder eines Mannes, der sich durch Nachtwachen und Meditationen verzehrt. Nur manchmal wurde sein grämlicher Gesichtsausdruck von einem Anflug von Sanftmut erhellt». Aber de Vissac fährt fort: «Seine guten und lehrreichen Gespräche entschädigten für sein ungelenkes Wesen. Zwischen den hervorragenden Persönlichkeiten, die der Graf um sich scharte, wurde er immer lebhafter; er verlor seine übliche Verdrießlichkeit.»

Um diese Zeit wurde Romme der Zarin vorgestellt, die bei ihm einen tiefen Eindruck hinterließ[2]. Als äußeres Zeichen seiner Verehrung überreichte er ihr ein von ihm selbst gefertigtes, bemerkenswertes Tintenfaß; dessen Deckel enthielt sowohl eine Uhr als auch einen Kalender, der sogar die Bewegungen der Planeten anzeigte. Kleine Figuren kamen zum Vorschein, sie präsentierten Papier, Tinte, Federkiele und Wachs.

Romme übernahm seine Aufgabe als Lehrer mit humorlosem Ernst. Er schrieb an den Vater des Jungen: «Da ich die

Bedeutung meiner Stellung kenne und wünsche, Euer Vertrauen zu gewinnen, habe ich es für zweckmäßig gehalten, einen Plan zu entwerfen, der auf drei Hauptgesichtspunkten beruht: den körperlichen, den moralischen und den schulischen. Nach der Lektüre von Tissot, Rousseau und Locke und nach zahlreichen Gesprächen mit einem hochgebildeten Freund habe ich die Gedanken entwickelt, die ich Euch im folgenden unterbreite. Ich habe mir vorgenommen, die Rolle eines zweiten Vaters mit allen diesbezüglichen Gefühlen zu übernehmen. Popo wird bei mir Freundschaft und Güte, aber auch Festigkeit finden. Ich weiß, daß er einen guten Charakter und vielversprechende Anlagen hat. Ich hoffe daher, daß meine Bemühungen Erfolg haben werden. Ich wünsche nichts mehr, als daß ich ihn Euch zurückgeben kann, der liebevollen Zuneigung seiner Eltern und der Wertschätzung jedes anständigen Menschen würdig.»

Theoretisch klang dies alles schön und gut, doch die praktischen Gegebenheiten sahen anders aus. Romme wurde seinen eigenen Erwartungen in keiner Weise gerecht. Der väterliche Gleichmut und die abgeklärte Geduld, die auch seinem Vorbild Rousseau als Idealbild vorschwebten – obwohl dieser seine eigene Familie rücksichtslos verließ –, kamen ihm immer wieder abhanden.

«Popo» zeigte sich zunächst von seiner besten Seite. «Manchmal entdecke ich in ihm den Kern guter Eigenschaften», notierte Romme zu Recht. «Er ist mildtätig, menschlich und gerecht, besitzt eine schnelle Auffassungsgabe und bemüht sich ernsthaft um Gespräche mit gebildeten Menschen.» Doch der Lehrer schickte dem Knaben auch häufig vorwurfsvolle und pedantische kleine Zettel, auf die er schriftlich zu antworten hatte. Damals war es nicht ungewöhnlich, in ein und demselben Haus schriftlich miteinander zu verkehren. Romme nutzte diese Sitte bis zum Überdruß aus: «... Zur Kräftigung mußt Du Dir mehr Bewegung machen, reiten und laufen, schwimmen und rennen, ohne Rücksicht auf das Wetter. Bleibe bei Deiner vernünftigen Tageseinteilung. Zieh Dich nicht zu warm an und kämpfe gegen den Hang nach verweichlichender Trägheit an, aus der Du Dich immer nur dann aufraffst, wenn Du die Dienerschaft schikanieren oder einen Hund necken willst... Seit vierzehn Tagen entziehst Du Dich meiner Fürsorge und Freundschaft. Du bittest mich nicht einmal mehr um Rat wegen Deiner Studien und Deines Benehmens... Die interessanten, lehrreichen und notwendigen Tätigkeiten, die jedermann ausüben sollte, der es in der Gesellschaft zu etwas bringen und eine militärische Laufbahn einschlagen will, scheinen Dich zu langweilen oder Dich zu veranlassen zu gähnen oder sogar einzuschlafen... Dir sind ein gutes Essen und ein knisterndes Kaminfeuer lieber als das Studium der Antike, der Naturgeschichte, der Geometrie oder Deiner eigenen Muttersprache...»

Getragen von seiner eigenen schwelgenden Rhetorik, schien Romme das Alter seines Zöglings völlig vergessen zu haben. «...Du stehst erst um neun Uhr auf und vergißt, undankbarer Sohn, Deine Pflichten gegenüber Deinem Vater... Du bist ignorant, gefräßig und faul geworden; unaufrichtig und abstoßend undankbar. Elender Knabe, wenn Du so weitermachst – wirst Du noch zu einem verachtungswürdigen und widerwärtigen Menschen werden... Meine Gegenwart scheint Dich häufig zu kränken. Ich warte ungeduldig auf den Augenblick, in dem Du Dein falsches Verhalten einsehen und es bereuen wirst... aber Du kaltes und versteinertes Herz, was ist eigentlich Deine Absicht?»

Um den Nörgeleien seines Lehrers zu entgehen, suchte «Popo» Zuflucht in übellaunigem Schweigen. Die Folge war ein Hagel von bitteren Klagen Rommes gegenüber Pauls Vater.

«Die langen und anstrengenden Übungen, die ich ihm auferlegt habe, richten nichts aus gegen seine Trägheit... Gute Beispiele regen ihn nicht mehr an. Ratschläge langweilen ihn. Sein Vertrauen und seine Zuneigung mir gegenüber haben sich vermindert. Er zeigt sich widerspenstig. Offenbar hält er es für einfacher, Befehle zu geben als selbst zu handeln ... Er hat von Diskussionen, vom Denken und Zuhören genug ...»

Ein späterer Brief zeigt etwas Einsicht: «Pauls Sensibilität reagiert auf die Pubertät mit Anwandlungen extremer Lethargie. Körperlich ist er sehr empfindlich, seelisch jedoch träge, gleichgültig und unaufmerksam.» In einem ungewöhnlichen Anfall von Ehrlichkeit und Selbsterkenntnis gab Romme zu: «Mein Temperament war stets von Gedankenschwere, Launenhaftigkeit und Ängstlichkeit gekennzeichnet. Es ist im Lauf der Jahre noch strenger und ernster geworden – das muß ein Kind von ‹Popos› Art und Alter abstoßen. Ich habe schon daran gedacht, daß die Schuld bei mir liegen könnte ... Es gelingt mir nicht, sein Vertrauen wieder zu gewinnen. Seine Fortschritte im Russischen sind gering. Meine eigenen Fehler in dieser Sprache geben ihm ein Gefühl von Überlegenheit; er wiederholt meine Fehler absichtlich, um mich zu kränken ... Seine Zeichnungen zeigen keinen Kunstsinn. Mathematik langweilt ihn ebenso wie andere Wissenschaften ...«

Da das Verhältnis des Grafen zu seinem eigenen Lehrer Antoine ungetrübt gewesen war, nahm er Rommes Beschwerden nicht allzu ernst. Er war von seinen eigenen Angelegenheiten stark in Anspruch genommen, zumal er sich damals häufig in der Umgebung der Zarin befand. Seine Briefe an den Sohn bezeugen jedoch seine Liebe und Fürsorge, sein warmherziges und unbeschwertes Wesen. Aus Polotzk, wohin er Katharina II. zu ihrer Begegnung mit dem österreichischen Kaiser begleitet hatte, schrieb er am 20. Mai:

«Endlich habe ich Nachricht von Euch, nachdem ich mit solcher Ungeduld gewartet habe ... Ihr seid wirklich grausam, meine lieben Freunde ... Wenn Ihr wüßtet, wie traurig mich diese lange Wartezeit gestimmt hat, würdet Ihr mich nicht wieder so auf die Folter spannen ... Aber ich darf Euch keine Vorwürfe machen ... Es war nicht Eure Schuld, es lag an der Kurierverbindung, die Ihr zur Übermittlung Eures Briefes gewählt habt ... Ich bin schrecklich erkältet gewesen,

aber seid unbesorgt – es ist schon vorbei. Ein starkes Abführmittel hat gewirkt... Unsere Reise geht so weiter wie bisher... Wo immer die Zarin sich zeigt, hinterläßt sie eine lange Kette von Wohltaten... Wir werden einige Zeit hierbleiben, ich kann hoffentlich noch einmal schreiben. Adieu, meine guten Freunde, seid von meinem Wohlwollen überzeugt und behaltet mich lieb. Jeden Tag brauche ich Eure Liebe mehr.
Die lauten Klagen von Menschen, die in Not geraten sind, überzeugen mich, daß derjenige, der Freunde besitzt, weniger Mitleid als andere verdient.

Adieu.»

Eine Woche später schrieb er aus Mogileff:
«Guten Tag, meine Lieben, meine allerbesten Freunde. Ich habe den Ball, der zur Zeit stattfindet, verlassen, um mit Euch zu plaudern... Kaiser Joseph II. fährt weiter nach Moskau. Meine Reise wird sich dadurch um mehrere Tage verkürzen,... und jeder Tag bringt mich Euch näher. Wie glücklich ich bin! Adieu, meine lieben Freunde. Ich muß jetzt gegen meinen Willen Euch verlassen. Ich lege meine Feder hin, aber mein Herz wird nicht aufhören zu wiederholen, wie sehr es Euch liebt. Umarmt meinen lieben Popo und habt ihn so lieb wie ich. Adieu...»

Frühe Reisen

Die Trennung seiner Eltern sollte vor «Popo» so lange wie möglich geheimgehalten werden, sie wurde nur beiläufig erwähnt: «Mein lieber Romme. Ich muß Ihnen etwas mitteilen, was Ihnen, wie ich meine, keinen Schmerz verursachen wird. Ein von Ihnen verehrter Freund hat sich vollkommen von einem Menschen getrennt, der ihm nach Ihrer Ansicht Unrecht angetan hat. Diese Person wird uns in wenigen Tagen verlassen...»

Für Romme und seinen Schüler wurde eine Fahrt durch Rußland geplant, um den jungen Paul vor Familiendiskussionen und Szenen zu bewahren. Zunächst reisten sie von Moskau nach Nizhni-Nowgorod und Kasan, dann von Petersburg nach Wyborg und Imatra. Diese Fahrten waren so anregend, daß sie später wiederholt wurden und noch weiter ins Innere des Landes führten.

Die Reisenden waren mit Empfehlungsschreiben reichlich versehen. Auf «eine möglichst schlichte Art und Weise», wie es Romme ausdrückt, machten sie sich auf den Weg. Ihrer schweren Kutsche folgten zwei leichtere Gefährte – «Kibitkas» – und zwei Gepäckwagen. Ihr Gefolge bestand aus dem Architekten Woronikhin (der zur Stroganoffschen Familie gehörte), Pauls Kammerdiener Clément, dem Diener Mjasnikoff und einem Koch; außerdem wurden sie von Kutschern und Pferdeknechten begleitet. Zuweilen kam eine militärische Eskorte hinzu.

Am 18. Juni 1784 berichtete Romme von dem großartigen Empfang, der ihnen in Petrosawodsk und in Olonetz bereitet wurde. «Wie konnten die Leute nur von unserer Ankunft erfahren haben?» fragte er verwundert, und er fügte hinzu: «Schlechte Straßen, schlechte Unterkünfte, minderes Essen und häufige Poststationen können weder Popos Gesundheit noch seiner guten Laune etwas anhaben.»

Der Graf wollte unterwegs oft Einzelheiten wissen. Nach ihrem Besuch bei den Wasserfällen der Wokscha fragte er, warum sich der Grundwasserspiegel gesenkt habe.

Romme schrieb: «Die ausgedehnten Weizenfelder und die geringe Anzahl von Dörfern in der Gegend von Nizhni-Nowgorod legt den Gedanken nahe, daß ein einziger die Arbeit von vielen verrichten muß. Petrosawodsk ist ein Beispiel für das Gegenteil: zahlreiche Ortschaften, Mangel an Kulturlandschaft, Sümpfe, Sand, Seen, Kirchen und Wälder gibt es in dieser Gegend im Überfluß, ebenfalls Fische. Aber die Luft summt von Insektenschwärmen ... Die Menschen leiden unter dem kargen Boden und unwirtschaftlichen Klima. Man staunt, daß sie sich mit einem so undankbaren Land verbunden fühlen.» Romme muß sich in der Tat weit entfernt von «la douce France» empfunden haben. Graf

Stroganoff ließ sich häufig von Romme für die «Voyage pittoresque», eine Sammlung von Zeichnungen, Landkarten und Beschreibungen von Städten und Denkmälern, beraten, die er zu dieser Zeit verfaßte. Am 2. Dezember 1785 schickte er Romme und Paul eine Übersetzung des Werkes; sie sollten seine Freude über seinen wachsenden Schatz teilen, wie er die Sammlung nannte. «Sie ist für Dich bestimmt, mein lieber Sohn, ich werde sie Dir widmen. Sie bereitet mir Freude in demselben Maße, wie sie meine Zeit in Anspruch nimmt. Ich sammle Material wie eine Biene, die von Blüte zu Blüte huscht, und bin überall auf der Suche.»

Der Graf erwähnte in den Briefen an seinen Sohn nie Rommes Vorwürfe. Er ließ es bei einem taktvollen Hinweis bewenden:

«Dein Tagebuch, lieber Sohn, bereitet mir große Freude. Mit Graf Manteuffel, der gerade von einer Reise durch ganz Rußland zurückgekehrt ist – über ein Viertel der Strecke hat er zu Pferd zurückgelegt –, habe ich lange Gespräche geführt ... Er berichtet alles in größter Bescheidenheit, obgleich sein Wissen außerordentlich umfangreich ist ... Unwillkürlich wünschte ich, Du mögest ihm ähnlich werden ...»

Stroganoffs Briefe schlossen oft mit der sanften Ermahnung: «Monsieur Romme nimmt meinen Platz an Deiner Seite ein. Du mußt ihn lieben und achten, als wäre er Dein zweiter Vater.» An Romme schrieb der Graf:

«Wie freundlich von Ihnen, mein lieber Freund, mir Nachrichten von Graf Golowkin zu übermitteln. Sein Brief ist ausgezeichnet, aber er kennt er die Gepflogenheiten bei Hofe nicht. Es wäre unmöglich, seinen Brief in der jetzigen Form der Zarin vorzulesen ... Wir werden ihn gemeinsam durchsehen ... Die Bitte von M. du Pary stößt auf Schwierigkeiten. Was er vorschlägt, kommt leider überhaupt nicht in Frage. Unsere Strafgesetze befinden sich in einem chaotischen Zustand; es würde eine Ewigkeit dauern, sie zu sammeln und zu ordnen. Wir brauchen neue Gesetze. Unsere geliebte Zarin beschäftigt sich gerade damit, sie auszuarbeiten, und hat auch mich um Rat gefragt. Das Gesetzbuch ist jetzt fast fertig... M. du Pary sollte sich nicht über die für Rußland angemessenen Strafgesetze auslassen, sondern sich mit allgemein gültigen Anschauungen und Grundsätzen bezüglich des Strafgesetzes und der Strafprozeßordnung begnügen... Diese Frage kann nur durch die Gerechtigkeit, Nachsicht und Güte Katharinas selbst geregelt werden.

Alle guten Wünsche für ‹unseren› Sohn. Habe ich nicht recht, ihn ‹unseren› zu nennen? Adieu, mein Freund.»

Der Ton der Briefe seines Sohnes hat den Grafen gewiß beruhigt: «Lieber und verehrter Vater», schrieb Paul am 15.2.1786 aus Kiew. «Es tut mir sehr leid, in dieser Woche nichts von Dir gehört zu haben. Wir lesen die Briefe Peters des Großen an Graf Apraxin[3], von denen einige sehr schön sind. Er schreibt immer sehr liebenswürdig... Neulich haben wir mit I.W. Kohlius[4], dem hiesigen Befehlshaber, diniert. Bei ihm begegneten wir den drei Brüdern Lanskoy und Madame Rogers... Es geht uns zum Glück gut, und wir hoffen, daß auch Du wohlauf bist. Ich bitte Dich um Deinen Segen. Grüße bitte meine liebe kleine Schwester von mir.

Ich bin Dein gehorsamer Sohn...»

Drei Monate später schrieb Paul aus Simferopol oder Achit Metschet:

«Von Karasu Basar fuhren wir nach Sordak, Feodosia oder Kefa, Kertsch, Jenikale und Arabat. Feodosia war einmal eine sehr große Stadt mit zwanzigtausend Herdstellen, sie wurde Klein-Konstantinopel genannt. Jetzt sind von ihr nur noch Ruinen übriggeblieben. Es gibt viele Inschriften an den Mauern, die von den Genuesern und Armeniern errichtet wurden. In Kertsch gibt es nichts Interessantes zu sehen außer der Kirche, die mit Hilfe alter Überreste restauriert worden ist. In Jenikale quillt ständig Gas und Schlamm aus Abgründen. Eine Probe des Gases nahmen wir mit; wir stellten fest, daß es feuergefährlich ist. Nach der Rückkehr besuchten wir in Karasu Basar eine unterirdische Höhle, in der es das ganze Jahr über Eis gibt. Wir stießen auf Stalaktiten aus Eis und

Stein, wie wir sie aus Tscherdyn kennen. Auch dort gibt es bodenlose Abgründe. Den Ostersonntag verbrachten wir hier. Es ging aber weniger vergnügt zu als bei Dir, wenn der ganze Haushalt mitfeiert. Ich hoffe, Dich bald wiederzusehen.»

Die Reisenden kehrten über Cherson zurück, eine Stadt, die gerade erst erbaut wurde. Dort gab es bereits eine Festung, eine Garnison von vierundzwanzigtausend Mann, eine Admiralität mit allen Versorgungseinrichtungen und ein Arsenal von sechs Kanonen. Im Hafen sah man einige Kriegsschiffe. Überall entstanden öffentliche Gebäude, Kirchen und ein Geschäftsviertel, das aus zweitausend Häusern bestand – mit Läden voller Waren aus Griechenland, Konstantinopel und Frankreich. Immer neue Handelsschiffe liefen den Hafen an. Der Ausbau von Cherson stellte in der Tat eine eindrucksvolle Leistung dar.

Paul wollte jetzt schnell nach Hause zurückkehren. Jedoch verzögerte sich ihr Vorankommen, da der schwere Reisewagen oft bis über die Achsen im ukrainischen Schlamm versank.

Romme drohte dann, nach Frankreich zurückzukehren, und übersiedelte sogar in die französische Botschaft in Petersburg. Den Bemühungen des Grafen und des französischen Botschafters, Graf von Ségur, war es zu verdanken, daß er seinen Dienst um ein Jahr verlängerte.

Paul war ehrenhalber zum Leutnant des Preobrazhensky-Regiments ernannt worden; er durfte aber ins Ausland reisen und seine Studien vollenden. Der Graf war zu dem Schluß gekommen, daß die Übellaunigkeit Rommes dem Heimweh zuzuschreiben sei. Um künftige Reibereien zwischen ihm und seinem Sohn zu vermeiden, wurde die kleine Reisegesellschaft, die in die Schweiz und nach Frankreich aufbrach, durch einen Vetter, Baron Grigori Alexandrowitsch Stroganoff, dessen Erzieher Demichel, der aus der Auvergne stammte und mit Romme eng befreundet war, Monsieur de la

Colinière von der französischen Botschaft und Woronikhin ergänzt.

Paul war zu einem großen, hellwachen und gutaussehenden jungen Mann von fünfzehn Jahren herangewachsen. Sein Lehrer konnte sich mit ihm trotz aller Beanstandungen in Riom sehen lassen. Rommes häufige Anspielungen auf «ehrbare Menschen» bezogen sich auf den kleinen Kreis seiner Bewunderer in seiner Heimatstadt. Seinem provinziellen Gesichtskreis war er offenbar nie ganz entwachsen.

Auf dem Weg nach Frankreich besuchten sie noch Darmstadt. Romme schrieb, die Prinzen von Hessen hätten auf seinen Schüler großen Eindruck gemacht, und Demichel und er benützten jede Gelegenheit, diese Prinzen ihren Schülern als Beispiel vorzuhalten. Diese ständigen Hinweise dürften ihre Schutzbefohlenen wohl kaum angespornt haben.

Woronikhin, dem es gesundheitlich nicht gutgegangen war, machte Skizzen von der Landschaft an den Ufern der Rhône. Nach der Ankunft in Riom zeichnete er ein Porträt von Rommes Mutter.

Im November 1786 hatte sich die kleine Gruppe in Genf niedergelassen, und Paul schrieb an seinen Vater:

«Wir haben eine Wohnung in einem neuen Viertel bezogen, das noch nicht erbaut war, als Du hier warst. Unser kleiner Haushalt besteht aus fünf möblierten Zimmern, einer Küche und Nebenräumen. Alles ist angenehm und freundlich, und wir haben einen herrlichen Ausblick ... Die Unterkunft kostet uns vierzig Louisdor pro Jahr. Für die Köchin müssen wir acht Louisdor ausgeben. Wir sind nach Lausanne gefahren, wo wir die Fürstin Gortschakoff besuchten. Auch die evangelische Kirche und das Grabmal der Fürstin Orloff haben wir gesehen. Andrej machte davon eine Skizze. Nach unserer Rückkehr besuchten wir in Genf die Baronin d'Aruffens, geborene Golowkin, in ihrem Landhaus. Sie erkundigte sich nach Deiner Gesundheit. Ich hoffte, daß sie gut war, denn wenn man so weit voneinander entfernt ist, kann man dessen nie ganz sicher sein.» Kurz danach fügte er hinzu: «Die Gespräche in Genf hätten mir besser gefallen, wenn ich mehr an gesellschaftlichen Umgang gewöhnt gewesen wäre. Die Umgebung hier ist wunderschön. Auf unseren täglichen Spaziergängen kommt es zu nützlichen und erfreulichen Unterhaltungen. Wir trafen M. Vernet, Deinen alten Geschichtslehrer, der sich nach Dir erkundigte. Er schien Dir sehr zugetan. Jetzt ist er neunundachtzig, und obwohl er wegen seines hohen Alters keine Vorlesungen mehr hält, hat er uns erlaubt, ihn einmal wöchentlich aufzusuchen, damit wir aus seiner Konversation Nutzen ziehen. Er hat ein grundlegendes Programm für das Studium der Geschichte für uns ausgearbeitet. Dir läßt er sich empfehlen. Wir werden dreimal wöchentlich Vorlesungen in Physik und Chemie hören. Wir haben M. Saragin, mit dem ich mich sehr gern unterhalte, mehrmals besucht. Auch M. Ponchard bewahrt Dich in sehr guter Erinnerung. Kurz gesagt – alle, die Dich kannten, lieben und schätzen Dich.

Ich habe die Ehre, Dir ein glückliches Neues Jahr zu wünschen ...»

Die jungen Männer nahmen außerdem Unterricht in Reiten, Fechten, Tanzen und Musik. Sie ließen sich von M. Senejeff, dem Direktor der Akademie, beraten. Da die Chemiestunden nur stattfinden konnten, wenn die Gebühren für die fehlenden Schüler bezahlt wurden, übernahmen sie diese Kosten ohne Zögern.

Paul schrieb erneut:

«Es gab einen öffentlichen Ball im Theater nach der Art der ‹Bals de l'Opéra› in Paris. Es scheint ein großer Erfolg gewesen zu sein ... Seit langem habe ich nichts mehr von meiner Mutter gehört, was mir große Sorge bereitet. Ich wäre froh, wenn Du mein Herz beruhigen könntest, indem Du in Deinem nächsten Brief von ihr berichtest.» (Paul hatte von der Trennung seiner Eltern nichts erfahren.) «Wir besuchen einen Kursus in Astronomie bei Professor Malet, derselbe Mann, der nach Rußland fuhr, um die Bahn der Venus über die Sonne zu beobachten ... Von allen Fächern sind uns Physik, Astronomie und Chemie die liebsten ... Ich war bei der Beerdigung von Madame Weselowski, deren Ehemann unter Peter I. Gesandter in Wien gewesen ist.»

Trotz der Anwesenheit des Vetters, der die Spannungen zwischen Paul und seinem Lehrer milderte, blieb Romme schwer zu besänftigen. Er schrieb an den Grafen:

«Er besitzt offenbar ein gutes Herz, ist noch ganz arglos; sein Urteilsvermögen ist gut, ebenso seine rasche Auffassungsgabe. Er hat eine starke Willenskraft... Doch den sittlichen Tugenden ist er wenig zugetan», fügte Romme humorlos hinzu. «Vor nicht allzu langer Zeit haben ihn die Leiden eines Belisar oder das ungerechte Schicksal des Sokrates noch zu Tränen gerührt... aber in dem Maße, in dem seine Körperkräfte zunehmen, treten seine Gefühle zurück... Er schwankt jetzt zwischen einer diplomatischen oder einer militärischen Laufbahn... Die Anwesenheit eines Erziehers scheint ihm zum Inbegriff verlängerter Kindheit geworden zu sein.»

Das Seelenklima der Philosophie war damals ausgesprochen rührselig, Tränen galten als geschätztes Zeichen von «Sensibilität».

Der Graf schrieb an seinen Sohn am 12. Mai 1787:

«Ich schicke Dir ein Tagebuch über die Reise der Zarin, damit Du über die hiesigen Ereignisse auf dem laufenden bleibst... Die Zarin hat soeben eine strenge Verordnung gegen das Duellieren erlassen, da diese barbarische Unsitte sich auch bei uns einbürgert... Du schreibst mir, mein lieber Sohn, daß es Dir leid tut, daß Du an diesem Osterfest Deinen christlichen Pflichten nicht nachkommen konntest, da es in Genf keine orthodoxe Kirche gibt. Sei versichert, daß niemand von Dir Unmögliches verlangt; wenn Du Deine Pflicht tust und alles lernst, was Dir dazu verhilft, ein nützliches Mitglied der Gesellschaft zu werden, und von untadeligem Benehmen und festen moralischen Grundsätzen bist, wird Dich der Himmel segnen, wie ich es tue.»

Am 30. November 1787 äußerte sich Paul zum türkischen Krieg: «Mit Freuden habe ich gehört, daß Kinburn nicht gefallen ist. In der hiesigen Zeitung hatten wir gelesen, daß die Stadt eingenommen, die russische Garnison geschlagen und General Suworoff[5] an Blutverlust gestorben sei. Täglich bete ich zu Gott, dieser Krieg möge bald zu Ende gehen – und zwar zu unserem Ruhm.

Hier herrscht schönes und sehr heißes Wetter. Man kann kaum glauben, daß wir uns bereits im Dezember befinden.»

In einem Brief vom 23. Februar 1788 stolpert der fünfzehnjährige Paul, von jugendlichem Überschwang erfüllt, über seine eigenen Sätze:

«Ich möchte Dich um etwas bitten, das Dich überraschen wird: Seitdem ich gehört habe, daß der türkische Krieg ausgebrochen ist, wünsche ich mir nichts mehr, als nach Rußland zurückzukehren und mich meinem Regiment anzuschließen. Ich bitte Dich untertänigst, mir dies zu gestatten. In Frankreich erhielt ein Knabe von zwölf Jahren das Ludwigskreuz, und ich werde bald sechzehn sein. Mein Land steht im Krieg, und ich bin nicht zur Stelle, um meinem Rang gemäß zu dienen. Ich schäme mich, die Uniform zu tragen. Alle fragen mich, ob ich bald weggehe, um am Krieg teilzunehmen, und sind erstaunt, wenn ich das verneine. Einige unserer jungen Leute, zum Beispiel Graf Schuwaloff und mein Bruder [Vetter] Alexander Sergejewitsch, sind zur Armee gegangen, obgleich sie kaum älter sind als ich. Mein Vetter, der eigentlich einen Zivilberuf ergreifen wollte, wie Du Dich erinnern wirst, ist jetzt abgereist, um in die Armee einzutreten, während ich, der ich die militärische Laufbahn eingeschlagen habe, hier herumsitze, was mich kränkt. Wenn Du mir meine Bitte erfüllen willst, kaufe mir bitte drei oder vier Pferde. Sie sollten nicht zu alt und an das Feuer der Geschütze gewöhnt sein, nicht unruhig und ängstlich, sondern gehorsam. Als wir in der Ukraine waren, hat mir Graf Rumjantzeff versprochen, mich zu seinem Adjutanten zu ernennen. Wenn ich zu glauben wagte, daß er sein Versprechen hält, wäre ich sehr glücklich. Bitte halte meine Bitte nicht für einen Scherz. Du kannst Dir denken, wie glücklich ich wäre, wenn Du mir die Abreise erlauben würdest.»

Romme hatte an Pauls Mutter geschrieben:

«Paul gefällt mir besser, seitdem sein Vetter bei ihm ist, denn dieser ist gelehriger und besitzt einen festeren Charakter. Freundschaft, Gleichaltrigkeit, Verwandtschaft und die gemeinsame Liebe zur Heimat bilden ein starkes Band zwischen ihnen. Der Wetteifer bewirkt bei Paul mehr als bisher. Die beiden nehmen an denselben Unterrichtsstunden teil... Es würde mich beunruhigen, wenn sie auch schon liebenswürdig wären.»

Er verglich seine Schutzbefohlenen miteinander:

«Paul ist schüchtern, sein Vetter geselliger. Er ist intelligent und begreift schnell, aber seine Aufmerksamkeit läßt bald nach. Sein langsamerer und gründlicherer Vetter kann sich länger konzentrieren. Paul ist von seiner Veranlagung und vom Gefühl her ein guter Mensch; sein Vetter dagegen handelt rein verstandesmäßig, die Vernunft sagt ihm, daß es besser ist, das Gute zu tun. Pauls Sensibilität wird ihn vor Irrtümern bewahren und seine Leidenschaften zügeln. Sein Vetter kennt keine Schranken, wenn sein Temperament mit ihm durchgeht, und erst wenn der Aufruhr seiner Gefühle nachläßt, kommt die Vernunft wieder zu ihrem Recht. Grigori braucht lange für die Arbeit, mit der Perfektion nimmt er es nicht allzu genau. Paul dagegen wird ungeduldig, wenn ihm nichts einfällt und er sich mit einer mittelmäßigen Leistung zufriedengeben muß. Grigori stellt Fragen, denkt nach und ist bereit nachzugeben. Sein selbstbewußterer Vetter Paul hört weder zu, noch stellt er Fragen, wenn er keine Lust dazu hat. Er hält nicht allzuviel von Respekt und läßt sich durch Argumente nicht überzeugen. Er will sich selbst ein Urteil darüber bilden, was ein Ratschlag wert ist. Je nach Laune nimmt er ihn dann an oder lehnt ihn ab. Auch das Äußere der beiden Vettern ist sehr verschieden, was vielleicht durch ihre unterschiedlichen Charaktere erklärbar ist.»

Die ständigen Vergleiche mit seinem Vetter gingen Paul wohl auf die Nerven. Am 16. April 1788 schrieb er seinem Lehrer einen Brief, aus dem Entschiedenheit und geistige Lebendigkeit sprechen:

«Monsieur Romme», begann er trocken. «Mein Betragen muß Papa gekränkt haben. Dies ist nicht überraschend. Ich begreife durchaus, daß Sie, Papa und ich den Wunsch haben, eine Wende zum Besseren herbeizuführen. Ich nehme mir die Freiheit, darauf hinzuweisen, wie sich dies Ziel unverzüglich erreichen läßt, indem Sie mir dieselbe Handlungsfreiheit einräumen wie meinem Vetter... Dies war zunächst auch Ihre Absicht... aber jetzt besteht ein unglaublicher Unterschied, der zu einer Wandlung in unserer Beziehung geführt hat. Sie können Abhilfe schaffen, sowie Sie uns gleich behandeln. Ich bitte deshalb, mir das gleiche Taschengeld wie meinem Vetter zu geben, und um die Erlaubnis, Weisungen an alle, die für mich arbeiten, erteilen zu dürfen ohne Ihre Einmischung... Sollten Sie meinen, daß ich falsch gehandelt habe, können Sie es mir sagen. Wenn ich Ihren Wünschen innerhalb von drei Tagen nicht nachgekommen bin, werde ich zugeben, unrecht zu haben.

Am Ersten jedes Monats werde ich Ihnen eine genaue Abrechnung meiner Ausgaben vorlegen... Wenn ich es nicht tue, können Sie die mir zustehenden Geldmittel zurückhalten oder davon abziehen, was ich Ihnen schulde – zum Beispiel die sechs Pfund für meine Stute.

Paul Stroganoff.

Wenn Sie meinen Vorschlag annehmen, werden Sie allen dreien einen Gefallen tun: Papa, sich selbst und mir.»

Paul war der Kontrolle des mürrischen Romme, der Theorie und Wirklichkeit nicht miteinander vereinbaren konnte, entwachsen. Doch der begeisterte Jünger Rousseaus sollte bald alle Gedanken an Pädagogik über Bord werfen, um sich kopfüber in die berauschende Welt der Politik zu stürzen.

Jean-Jacques Rousseaus weinerliche Sentimentalität und seine verschwommene Abneigung gegen praktisch alles, was ihn umgab, schienen nach dem Zeitalter der Vernunft mit seinem exakten Denken eine willkommene und harmlose Abwechslung zu sein. «Nichts ist so schön als das, was nicht existiert», hatte er erklärt. Die Zukunft verkündend, sollten ungeahnte Gefühlswallungen und Zerstörungswut in das Vakuum einströmen, das durch die Forderung nach neuen Regierungsformen entstand. Diese waren den neuen Propheten nur vorstellbar nach der Vernichtung alles Bisherigen sowie jeglicher Art von Hindernis, einschließlich der des bloßen Daseins.

Im benachbarten Frankreich kündigten die allgemeine Unzufriedenheit, der Zusammenbruch moralischer Maßstäbe und ein ansteckendes und berauschendes Gefühl tiefster Erregung baldige und fundamentale Veränderungen an.

Romme wünschte, am Ort des Geschehens zu sein. Anfang 1789 machte er sich mit seiner kleinen Gruppe auf den Weg nach Paris. Zur Rechtfertigung ihrer Reise besichtigten sie unterwegs in Lyon Bergwerke, Seidenspinnereien und Waffenfabriken. Pauls Name wurde in «Otscher» umgewandelt – so hieß eines der im Permer Gebiet gelegenen Stahlwerke der Familie Stroganoff. Er war sich also der politischen Situation in der französischen Hauptstadt durchaus bewußt.

Am 21. März 1789 erfuhren die Reisenden von Graf Stroganoff, daß Grigoris Vater, Baron Alexander Nikolajewitsch Stroganoff, unerwartet verschieden war. «Ich bin von dem Verlust, der mich betroffen hat, so erschüttert, daß ich alle meine Kräfte zusammennehmen muß, um meinen Gefühlen nicht freien Lauf zu lassen und diejenigen meines Neffen zu schonen», schrieb er. «Sage Deinem Freund Demichel, daß er sich um seine Zukunft keine Sorgen zu machen braucht. Ich selbst bin Haupttreuhänder des Vermögens meines Vetters, und die von mir ausgewählten Kollegen haben die größte

Hochachtung vor ihm... Du, mein lieber Sohn, kümmere Dich um Deinen Vetter und tröste Deinen Freund, Deinen Bruder, den ich als meinen Sohn adoptieren will...»

Paul beeilte sich zu antworten:

«Ich bedaure den Tod meines Onkels zutiefst. Es ist ein großer Verlust für die ganze Familie, vor allem für meinen Bruder, der auch deshalb unglücklich ist, weil er seine Studien abbrechen muß, die gerade erst angefangen haben und ihm sehr nützlich sind... Wir müssen glauben, daß es so das Beste war. Gott tut nichts, was nicht gut wäre. Der Glaube an Ihn tröstet uns in solchen Augenblicken.»

«Er ist religiös und hält es für leichter, zu glauben als zu denken», klagte sein bestürzter Lehrer.

Baron Grigori Alexandrowitsch und sein Lehrer Demichel kehrten im Reisewagen des Grafen nach Rußland zurück. «Wir brauchen das Fahrzeug hier nicht mehr», schrieb Romme, «für Euch könnte es vielleicht nützlich sein. Wir erwarten den nächsten Kreditbrief», setzte er eiligst hinzu. Er erwähnte nicht Pauls Namenwechsel. Auch schrieb er nicht davon, daß er beabsichtigte, den jungen Mann bei sich zu behalten, wie sich auch immer die politische Lage in Frankreich entwickeln würde. Dabei mußte er zugeben, daß Paul Paris nicht mochte und gern abreisen würde, doch wenn er ihn zusammen mit seinem Vetter nach Hause geschickt hätte, wäre der Kreditfluß zu Ende gewesen.

Paul schrieb an seinen Vetter, den er vermißte, obwohl ihr Verhältnis ziemlich kühl geblieben war. Er forderte ihn auf, alles Schöne zu beschreiben, das er unterwegs gesehen habe, und erkundigte sich, ob er zu «flir flan, flir flan» gekommen sei – ein beiden Knaben verständlicher Scherz.

Am 15. Juni 1789 schrieb er an seinen Vater:

«Das regnerische Wetter läßt eine große Hungersnot befürchten. In mehreren Städten ist es bereits zu Unruhen gekommen. In Paris werden Truppen zusammengezogen, um einen Aufstand des Volks, das in tiefstem Elend lebt, zu verhindern. Aber um uns brauchst Du Dir keine Sorgen zu machen. Heute ist alles schon wieder ruhig.»

Am 24. August schrieb er:

«Vielleicht hast Du inzwischen gehört, daß die Bastille[6] während der letzten Unruhen von den Parisern gestürmt worden ist und daß sie die Festung jetzt niederreißen ... Wir sind hingegangen, um uns die spärlich eingerichteten Zellen anzusehen; eine war gerade lang genug, daß sich ein Mensch darin ausstrecken konnte, sie enthielt weder Bett noch Stuhl. An den Wänden standen viele Inschriften, aber es war zu dunkel, um sie entziffern zu können... Wir werden Dir Dokumente über diese Bewegung schicken.»

Romme erklärte gegenüber Pauls Mutter und dem Grafen Stroganoff:

«Politisch sind wir nicht engagiert, mit öffentlichen Versammlungen haben wir nichts zu schaffen.»

Seinen Freunden in Riom gegenüber äußerte er triumphierend:

«Otscher und ich verpassen keine einzige Versammlung in Versailles!» Um sich politisch zu profilieren, gründete Romme einen «Club des Amis de la Loi». Paul Otscher gehörte zu seinen ersten Mitgliedern und übernahm den Posten des Club-Bibliothekars.

Jeder Anfang ist reizvoll. Kluge Literaten hatten sich für die Notwendigkeit allgemeiner Veränderungen eingesetzt. Jetzt war die ganze Nation davon überzeugt, daß diese Wandlungen zu Segnungen aller Art führen würden.

Die Politik wurde für die Pariser zu einer neuen und faszinierenden Form der Unterhaltung. Am Tag, an dem sie hörten, sie sollten sich von nun an selbst regieren, kam es zu einem Aufschrei der Begeisterung. «Bis dahin war dieser Luxussport den Politikern von Beruf oder von Geburt vorbehalten gewesen. Sie gaben die Staatsgeheimnisse und die Last der Verantwortung vom Vater auf den Sohn weiter. Das Bürgertum, die ‹Bourgeoisie›, stürzte sich nun wie ausgehungert in dieses neuartige Vergnügen: Reden, Flugblätter, hundert verschiedene Zeitungen, endlose Sitzungen – nichts war ihnen genug: Jeder wollte dabei sein, wenn Parlament gespielt wurde, so wie man mit Soldaten spielt. Vor diesem

Hintergrund entstanden die Klubs, und die Revolution entartete und geriet aus der Bahn» (G. Lenôtre). Die wie Pilze aus dem Boden schießenden Klubs wollten alle politischen Fragen und Probleme, die von der gewählten Nationalversammlung diskutiert wurden, in ihrem Sinne prüfen und beeinflussen. Hierdurch untergruben sie jeden Versuch zur Einführung einer Demokratie.

Sowohl Romme als auch Paul traten in den berüchtigten Jakobinerklub ein, dessen Versammlungen in der Jakobinerkirche am «Place du Marché St. Honoré» stattfanden. Am 7. August 1790 erhielt der junge Otscher ein Diplom, dessen großes Siegel die französische Lilie und die Devise «In Freiheit leben oder sterben» zeigte. Unterzeichnet war es von Barnave und drei Sekretären: Müller, Moreton und einem Mann mit dem entwaffnenden Pseudonym «Populus». Die Lilie wurde bald darauf durch das revolutionäre Emblem der phrygischen Mütze ersetzt.

Der «Club des Jacobins», der ursprünglich unter dem Namen «Club de la Constitution» und davor als «Club Breton» bekannt war, wurde bald zum schrecklichsten und mächtigsten Instrument der Revolution; er bestimmte den Gang aller künftigen Ereignisse, und die Atmosphäre des Schreckens, die er prägte, breitete sich in ganz Frankreich aus. In einer grotesken Parodie auf die Antike standen seine Sitzungen zunächst ganz im Zeichen eines schwülstigen Überschwangs und leerer Reden. Humorlose Naivität kennzeichnete Ausführungen wie «Wolken verfinstern unseren politischen Horizont, aber die leuchtenden Strahlen der Freiheit haben die dunkelsten Höhlen durchdrungen, in denen das infame Intrigenspiel in voller Blüte stand» (G. Lenôtre). Dieser Stil der gehäuften Metaphern sollte sich erhalten und in den politischen Schlagworten der kommenden Generationen weiterleben. Raub und Plünderung, Unterschlagung und Diebstahl kannten bald keine Grenzen mehr. Doch zunächst wurden alle Energien durch diese endlosen Ansprachen kanalisiert. Romme stürzte sich in das Treiben wie ein Fisch ins Wasser. Es schien ihm gar nicht einzufallen, daß, indem er sich bemühte, aus seinem Zögling die Art von Revolutionär zu machen, die seine Freunde in Riom schätzten, er Paul kaum auf das Leben vorbereite, das er zu führen berufen war.

Von jetzt ab trat ein anderer Romme in Erscheinung. Über Nacht vergaß er seine stoische Zurückhaltung und seine Hingabe an die Wissenschaft. Er zögerte nicht, das Vertrauen zu mißbrauchen, das der gütige und großzügige Graf Stroganoff, der ihn immer als Freund behandelt hatte, in ihn setzte.

De Barante, der Romme zu dieser Zeit begegnete, erwähnt dessen «düsteren Fanatismus und die zynische Vorführung äußerer Verwahrlosung. Von maßlosem Stolz erfüllt, wurde seine asketische Haltung durch die Eifersucht auf jegliche Art von Aristokratie sowohl der Reichen als auch der Begabten getrübt. Er predigte öffentlich den Atheismus und war unglaublich intolerant. Es fiel ihm leicht, zahlreichen Patrioten aus Riom die höchste Meinung von seinen Talenten und Tugenden einzuflößen. Tatsächlich besaß er gewisse Kenntnisse, aber es war ihm immer schwergefallen, sich rednerisch oder schriftlich auszudrücken. Er verfügte über die Kunst vieler Demagogen, bei Ignoranten Anerkennung zu finden».

Sogar sein Biograph de Vissac, der nur allzu bereit war, Rommes «Tugenden» hervorzuheben, gab zögernd zu: «Die politische Betätigung Paul Otschers lag sicherlich nicht im Sinne der Familie Stroganoff, als sie Ausbildung und Zukunft ihres künftigen Erben einem Ausländer anvertraute... Wäre sein Erzieher nicht von der eigenen Begeisterung dermaßen geblendet gewesen, hätte er erkennen müssen, daß er deren Vertrauen auf höchst anrüchige Weise mißbrauchte.»

Rommes Klub «des Amis de la Loi» tagte in der Rue de Tournon in Paris, und zwar in der Wohnung einer schwülen Schönheit von vulkanischem Temperament: Théroigne de Méricourt[7].

Sie genoß den Ruf, nicht wählerisch in ihren Liebschaften zu sein. Der junge Paul fiel nicht als erster ihren Reizen zum Opfer. Er vergaß seine Studien und ließ sich durch den erregenden Spaß an der Verschwörung, der ihre Leidenschaft anfeuerte, hinreißen. Aber die Verstrickung Théroignes in die Politik drängte bald alles andere in den Hintergrund. Pauls jugendlich revolutionärer Überschwang scheint auf die kurzlebige, aber intensive Liebesaffäre mit dieser Virgo der Revolution, die zehn Jahre älter war als er, zurückzugehen.

In den Tagen des 5. und 6. Oktobers hatte sie im Rampenlicht gestanden; im roten Gewand einer Amazone, einen hohen Hut mit wehender Feder auf dem Kopf, warf sie Geld unter die Menge und führte den Pöbel nach Versailles, um die königliche Familie nach Paris zu schleppen. Lafayette, der die Nationalgarde befehligte, hatte Mühe, das Gesindel zurückzudrängen, vor dem Théroigne «mit klarer und widerhallender Stimme» Reden hielt, um es zu Mord und Plünderung aufzuhetzen.

Lafayette[8] hatte seinem Freund und Onkel, dem französischen Botschafter in St. Petersburg, Graf Ségur, anvertraut, er stoße überall auf die subversive Tätigkeit einer geheimen politischen Partei, deren Aktivität sich auch auf Leute erstreckte, denen es nur um Gerechtigkeit und Freiheit ging. Eine Anzahl von Verbrechern, die von unbekannter Seite bezahlt wurden, hatte sich den Tumult, der durch falsch geplanten Widerstand entstanden war, zunutze gemacht und in Versailles entsetzliche Untaten begangen. Dies wiederholte sich nach dem Fall der Bastille ... Der Nationalgarde war es zwar gelungen, eine üble Verschwörung zu vereiteln, aber dieselben Einflüsse wirkten überall im Land, und er befürchte, «diesen Elementen werde es gelingen, die Bildung einer repräsentativen Regierung, die der Wunsch der Mehrheit ist, zu verhindern».

Trotz all seiner früheren Ergüsse über die «Tugend», hatte Romme nichts gegen das Interesse des jungen Otscher an der berüchtigten Théroigne einzuwenden. «Paul kommt mit neuen Ideen in Berührung, was seiner Erziehung und Charakterbildung nur dienlich sein kann», drückte er es aus. Da sie alle Versammlungen in erreichbarer Nähe besuchten, lernten der verblendete Erzieher und sein junger Begleiter die Berühmtheiten der revolutionären Bewegung kennen. Sie erlebten vierundzwanzig ekstatische Stunden am 14. Juli 1790 auf dem Marsfeld am Tag der «Fête de la Fédération», an dem es einen Augenblick schien, als habe der ehrliche Wunsch nach Versöhnung alle widerstreitenden Tendenzen, Meinungsverschiedenheiten und Zwistigkeiten überwunden. Viele Menschen guten Willens wagten wieder auf einen friedlichen Übergang zu einer arbeitsfähigen und repräsentativen Regierung zu hoffen.

Aber allmählich verhärtete sich wieder der innere Zwiespalt. Dieselben Worte bekamen eine unterschiedliche Bedeutung, je nachdem, wer sie im Munde führte: Die Vertreter des alten Regimes klammerten sich noch an die Traditionen der Vergangenheit, das durch Demagogen aufgeputschte Volk zeigte sich immer weniger geneigt, sich irgendeiner Art von Gesetzlichkeit zu beugen.

«An einem Tag in Paris konnte es damals zum Besuch eines Freundes im Gefängnis kommen; wo in einer düsteren Zelle Gespräche und Lachen widerhallten wie in einem Salon, während draußen eine johlende Menge Einlaß begehrte. Oder man spazierte über den geschäftigen Zentralmarkt, durch die Hallen oder in den Gärten des Palais Royal, wo gestikulierende Redner auf einem Tisch standen und mit zündenden Schlagworten die Menge aufhetzten. In den Anlagen der Tuilerien führten elegante Frauen ihre Kinder im Sonnenschein spazieren, fern von jeder Unruhe. Zur gleichen Zeit trieb auf den Champs-Elysées die Nationalgarde eine Gruppe der Gardes Françaises, die sich zum Aufstand zusammengerottet hatte, auseinander. Ein reizvoller Abend in der Oper, wo alles wie früher war, machte einen solchen Tag zu einem verwirrenden Traumgebilde. Aber zwei Jahre später floß Blut in den Straßen von Paris» (Ségur).

Befreit von jeglicher Konvention, Tradition oder Beschränkung genoß der junge Otscher das Abenteuer in vollen Zügen. Er war noch viel zu jung, um die tragischen Folgen der schrittweisen Auflösung des nationalen Zusammenhalts, geschweige denn die ruchlosen Einflüsse, die mit im Spiel waren, beurteilen zu können.

Um Zeit zu gewinnen und «die Situation in Paris zu erläutern» – wie er es ausdrückte –, schickte Romme seinem Dienstherrn auf dem langsamsten Weg, nämlich übers Meer, ein Päckchen mit Flugblättern. Er fügte verlogen hinzu: «Wir beabsichtigen, nach Südfrankreich und dann nach Deutschland, Holland und Belgien zu reisen, und haben vor, 1790 wieder nach Rußland zurückzukehren... In Deutschland könnte Paul seine Kenntnisse in dieser Sprache, die für sein Land so wichtig ist, vertiefen und Rechtswissenschaften studieren. Ich möchte, daß er auch Englisch lernt, um die wichtigen literarischen Werke in dieser Sprache zu lesen...»

Pauls Pseudonym «Otscher» wurde nicht erwähnt.

Am 5. Oktober 1789 hatte der Graf geschrieben:

«Meine teuren Freunde. Eure Briefe beunruhigen mich wegen Eures Aufenthalts in einer Stadt, in der es den Zeitungen zufolge viel Unruhe gegeben hat... Inzwischen bestätigt ein Kurier nach dem anderen, daß wir über die Türken siegen. Ich hoffe, mein lieber Sohn, daß Du auch einen Sieg im Kampf gegen Deine Trägheit erringen wirst... Ich schicke Euch mein Porträt; die Bleistiftzeichnung ist außerordentlich ähnlich. Darunter hat der Maler einige Verse geschrieben, die mir gar nicht gefallen; aber ich konnte sie nicht ausradieren.

Lieber Romme, ich bitte Sie, ein großes Porträt meines Sohnes in Öl von dem besten Maler anfertigen zu lassen... Sie würden mir dadurch einen großen Gefallen erweisen.»

Trotz des Verzichts auf jede Verbindung zur Kaiserlich Russischen Botschaft entgingen die Aktivitäten des jungen Otscher, der Erbe des größten Vermögens in Rußland und Sohn eines vertrauten Freundes von Katharina II. war, dem Botschafter Simolin nicht. Am 16. Juli 1790 schickte er per Kurier einen Bericht an die Zarin.

Dieser Bericht des Botschafters erreichte sein Ziel vor

Rommes informativen Flugblättern. Die Zarin ordnete an, daß er sofort zur Kenntnis des Kronrats gebracht werden solle. Graf Stroganoff wurde informiert, daß der Lehrer seines Sohnes, Gilbert Romme, den seiner Obhut anvertrauten jungen Mann im «Club des Jacobins» habe einschreiben lassen. Dieser Club sei gegründet worden, um alle Völker zum Aufstand gegen ihre Obrigkeit aufzuhetzen. Der Graf solle seinen Sohn von diesen verderblichen Einflüssen befreien. Romme wurde es nicht erlaubt, nach Rußland zurückzukehren.

Eine gewisse Unruhe machte sich allerdings in den Briefen des nachsichtigen Grafen Stroganoff bereits bemerkbar. Im März 1790 hatte er Romme dringend gebeten, Paris zu verlassen: «Der Frühling steht vor der Tür, und ich bin sicher, daß Sie die Gelegenheit benutzen werden, auf Reisen zu gehen ...» In seinem nächsten Brief erklärte er wiederum: «Ich beurteile den Besuch der Polizei nicht so wie Sie. Ich kann mir den Grund dafür nicht vorstellen. Ich erwarte, lieber Romme, daß Sie Vorsicht walten lassen und die notwendigen Maßnahmen ergreifen ... Es herrscht eine wilde Erregung in den Köpfen um Sie herum. Ganz Europa verfolgt die Ereignisse. Ich muß zugeben, daß man nichts Gutes davon erwartet.»

Er konnte noch nicht die Veränderung in Rommes Wesen ermessen, und am 20. Juni 1790 versicherte er ihn noch einmal seines vollen Vertrauens.

«Mein Vertrauen in Sie, lieber Romme, ist nicht geringer geworden, es wird so bleiben ... aber meine Empfehlung, Paris zu verlassen, war auf Überlegungen gegründet, die ich ernst nehmen muß ... Ich ersuche Sie jetzt dringend, meinen Wünschen zu entsprechen. Warum fahren Sie nicht nach Wien, wo Sie alle Voraussetzungen für die Erziehung meines Sohnes vorfinden werden? Unser dortiger Botschafter und sein Vertreter sind sehr verdienstvolle Männer. Sie werden Ihnen mit Vergnügen in jeder Hinsicht behilflich sein ...»

Auch nach dem Bericht von Simolin konnte der Graf das

Ganze einfach nicht glauben. Er bemühte sich, Romme nicht zu kränken:

«Der Sturm ist losgebrochen», schrieb er. «Wie oft habe ich Sie, seitdem er sich zusammenbraute, dringend gebeten, Paris und sogar Frankreich zu verlassen. Ich hätte es nicht klarer ausdrücken können!... Man kennt Sie nicht, lieber Romme. Man läßt der Reinheit Ihrer Absichten nicht Gerechtigkeit widerfahren. Man hält es für sehr gefährlich, daß ein junger Mann in einem Land bleibt, das vom Geist der Anarchie geschüttelt wird. Man fürchtet, Grundsätze, die sich nicht mit denen der Regierung seines Landes vertragen, könnten ihn beeinflussen. Man hat behauptet, daß Sie, von Begeisterung hingerissen, nichts dagegen unternehmen. Man sagt, Sie beide seien dem ‹Club des Jacobins› beigetreten – man nennt ihn auch Propagandaklub oder ‹Club des enragés›. Gegenüber diesen Gerüchten habe ich mein Vertrauen in Ihre Ehrenhaftigkeit bekräftigt... Jetzt bin ich dazu gezwungen, meinen Sohn zurückzurufen und ihn seines geachteten Mentors zu berauben in einer Zeit, in der er ihn am nötigsten braucht...»

Rommes Antwort auf diesen noblen und loyalen Brief bestand in einem heuchlerischen Ausbruch eines wirren Protestes:

«Zum erstenmal lassen Sie mich die breite Kluft zwischen einem Vater und einem Erzieher spüren... Sie entziehen mir Ihr Vertrauen aufgrund von Überlegungen, die Sie mir nicht mitzuteilen geruhen [als ob er daran zweifeln konnte, worum es sich handelte]. «Sie denken keinen Augenblick an die besonderen Gefühle Ihres Sohnes» – und er fährt fort, vielleicht im Hinblick auf Théroigne, wobei er in den jakobinischen Redestil verfällt: «Als wäre es ein Verbrechen, schlichte Einfachheit, Gerechtigkeit, Freiheit, Ordnung, Frieden, Unschuld und weise Zurückhaltung zu lieben – lauter Dinge, die gerade so nötig sind, wenn es sich um gegensätzliche Meinungen, Ambitionen und Interessen handelt... Euer Sohn bringt seinem eigenen Volk dieselben Empfindungen wie bei seiner Abreise aus Rußland entgegen. Er hat sich die

Unschuld und Vertrauensseligkeit eines Kindes bewahrt. Möge Gott sie ihm erhalten, ihm selbst und Euch zuliebe ... Seine Erziehung ist zu stürmisch verlaufen; sie war durch zu viele Beschränkungen behindert, als daß sie zum Erfolg hätte führen können.»

Diese Anschuldigungen erscheinen als der Gipfel der Unaufrichtigkeit, besonders wenn man an das außerordentliche Vertrauen denkt, das Graf Stroganoff in gutem Glauben dem untreuen Erzieher entgegenbrachte.

«Ich möchte Euch und Euresgleichen, die Ihr nur ungern dieselbe Luft wie ein ‹utschitel› (Lehrer) atmet, nicht in Unruhe versetzen», fügte Romme höhnisch hinzu. «Aus tiefstem Herzen bedauere ich jedoch diejenigen, denen dasselbe Leben bevorsteht ... Eure Entscheidung werden wir im Dorf meiner Mutter erwarten.»

Bei ihrer Ankunft in Riom starb Pauls treuer Kammerdiener Clément. Ein religiöses Begräbnis wurde ihm entschieden verweigert. Man setzte ihn auf die neue Art bei, wie die Ortszeitung beflissen hervorhob – eine taktlose, alberne Geste, die die weitere Entwicklung beschleunigte, denn Rommes Doppelzüngigkeit ließ sich nun nicht länger übersehen.

Zu diesem Zeitpunkt vermied Graf Stroganoff offenbar die Konfrontation sowohl mit Romme als auch mit seinem Sohn. Demichel wurde gebeten, zu intervenieren und an Romme zu schreiben, wobei er höflich auf die «Mutmaßungen» hinweisen sollte.

Im November 1790 antwortete ihm der junge Paul. Sein Brief bestand aus einer Blütenlese aller hochtrabenden Schlagworte, die man ihm beigebracht hatte. Er schrieb, er sei in der Tat ein Mitglied des «Club des Jacobins» und habe diesen bereits zweimal bei der Nationalversammlung vertreten, «um dem Universum zu huldigen». Seine Absichten und Ziele seien rein. Er stehe auf der Seite der Gerechtigkeit und bewundere die Revolution, halte sie jedoch nicht für übertragbar auf Rußland. Man erwarte von ihm offenbar, seine Überzeugungen wie eine Wetterfahne zu ändern, aber seine

Ansichten beruhten auf Gerechtigkeit, Vernunft und auf Gefühlen, die man nicht einfach ausradieren könne... Seit langem habe er beschlossen, nicht nach Rußland zurückzukehren, wenn er nicht eine so tiefe Achtung und Liebe zu seinem Vater empfände. Alle Schrecken des Despotismus seien ihm offenbart worden; die süße Stimme der Freiheit klinge verführerisch in seinen Ohren, seitdem er ein Volk erlebt habe, das in einem einzigen Augenblick das Joch der Tyrannei abgeschüttelt habe...

Er hatte nicht erlebt, was noch kommen sollte.

Der Graf wünschte die Rückkehr seines Sohnes so selbstverständlich wie möglich erscheinen zu lassen. So schickte er seinen Neffen Nowossiltzoff[9], der «trotz seiner Jugend vernünftig und umsichtig war»; Demichel und Woronikhin begleiteten ihn, um Paul nach Hause zu holen. Eine ansehnliche Geldsumme für Romme wurde ihnen mitgegeben, die dieser zunächst ablehnte. Als sie verdreifacht wurde, hinderte ihn sein republikanisches Gewissen nicht mehr, das Geld anzunehmen.

Der Graf enthielt sich taktvoll des Hinweises, daß Romme die Rückkehr nach Rußland verboten worden war. Doch Romme hatte seine Rolle als Erzieher ausgespielt.

Im Dezember 1790 befand sich Paul in Begleitung seines Vetters, Demichels und Woronikhins auf dem Weg nach Hause. Nowossiltzoff muß jede Auseinandersetzung vermieden haben, denn Paul bemerkte naiv in einem Brief an Romme aus Metz, er habe nicht feststellen können, ob er über große Bildung verfüge, außerdem hätten sie das Pech gehabt, in jedem Gasthaus unterwegs auf Aristokraten zu stoßen. In einer Nachschrift bestellte er Grüße von Woronikhin an den «Freund der Menschheit, Romme». Er unterschrieb mit Paul Otscher.

Alle früheren Meinungsverschiedenheiten mit seinem Erzieher waren vergessen. Jetzt erinnerte er sich nur noch an die glücklichen Zeiten, die sie gemeinsam verbracht hatten;

an die Reisen und die Ausflüge zu Fuß und zu Pferde, an das berauschende Spiel mit der Politik. Aus Straßburg schrieb er noch einmal, um Romme für all seine Fürsorge zu danken. Am Ende des Briefs erklärte er: «Ich ziehe es vor, dem Despotismus mit reinem Gewissen zum Opfer zu fallen. Seine Schläge treffen einen ehrenhaften Mann – wie die Wogen des Meeres gegen einen Felsen schlagen, der unerschütterlich in der Brandung steht.» Solche nebelhaften, zusammengewürfelten Metaphern waren ganz im Stil der weitschweifigen Rhetorik, die sich der junge Paul während der Sitzungen des Jakobinerklubs angeeignet hatte.

Umgeben von guten Freunden kehrte das achtzehnjährige «Opfer des Despotismus» zu seinem liebevollen Vater zurück, der ihn klugerweise zu Mutter und Schwester aufs Land in die Nähe von Moskau schickte. Hier sollte er zur Vernunft kommen und sein Gefühl für das rechte Maß wiedergewinnen, während er seine Studien zu Ende führte.

Die Revolution schritt indessen unerbittlich fort, und ihre unverwirklichten Ideale sollten einen nachhaltigen Einfluß auf Pauls Zukunft haben.

Unter dem ausgleichenden Einfluß seiner Familie besann sich Romme zu spät auf seine Rolle als Erzieher und brachte hochtrabende Ratschläge an seinen Schüler zu Papier. Rousseau hätte sie nicht besser formulieren können. Immer wieder war die Rede von «gemeinen Informanten» und von den «an ihrer Trennung Schuldigen». Nachdem er auf jede Weise versucht hatte, dem jungen Paul seine Pflicht gegenüber seinem Land und seinem Vater auszureden, empfahl er jetzt seinem Schüler, die nötige Rücksicht und Achtung für die Gesetze, die bestehende Ordnung, die Religion und die Sitten seines Landes zu zeigen. Auf jedem Posten, auf den man ihn beriefe, solle er seine Pflichten mit peinlicher Genauigkeit erfüllen.

Auf theoretische Abhandlungen hatte sich Romme stets bestens verstanden.

Er eilte dann nach Paris zurück, um sich wieder in den

Strudel der Revolution zu stürzen. Er besaß aber weder das Ungestüm eines Danton noch die Begabung eines St.-Just, nicht die rhetorischen Fähigkeiten eines Desmoulins oder die kalte Unmenschlichkeit eines Robespierre; so konnte er den kommenden Ereignissen nur in einer einzigen Beziehung seinen Stempel aufdrücken: Er wurde zum Schöpfer des sogenannten «Revolutionskalenders», der von archaischen russischen, dem Wetter und den Jahreszeiten entlehnten Begriffen wie «prossinetz» und «studen» [10] inspiriert war.

Er vergoß zwar Tränen über die Leiden des Belisar, setzte sich jedoch hartnäckig über die Gefühle seiner Mitmenschen hinweg. Nun war auch er bereit, das Über-Leichen-Gehen theoretisch zu rechtfertigen. Am 10. August 1792, nach der Erstürmung des Königsschloßes der Tuilerien und nach der Ermordung seiner Verteidiger, wurde ein Küchenjunge in Butter gerollt und bei lebendigem Leibe gebraten. Im folgenden September brachte man Tausende schutzloser Menschen in den Gefängnissen systematisch um; auf der Guillotine starben täglich fünfzig bis sechzig Opfer, «während die Volksredner der ersten Stunde sich erst von der Revolution abwandten, als sie ihnen weder Ruhm noch Profit mehr einbrachte».

Nach dem Thermidor (27. Juli 1794) starben die meisten von Rommes Freunden unter der Guillotine, an deren Errichtung sie so eifrig mitgewirkt hatten.

Ein Jahr später, am 17. Juni 1795, wurden Romme und fünf seiner Freunde nacheinander vor Gericht gestellt und zum Tode verurteilt. In ihre Zelle wurde ein Dolch geschmuggelt. Gilbert Romme war der erste, der ihn sich ins Herz stieß. Nachdem sie dem Toten den Dolch aus der Brust gezogen hatten, folgten Soubrany, Goujon, Duquesnoy, Bourbette und Bourgeois seinem Beispiel. Drei von ihnen, die noch lebten, wurden zur Guillotine geschleppt; einer starb auf dem Weg zum Schafott.

Diese blutige Szene entsprach dem Dämon der Gewalt, den auch sie zu entfesseln geholfen hatten.

Einige Jahre später lernte Paul während eines Aufenthalts bei seiner Mutter auf dem Gut Bratzewo bei Moskau ein reizendes Mädchen kennen: Sophie Wladimirowna Galitzin. Bald war er tief in sie verliebt. Ihr gutaussehender, aber charakterschwacher Vater hatte sein Vermögen durchgebracht. Seine gescheite und zielstrebige Frau, «Princesse Moustache» genannt, konnte es durch kluge Haushaltsführung und eiserne Sparsamkeit wieder zurückgewinnen. Die Familie verbrachte dann mehrere Jahre im Ausland. Gegenüber ihrem Gemahl wie den heranwachsenden Söhnen hielt «Princesse Moustache» den Geldbeutel fest in ihrer fähigen Hand.

Sophie wirkte außerordentlich anmutig und entsprach dem poetisch-ätherischen Stil der damaligen Zeit. Hinter ihrem Liebreiz verbargen sich ein starker, fester Charakter und ein kultiviertes Wesen. Nach der Rückkehr aus Italien beschäftigte sie sich mit einer Übersetzung von Dantes Inferno, um ihre mangelhaften russischen Sprachkenntnisse zu verbessern. Paul und Sophie entdeckten, daß sie außer ihrer westlichen Erziehung viel Gemeinsames hatten. Wie viele andere junge Leute, die im Ausland erzogen worden waren, mußten sie mit ihrer Heimat erst wieder vertraut werden, und bald erwiesen sie sich als glühende Patrioten. Sie schienen füreinander bestimmt zu sein, und beide Familien setzten sich für eine frühe Heirat ein. So führte diese Liebesbeziehung zu einer glücklichen und dauerhaften Verbindung – trotz vieler Prüfungen und langer Trennungen.

Im Jahr 1794 wurde ihr Sohn Alexander geboren. Ihm folgten vier Schwestern: Nathalie, Adelaide, Elisabeth und Olga. Gegen Ende der Regierungszeit der Kaiserin Katharina zog das junge Paar zu Pauls Vater in das Petersburger Palais.

Der alte Graf war ständig in Sorge um die Gesundheit und die Zahnschmerzen seines geliebten kleinen Enkels. Er bat seine Schwiegertochter, zu der er tiefe Zuneigung empfand, ihm seine Einmischung nicht übel zu nehmen, sondern ihn zu beruhigen durch die Auskunft, daß das arme Kind nicht zu leiden brauche. «Verzeih mir», beharrte er, «daß ich mich noch einmal erkundige, ob Du alle Vorsichtsmaßnahmen getroffen hast– was sicher der Fall ist... Wenn Du nur wüßtest, wie lieb und teuer Ihr drei mir seid!... Andrej [Woronikhin] ist in die Akademie aufgenommen worden– zu unser aller Genugtuung. Wenn Ihr kommt, werde ich ihn Euch in Uniform vorstellen.»

Eine enge Freundschaft sollte sich zwischen den jungen Stroganoffs, dem künftigen Zar Alexander I. und dessen mädchenhafter Gattin Elisabeth Alexejewna, Prinzessin von Baden, entwickeln. Die Schüler von Laharpe (Alexander) und Romme (Paul) hatten beide die hohen Ideale der Französischen Revolution bewundert, die durch die schrecklichen Ereignisse in Frankreich verraten worden waren. Sie führten begeisterte Debatten über mögliche Verbesserungen in Rußland.

Inzwischen hatten die Launenhaftigkeit Pauls I., seine verrückten und willkürlichen Entscheidungen und sein argwöhnisches und labiles Wesen zu einer Atmosphäre von Mißtrauen und Terror geführt. Alexander erfuhr von einem Komplott, durch das sein Vater zur Abdankung gezwungen werden sollte. Er selbst nahm jedoch nicht daran teil. Der Zar wurde von seinen Widersachern ermordet. Sein Erbe konnte sich nie von einem Schuldgefühl befreien, das seine ganze Regierungszeit überschatten sollte.

Am 12./23. Dezember 1777 (die Differenz geht auf die unterschiedlichen Kalender zurück), bei Alexanders Geburt, hatte seine Großmutter, Katharina II., in ein Exemplar von Fénélons Télémaque, das ihr Anregungen für die künftige Erziehung ihres Enkels vermittelte, geschrieben: «Wenn ich eine gütige Fee um eine Gunst bitten könnte, würde ich wünschen, daß er natürlich bleiben möge. Alles übrige wird ihn die Erfahrung lehren.»

«Hüte dich vor jeglicher Verschlagenheit», beschwor sie

ihn später. «Große Männer kennen keine Doppelzüngigkeit.»

Sie hatte Offenheit gemeint, eine Eigenschaft, die ihm die Feen vorenthielten. Alexanders gewinnendes Wesen sollte zwar alle in seinen Bann ziehen, die mit ihm zu tun hatten. Doch seine frühe Jugend zwischen zwei einander befehdenden Höfen hatte ihn gelehrt, seine wahren Gefühle zu verbergen. Er schmeichelte sowohl seiner großherzigen Großmutter wie auch dem wankelmütigen, tyrannischen Vater in Gatschina, der ein Preußen-Verehrer war. Diese zweigleisige Erziehung und ihre widersprüchlichen Einflüsse hatten in seinem Charakter eine Leere erzeugt, eine Schwäche, die irritierte und die ihm den Ruf einer «Sphinx» eintrug, die «ihr Geheimnis mit ins Grab nahm», wie Puschkin es ausdrückte.

Man warf ihm Falschheit vor, aber der Diplomat Joseph de Maistre, der ihn gut kannte, nannte diesen Wesenszug «une pudeur d'âme d'élite méconnue» – die Scheu einer hochherzigen und verkannten Seele. «Er weigerte sich, Menschen, die er nicht leiden konnte, so zu behandeln, wie es ein Despot getan haben würde.»

Coulaincourt, der französische Botschafter, meinte: «Er war nachdenklich veranlagt, und gewisse Charakterzüge verblüfften manchen klugen Mann.» Sein Wesen war tatsächlich durch eine unterschwellige, tiefe Religiosität geprägt, die im Jahrhundert des Rationalismus leicht mißverstanden wurde.

«Wäre er eine Frau, so würde ich mich in ihn verlieben», sagte Napoleon. Er hielt ihn für außerordentlich intelligent, erklärte jedoch, «irgendein Steinchen fehle in seiner Zusammensetzung». Worauf Metternich einsichtiger bemerkte: «Ich zweifle, ob ihm ein Steinchen fehlt, oder ob er eines zu viel hat» (Metternichs Memoiren).

Sein Freund Fürst Adam Czartorysky hielt ihn für eine «große Seele, aber irgendwie beschränkt» (quelquechose de borné), und seine Lieblingsschwester Katharina meinte: «Mein Bruder hatte das Mißgeschick, niemals ein Mann geworden zu sein. Er war noch ein Knabe, als er Kaiser wurde.» (Le malheur de mon frère, c'est qu'il n'a jamais été homme, car de petit garçon, il est devenu Empereur.)

Sein Charme und seine Einfachheit verfehlten nie ihre Wirkung. Er verabscheute jeden Prunk; er ging allein durch die Straßen, blieb stehen, um mit einer Dame seines Bekanntenkreises an der Tür ihrer Kutsche zu plaudern. Er besuchte Freunde ohne jede Eskorte und tanzte mit Damen aus der Provinz. Ein Franzose, Monsieur de la Ferronays, bemerkte: «Bei jeder Begegnung oder Unterhaltung mit Alexander gewinnt man einen höchst vorteilhaften Eindruck. Doch gibt es viele Beweise dafür, daß die Energie seiner Worte seinem Charakter fehlt. Trotzdem kann diese Schwäche plötzlich in einen Ausbruch von Tatkraft umschlagen, in eine Reizbarkeit, die Entscheidungen mit weitreichenden Auswirkungen zur Folge haben kann.»

Als Alexander den Thron bestieg, hielt sich Paul Stroganoff als einziger seiner engen Freunde in St. Petersburg auf. Nowossiltzoff war nach England verbannt worden. Fürst Adam Czartorysky vertrat Rußland in Neapel, Graf Kotschubey war nach Dresden und sein Schweizer Erzieher Laharpe nach Paris abgeschoben[11].

Katharina II. hatte auf eine Allianz zwischen Macht und Vernunft gehofft; ihren Erben blieb es vorbehalten, mit den wachsenden und gärenden Erwartungen im Land fertig zu werden. Das war dem jungen Zaren durchaus bewußt. Selbst von dem aufrichtigen Wunsch nach Liberalisierung getrieben, wurde er von seiner Generation als Symbol der Hoffnung stürmisch willkommen geheißen.

Während der Zar seine Freunde persönlich zurückrief, schickte Graf Paul nur eine kurze Nachricht an seinen Vetter Nowossiltzoff: «Mein lieber Freund, ich habe nur Zeit für zwei Worte: Alexander regiert.»

Noch ehe sich dieser vertrauenswürdige Freundeskreis wieder zusammenfand, trafen sich Alexander und Stroganoff unter vier Augen zu mehreren wichtigen Gesprächen über künftige Pläne und Reformen. Ihr Mangel an Erfahrung wurde durch Begeisterung und gute Absichten ausgeglichen. Beide waren nicht nur von hohen Idealen getragen und völlig integer, sondern auch außerordentlich gebildet. Stroganoff legte über jede Begegnung und Diskussion genaue Aufzeichnungen an.

Der erste bedeutsame Gedankenaustausch am 23. April 1801 ist in allen Einzelheiten festgehalten:

«Die Verwaltungsreform muß Vorrang vor dem Entwurf einer Verfassung haben», notierte Paul. Der Zar stimmte dem zu. Er fuhr fort: «Die wesentliche Grundlage für diese Arbeit muß die Verankerung der Grundrechte jedes Bürgers sein.» Nach Alexanders eigenen Worten war es sein Ziel, «seinen Untertanen rechtliche Garantien zu geben, die für jede zivilisierte Nation von wesentlicher Bedeutung sind».

Stroganoff entwickelte diesen Gedanken weiter: «Das Recht auf Eigentum und freie Meinungsäußerung, das das Wohlergehen der Bürger gewährleistet, sollte anderen Personen nicht schaden...», worauf der Zar folgende Klausel hinzusetzte: «...und das Verdienst der persönlichen Leistung nicht stören.»

Stroganoff erklärte zu dieser Zeit:

«Der Zar ist von den höchsten Grundsätzen inspiriert. Er ist von deren Wahrheit überzeugt, doch wegen seiner Charakterschwäche ist Schnelligkeit der Ausführung erforderlich, bevor seine Aufmerksamkeit in eine andere Richtung gelenkt wird... Wegen seiner angeborenen Indolenz wird er stets diejenigen vorziehen, die ihm seine eigenen Gedanken in leicht verständlichem und elegantem Stil vorlegen. Dadurch ersparen sie ihm die Mühe, selbst nach der richtigen Ausdrucksform zu suchen. Seine Unerfahrenheit läßt ihn an sich selbst zweifeln. Der beste Weg, ihm Selbstvertrauen zu geben, besteht darin, ihm ein klar umrissenes Bild seiner gesamten Verwaltung und einen Überblick über die Situation im Staat darzubieten, wie sie sich in dem Augenblick darstellt, in dem er die Zügel in die Hand genommen hat.»

Von Anfang an hatte Stroganoff diese Gefahr erkannt. Er beeilte sich deshalb, seine eigenen Ideen so klar und prägnant wie möglich zu formulieren. Sein ausführliches Memorandum vom 9. Mai 1801, einen Monat vor der ersten Zusammenkunft mit seinen Freunden, gehörte zu den weitreichendsten Vorschlägen, die er je machte. Nicht alle seine Hoffnungen erfüllten sich, doch das Memorandum hinterließ einen nachhaltigen Eindruck bei allen damaligen Institutionen.

Drei Hauptpunkte wurden betont:

«Wenn die Verhältnisse in einem Land viel zu wünschen übrig lassen, ergibt sich zunächst die zwingende Notwendigkeit, sich einen Überblick über die Lage der Dinge zu verschaffen. Sodann geht es darum, die eigenen Ziele und die Pläne klar zum Ausdruck zu bringen; die verschiedenen Verwaltungszweige zu reformieren und zu gewährleisten, daß diese Einrichtungen durch eine Garantie gestützt werden, die gemäß dem Geiste der Nation in einer Verfassung verankert ist. Endziel bleibt die Befreiung der Bauern.»

Die vier Freunde, die sich um den Kaiser scharten, bildeten ein beratendes Komitee, das nicht als eine staatliche Einrichtung galt, sondern als ein «privates Gremium, das nur dem Zaren persönlich unterstand». Sie waren alle jung: der älteste, Nowossiltzoff, neununddreißig Jahre alt, Kotschubey dreiunddreißig, Czartorysky einunddreißig, Stroganoff neunundzwanzig und der Zar dreiunddreißig. Sie waren verbunden durch eine echte Freundschaft, die auch künftige Enttäuschungen überdauern sollte. Der Pole Fürst Czartorysky bekannte, als wollte er sich entschuldigen: «Aufgrund ihrer europäischen Erziehung zeugten ihre Ansichten und Gefühle von einer Integrität, Gerechtigkeit und Lauterkeit, die ich aus voller Überzeugung unterstützte.» Der zeitgenössische Schriftsteller N. F. Dubrowin bestätigte, daß Stroganoff einer der edelsten, aufrichtigsten und wohlmeinendsten Männer am Hof Alexanders I. war. «Der Zar nannte ihn seinen Freund, denn er sagte ihm immer die Wahrheit» (N. K. Schilder, Alexander I.).

Im Hof-Journal von 1801–1802 werden die vier Freunde als beinahe tägliche Gäste des Kaisers erwähnt. Stroganoff war ermächtigt, jederzeit, auch ohne besondere Einladung, zu erscheinen. «Nach dem Kaffee pflegte sich der Zar, bevor er sich zurückzog, ein paar Minuten mit anderen Gästen zu unterhalten. Während sich diese verabschiedeten, wurden seine vier Freunde durch einen Nebengang in ein kleines Ankleidezimmer neben den Privatgemächern des Kaiserpaares geleitet, wo sich der Zar bald zu ihnen gesellte. Unter seiner aktiven Beteiligung gab es dann lebhafte und ausführliche Diskussionen über die geplanten Reformen.»

Nach einer besonders hitzigen Aussprache schrieb Stroganoff sich entschuldigend an den Kaiser:

«Ich weiß, Sie sind tolerant, sogar bis zum Übermaß, aber gestern ließ ich mich hinreißen und ging weit über meine eigentliche Absicht hinaus ... Sollten Sie so gütig sein, mir daraus keinen Vorwurf zu machen, muß ich es selbst tun, denn ich halte meine Heftigkeit für höchst verwerflich.»

Von der freimütigen Redeweise seines Freundes in keiner Weise gekränkt, erwiderte Alexander: «Was in der Öffentlichkeit unpassend wäre, kann durchaus geschehen, wenn wir allein sind. Der größte Freundschaftsbeweis, den Sie mir geben können, ist der, mich gründlich zu schelten, wenn ich es verdiene.»

Stroganoff wies seine Freunde häufig darauf hin, daß man beim Beginn einer Auseinandersetzung mit dem Kaiser vermeiden sollte, ihn zur Halsstarrigkeit zu verleiten; es wäre besser, irgendwelche Einwände lieber auf einen späteren Termin zu verschieben.

Alexander war hochintelligent und besaß eine schnelle Auffassungsgabe, aber er war kein geborener Reformer. Während der ersten Jahre seiner Herrschaft zeigte er sich konservativer als seine Berater. Keine der tatsächlich durchgeführten Reformen ging auf seine Initiative zurück, obwohl er zunächst von der Notwendigkeit einer Verfassung und der Befreiung der Leibeigenen ehrlich überzeugt war. Kotschubey hielt aus seiner eigenen Erfahrung in öffentlichen Dingen die Ideen des Zaren für zusammenhanglos und vage, aber das beratende Komitee ging entschlossen an die Arbeit. Es trat zum erstenmal am 24. Juni 1801 zusammen und hielt in den folgenden drei Jahren insgesamt sechsunddreißig Sitzungen ab. Man befaßte sich mit allen Aspekten staatlicher Verwaltung und betonte die Notwendigkeit strikter Geheimhaltung: «Gesetze, die allen gleiche Verpflichtungen auferlegen und deren Zielsetzungen im voraus bekanntgemacht werden, erzeugen eine praktisch unüberwindliche Opposition... Geheimhaltung sollte deshalb von entscheidender Bedeutung bleiben, woraus resultiert, daß alle Vorhaben in enger und systematischer Zusammenarbeit mit Euer Majestät erörtert werden sollten...»

Der Zar bezeichnete seine Freunde scherzhaft als «Le Comité du Salut Public» (Das Komitee des Öffentlichen Wohls).

Unter Mitwirkung des Grafen Simon Worontzoff entwarf und überprüfte das Komitee die Mehrzahl der kaiserlichen Erlasse, auch die «dem russischen Volk gewährte Kaiserliche Charta», die im September 1801 bei der Krönung Alexanders I. proklamiert wurde.

Die einflußreichen Brüder Worontzoff hatten die Reformer unterstützt, «denn, obwohl sie nicht mehr jung waren, besaßen ihre Ideen jugendlichen Schwung, sie klammerten sich nicht an die altmodischen Vorstellungen». Der russische Botschafter in London, Graf Simon Worontzoff, schlug englische Lösungen als beispielhaft vor, meistens jedoch standen die vier Berater des Zaren in offenem Gegensatz zur älteren Generation; es war ihnen allerdings gelungen, ihre Hauptgegner aus einflußreichen Stellungen zu entfernen.

Sogar Laharpe, Alexanders Schweizer Lehrer, der im August 1801 nach Rußland zurückgekehrt war, nahm an ihren Sitzungen nicht teil, denn er war für öffentliche Diskussionen eingetreten. Er hatte sich gewandelt; ehemals Schweizer Republikaner, war er zu einem konservativen Element in der liberalen Bewegung geworden, die den

Zaren und seine jungen Freunde beflügelte[12]. Napoleon meinte: «Laharpe konnte ebensowenig befehlen wie gehorchen.»

Er erwies sich als unfähig, auf einen belehrenden und tadelnden Ton gegenüber dem ehemaligen Schüler zu verzichten, und äußerte sich zu seinem Gang, seinem Auftreten und dem Mangel an Haltung:

«Es ist von großer Wichtigkeit für Sie, die Haltung eines Kaisers anzunehmen, der, wie es Demosthenes ausdrückte, die Würde einer Nation repräsentiert... Diejenigen, die Sie mit der Leitung verschiedener Abteilungen beauftragt haben, müssen sich an den Gedanken gewöhnen, daß sie Ihre Delegierten sind und daß Sie das Recht haben, über alles informiert zu werden. In diesem Punkt kann es keine Konzessionen geben... Sie müssen jetzt vor einer gegenläufigen Tendenz zur Autokratie auf der Hut sein. Ihr Volk braucht vor allem Frieden, dann Erziehung und schließlich wahre Gerechtigkeit vor allen Gerichten; das wird dem Reich die bürgerlichen Freiheiten in allen ihren wichtigen Erscheinungsformen garantieren. Ich kann nur wiederholen, was ich stets erklärt habe: der einzige wahre Freund eines Souveräns ist sein eigener gesunder Menschenverstand.»

Der Demokrat Laharpe hatte lange gebraucht, um zu dieser Sinnesänderung zu gelangen, aber Alexander waren seine Bemerkungen über seine kaiserliche Autorität durchaus willkommen, obwohl er selbst sich als Jünger von Montesquieu und Voltaire betrachtete.

In seinem Memorandum vom 9. Mai 1801 hatte Stroganoff die Verfassung folgendermaßen definiert: «Sie ist die Anerkennung der Rechte einer Nation und der Art und Weise, wie diese Rechte in die Tat umgesetzt werden können. Vor allem ist sie eine Garantie gegen willkürliche Einmischung.»

Hauptziel des Geheimen Komitees blieb die Befreiung der Leibeigenen.

Anders als bei den übrigen europäischen Nationen hatten die freien Arbeitskräfte ursprünglich in Rußland die grundlegende Bevölkerungsschicht gebildet. Anfang des 17. Jahrhunderts führte Boris Godunoff die Leibeigenschaft ein, indem er die Bauern an den Grund und Boden band, den sie bewirtschafteten. Unter Peter dem Großen wurde dieses System erweitert, um die Erziehung zum Wehrdienst und die Erhebung von Steuern zu gewährleisten. Seit der Mitte des 18. Jahrhunderts hatte man diese beklagenswerte Maßnahme wiederholt in Frage gestellt. Der Bauernaufstand unter Pugatschoff war nur ein Symptom der Unzufriedenheit; die aufgeklärteren Grundbesitzer zeigten sich zu einer Reform der Leibeigenschaft bereit. Die kleineren Grundeigentümer widersetzten sich jedoch einer solchen Veränderung, weil sie die Grundlage ihrer Existenz und ihren sozialen Status bedroht hätte. Da die Reform grundlegend und kein Stückwerk bleiben sollte, wurde die endgültige Entscheidung wiederholt vertagt, damit «das gesamte Gebäude nicht erschüttert werde». In der Zwischenzeit erreichten die Bauern eine gewisse Dorfautonomie, aber keine Bürgerrechte.

Die Mitglieder des «Geheimen Komitees» wurden als «Jakobiner und Voltairianer» verspottet und beschuldigt, keine Ahnung von den Zuständen im Land zu haben. Aber der Historiker N. K. Schilder bestätigte, daß Graf Stroganoff am 18. November 1801 in dem Gremium eine bemerkenswerte Rede gehalten habe, die ein tiefes Verständnis für die in Rußland vorherrschenden Verhältnisse bewies. Er habe alle diejenigen widerlegt, die gegen Alexanders Reformen gewesen seien und seinen jungen Beratern vorgeworfen hätten, das Land nicht zu kennen. Graf Stroganoff sei am stärksten von der Notwendigkeit, das große Ziel zu erreichen, überzeugt gewesen und habe erklärt, die Gefahr liege nicht in der Abschaffung der Leibeigenschaft, sondern in ihrer Beibehaltung. Nach seiner Meinung war es wesentlich, daß dieser Prozeß ohne innere Umwälzungen vor sich gehe. Man müsse die Grundbesitzer schrittweise für diesen Gedanken gewinnen und die Lage der Bauern allmählich verbessern, um das ins Auge gefaßte Ziel zu erreichen; dabei seien unkluge

Verlautbarungen, die zur Aufheizung der Gemüter führen könnten, zu vermeiden, denn die Mehrheit im Lande mißtraue allen Neuerungen.

Zur Untermauerung seiner Beweisführung betonte Stroganoff: «Zwei Bevölkerungsschichten werden durch die Befreiung der Leibeigenen betroffen: die Bauern und das ‹Dworjanstwo› [der Adel]. Die Bauern werden sie offensichtlich begrüßen. Was den Adel angeht, so ist eine beachtliche Zahl von Menschen aufgrund ihrer Funktion in diese Klasse aufgenommen worden[13]. Ihr Bildungsniveau ist niedrig; abgesehen von ihrer Ignoranz sind sie engstirnig und dazu erzogen worden, als einzige Autorität den Kaiser anzuerkennen, ohne Rücksicht auf Recht und Gesetz. Aus diesen Kreisen ist keine Opposition zu erwarten. Die wenigen unter ihnen, die über eine gewisse Bildung und ein echtes Gerechtigkeitsempfinden verfügen, würden eine solche Maßnahme nur begrüßen. Was die neun Millionen Menschen betrifft, die durch die Leibeigenschaft in der Nutzung ihrer Talente, ihrer Aktivität und Produktivität eingeschränkt werden, so sind sie dem Zaren treu ergeben und davon überzeugt, daß jegliche Unterdrükkung nur von seinen Ministern ausgehe.»

Paul Alexandrowitsch war seiner Zeit damit um sechzig Jahre voraus; die Richtigkeit seiner Ansichten bestätigte sich erst in den folgenden Generationen, obgleich es ihm nicht gelang, sein Hauptziel zu erreichen. Alexander, der im Prinzip diesen Ansichten zustimmte, zögerte immer noch, den endgültigen Schritt zu tun. Er glaubte, die Verantwortung für eine so tiefgreifende Umwälzung mit allen unwägbaren Folgen nicht auf sich nehmen zu können. Nach seinem Tod wurde in seinem Schreibtisch der fertige Entwurf einer Verfassung, die auf diesen Grundsätzen basierte, gefunden. Stroganoff schrieb an Nowossiltzoff: «Uns [er meinte den Kaiser] fehlt es an Entschlußkraft ... und wir wagen nicht, bestimmte Maßnahmen zum richtigen Zeitpunkt zu ergreifen ... Da Zeitumstände nicht warten, bis ein Souverän geruht, zur Tat zu schreiten, kommt es zu Halbheiten, die nur schaden können.»

Während der sechsunddreißig Sitzungen, die unter Vorsitz des Zaren stattfanden, besprach das «Geheime Komitee» die Außenpolitik, das Verhältnis zu Georgien im Kaukasus, Probleme der Geheimpolizei, die Kosakenfrage, Fragen der militärischen Ausbildung, vor allem aber das öffentliche Bildungswesen und die Hochschulreformen. Einige von Laharpes Ideen wurden übernommen. Stroganoff befürwortete ein Grundschulsystem, das, wie in Frankreich, in eine spezialisierte Weiterbildung einmündete. Ein «Schulkomitee» wurde geschaffen, das schließlich zum «Amt für Schulaufsicht» unter P.W. Sawadowsky wurde; statt die Reformen auf diesem Gebiet voranzutreiben, erwies Sawadowsky sich aber als Bremsklotz. Stroganoff bemerkte in einem Brief an Nowossiltzoff trocken: «Wir kommen im Bildungswesen nur langsam voran. Gott erschuf die Welt in sechs Tagen und ruhte sich am siebenten aus. Unser Minister tut nicht nur sechs Tage hindurch nichts, sondern ruht sich auch noch am siebten aus.»

Das «Geheime Komitee» reformierte den Senat und die Ministerien, die an die Stelle der von Peter dem Großen geschaffenen «Kollegien» traten. Es legte die Aufgaben des Reichsrates und des «Ministerkomitees» fest. Paul Alexandrowitsch vertrat den Standpunkt, daß mit diesem «Komitee» nur ein weiteres parallel tätiges und schädliches Führungsgremium geschaffen würde. Seine Meinung lautete: «Minister sollten wirkliche Macht besitzen und für ihre Entscheidungen voll verantwortlich sein. Ein Ministerkomitee beseitigt jegliche persönliche Verantwortung, die Mehrheit seiner Mitglieder schafft einen Willen, der die unantastbaren Absichten des Souveräns einengt.» Sein Rat wurde befolgt, ein derartiges Komitee kam als selbständige Institution zwar nicht zustande, aber im Laufe der Zeit entstand es praktisch doch, und Gradowski schrieb, wie Paul vorhergesehen hatte: «Es versetzte die einzelnen Minister in die Lage, sich jeder persönlichen Verantwortung zu entziehen» (Gradowski, 1880).

Die Bedeutung des Senats war bestätigt und gestärkt. Die

Mitglieder des «Geheimen Komitees» hatten ihre weitreichenden Reformen unter der festen Kontrolle einer zentralen Autorität konzipiert, doch wurden ihre ehrlichen Bemühungen, die Verhältnisse im Lande zu verbessern, ständig durch Alexanders Zaudern behindert, das teilweise auf übertriebene Polizeiberichte wegen eventueller Unruhen zurückging. Stroganoff schrieb:

«Obwohl wir alle der Meinung sind, daß die Leibeigenschaft eine Infamie darstellt, will der Zar nur so lange der Bauernbefreiung zustimmen, wie sein eigener Wille unberührt bleibt.»

Die Freiheit blieb ein faszinierender Gesprächsstoff, aber Alexander scheute vor den Konsequenzen wirklicher Veränderungen zurück. Die Zeit schien für solche Reformen reif zu sein, aber schließlich blieb es bei wenigen Impulsen. Auch Pläne für eine Verfassung verwirklichten sich nicht. Statt der Bauernbefreiung wurde die Klasse der «freien Arbeiter», wie sie vor Boris Godunoff existiert hatte, durch einen Ukas vom 3. Februar 1803 wieder ins Leben gerufen. Nach einem Kompromißvorschlag von Rumjantzeff enthielt der Erlaß eine Zwangsklausel, die angemessenen Landbesitz verlangte. Das «Geheime Komitee» hatte die völlige Befreiung der Bauern beabsichtigt; diese wurde jedoch nur in den baltischen Staaten gewährt.

Die Zwischenlösung des Gemeinschaftseigentums, des «Mir», führte zu Untätigkeit und wirtschaftlicher Stagnation.

Die Furcht vor einer Erschütterung der gesamten Sozialstruktur des Staates hat Alexander I. von einer endgültigen Entscheidung abgehalten.

Das Interesse des Kaisers an innenpolitischen Fragen ließ allmählich nach, alle seine Gedanken richteten sich auf weltpolitische Probleme. Die Versuchung, Napoleon auf gleicher Ebene entgegenzutreten, war zu verlockend. Außerdem konnte er auf diese Weise den folgenschweren Entscheidungen aus dem Weg gehen, die ihm das «Geheime Komitee» aufdrängen wollte.

Auf einer Komiteesitzung am 22. Januar 1802 hatten sowohl Stroganoff als auch Czartorysky mit Nachdruck erklärt: «Man muß den Machtgelüsten Frankreichs einen Riegel vorschieben, denn wir können ihnen größeren Schaden zufügen als sie uns.»

Der Zar stand jedoch auf dem Standpunkt, daß eine Tripleallianz Bonaparte unter Kontrolle halten und Rußland einen nützlichen Einfluß auf die europäische Politik verschaffen würde.

Die Zusammenkünfte des «Geheimen Komitees» fanden am 9. November 1803 ihr sang- und klangloses Ende.

Graf Kotschubey wurde Innenminister, seine drei Kollegen stellvertretende Minister, Stroganoff war unter Kotschubey und Nowossiltzoff später als stellvertretender Justizminister tätig; in diesem Amt sollte er sich als besonders tüchtig erweisen. Czartorysky wurde stellvertretender Schatzkanzler; er löste bald darauf Graf Worontzoff wegen dessen Krankheit als Außenminister ab. Diese Ernennung erregte in Gesellschafts- und Hofkreisen große Unzufriedenheit, denn Czartorysky verfolgte in Wirklichkeit den Plan, das polnische Königreich wiederherzustellen, bevor der Kaiser der Franzosen es tun konnte. Ein weiterer Günstling des Zaren, Fürst Peter Petrowitsch Dolgoruky, der nach Berlin entsandt worden war, um König Friedrich Wilhelm III. zu veranlassen, sich mit Rußland zu verbünden und Frankreich auf dem Schlachtfeld entgegenzutreten, griff Czartorysky offen an: «Sie reden wie ein polnischer Fürst, und mir sind russische Fürsten lieber. Wir vertreten verschiedene Ansichten.» Alexander schaltete sich nicht ein.

Im Jahr 1804 beantwortete Zar Alexander einen Brief Paul Stroganoffs, in dem dieser Ehrungen abgelehnt hatte:
«Ich habe, mein lieber Freund, nicht einen Augenblick an der wahren Natur Ihrer Empfindungen und an Ihrer edlen und aufgeklärten Denkweise gezweifelt... Graf Kotschubey hatte mich gefragt, ob ich die Absicht hätte, bei der Verteilung der Gunstbezeigungen unter den Mitgliedern des Komitees etwas für Sie zu tun. Ich versicherte ihm, daß Sie meines

Erachtens nichts dergleichen annehmen würden ... Aber er hielt es für richtig, trotzdem einen solchen Vorschlag zu machen. Ich erhob keine Einwände, war aber überzeugt, daß es keinen Sinn haben würde – noch bevor ich Ihre Antwort erhielt.

Ich stimme zu sehr mit Ihrer Denkungsart überein, um Ihnen aus Ihrer Ablehnung einen Vorwurf zu machen, und es ist für mich eine Freude, zu wissen, daß es noch Männer gibt, die nur aus Liebe zu ihrem Volk und um des Wohles ihrer Heimat willen ihren Dienst versehen.

Auf immer der Ihrige,

Alexander.»

Inzwischen war Alexej Andrejewitsch Araktschejeff in St. Petersburg angekommen. Der Zar kannte ihn noch aus den Tagen von Gatschina. Er war eine finstere Gestalt, die eine hündische Ergebenheit gegenüber Alexander bekundete und einen ständig wachsenden Einfluß auf den Souverän gewinnen sollte.

Außerordentlicher Gesandter am Hof von St. James

Im Jahr 1804 war Nowossiltzoff als Außerordentlicher und Bevollmächtigter Gesandter nach London geschickt worden. Mit Ausnahme von Kotschubey hatten die Freunde den Zaren während des Feldzugs von 1805 begleitet und am 2. Dezember die Katastrophe von Austerlitz an Ort und Stelle miterlebt. Napoleons wagemutige junge Generale standen alliierten Feldherren gegenüber, die über sechzig, teilweise über achtzig Jahre alt und an die neue, äußerst bewegliche Kriegführung nicht gewöhnt waren. Alexander wies Kutusoffs klugen Rat, sich nicht herausfordern zu lassen, zurück und verzieh ihm nie, daß er recht behalten hatte. Rußland verlor fünfundzwanzigtausend Mann. Seine Alliierten bezeichneten dies nur als kleinen Aderlaß, aber für Alexander war es ein schwerer Schlag.

Der Heldenmut, den die russischen Truppen trotz der Unfähigkeit des alliierten Oberkommandos gezeigt hatten, führte Stroganoff in Versuchung, sich ganz einer militärischen Karriere zu widmen, die er schon als Knabe für seine Berufung gehalten hatte.

Er schrieb hastig ein paar Zeilen an seine Frau:

«Ich habe nur soviel Zeit, Dir zu sagen, daß es mir gut geht. Wie Du Dir vorstellen kannst, werde ich bei meiner Rückkehr viel zu erzählen haben, dies wird hoffentlich schon in naher Zukunft der Fall sein. Wie Du weißt, hatte mich bei der Abreise aus Petersburg tiefe Niedergeschlagenheit ergriffen, denn ich sah kein glückliches Ende voraus. Leider habe ich mich nicht geirrt, wir befinden uns in einer schlechten Lage. Auf Wiedersehen, mein Liebes.» Vier Tage danach fügte er aus Halitsch hinzu: «Ich bin auf der Suche nach unserer Ausrüstung, denn wir haben alles verloren. Ich besitze nur das, was ich auf dem Leibe trage.»

Aber seine Rückkehr sollte sich hinauszögern.

«Die russische Niederlage bei Austerlitz war mehr wert als ein Sieg», meinte der Historiker Solowieff. «Alexander vertraute nicht mehr auf seine Fähigkeiten als Heerführer, Austerlitz hatte ihn zu der Erkenntnis gebracht, daß Napoleon kein leicht zu schlagender Gegner war.» Es kam außerdem zu einem Zusammenprall der französischen mit den russischen Interessen, die Stroganoff in London vertreten sollte.

Tief bewegt von den Geschehnissen, schrieb Sophie patriotische, schwärmerische und liebevolle Briefe an ihren Mann. In Petersburg hatte man zuerst das Ausmaß der Katastrophe von Austerlitz gar nicht erkannt; dem Zaren wurde ein ekstatischer Empfang bereitet, den Sophie am 22. Dezember 1805 schilderte:

«Ich brauche Dir wohl nicht zu sagen, was die Nachricht, daß Du nicht nach Hause kommst, für mich bedeutet hat. Mein Kummer hat sich jetzt etwas gelegt, denn ich stelle mir vor, wie erfreut Du sein mußt, in einem Lande zu weilen, daß Du schon immer besuchen wolltest... Die Begeisterung der

Öffentlichkeit für unseren lieben Zaren ist gar nicht zu beschreiben. Die Menschen sind vor Freude über seine Heimkehr wie berauscht. Er traf in der Nacht von Freitag auf Sonnabend ein, und am nächsten Morgen waren alle Säle und Galerien des Palastes voller Menschen, während sich die Menge draußen auf dem Platz drängte. Als er erschien, versuchten alle, ihm die Hände, ja sogar den Mantel zu küssen... Er weinte vor Rührung! Am nächsten Tag, einem Sonntag, wimmelte es bei Hof von Menschen wie in der Osternacht... Nach der Messe sprach er mit den Damen und bat mich anschließend, der Kaiserin Gesellschaft zu leisten. Er behandelte mich mit größter Liebenswürdigkeit und berichtete Wunder von Deiner Tapferkeit; er versicherte mir, er werde die Treue und Anhänglichkeit nie vergessen, die Du ihm unter jenen Umständen bewiesen habest. Er schien von freundschaftlichen Gefühlen Dir gegenüber überwältigt, was mir tiefe Genugtuung bereitete... Ich umarme Dich wie ich Dich liebe.»

Bei seiner Ankunft in London (Februar 1805) sollte Stroganoff feststellen, daß seine Ansichten über die Situation vom russischen Botschafter am Hofe von St. James, Graf Simon Romanowitsch Worontzoff, einem Mann von höchster Integrität und beträchtlicher Erfahrung, durchaus geteilt wurden[14].

Sophie versuchte, in den Briefen an ihren Mann einen leichten Ton beizubehalten, aber ihre tiefe Zuneigung und Besorgnis und auch der unterschwellige Kummer über seine Abwesenheit werden zwischen den Zeilen deutlich.

«Dies ist das erste Mal seit unserer Hochzeit, daß ich das Neue Jahr ohne Dich begehe, und da ich, wie Du weißt, keine Gelegenheit versäume, um Tränen zu vergießen, kam mir dieser Anlaß sehr gelegen. Deine pünktlich eintreffenden Briefe machen mich sehr glücklich und mildern meine Trauer über unsere Trennung... Gestern fand bei Hof ein Maskenball statt: Wie üblich, viele Menschen und ein großartiges Diner in der neu geordneten Eremitage. Es war prachtvoll.

Die ausländischen Botschafter waren zum Diner eingeladen. Das Wetter ist wie im März: Es taut, und man kann den Schlitten nicht mehr benutzen...

Ich warte voll Ungeduld, von Deiner Ankunft in London zu hören, und bin noch begieriger zu erfahren, wann Du von dort wieder abreisen wirst. Ich fürchte, die Reize dieses Landes könnten Dich dort festhalten; dieser Gedanke schmerzt mich außerordentlich... Bagration kam gestern an und wurde vom Zaren mit allen Ehren empfangen... Die öffentliche Reaktion auf die unglückselige Schlacht von Austerlitz ist die, daß sie nicht verloren wurde...

Du schreibst mir sehr kurze Briefe und stellst ausführlichere für später in Aussicht. Der letzte war auch nicht lang und hat mich gar nicht gefreut, enthielt er doch die Ankündigung, daß Du weiter im Ausland bleibst... Sei trotzdem überzeugt, daß ich mich Deinen Vorhaben nicht widersetzen werde, da sie Dir so viel Freude bereiten. Aber ich möchte gern wissen, welche Pläne Du wirklich hegst und ob Dein Aufenthalt in London verlängert werden wird, denn dann würde ich versuchen, zu Dir zu kommen. Bitte, glaube mir, es ist nur der Wunsch, Dich wiederzusehen, der mich für den Kummer, unser Heim zu verlassen, entschädigen würde... Ich glaube, ich kann England jetzt weniger als zuvor leiden, weil es der Grund für unsere Trennung ist.»

Botschafter mit langjähriger Diensterfahrung, wie Graf Simon Worontzoff, waren sicherlich nicht besonders glücklich, wenn Emissäre und Vertraute des Kaisers – ausgerüstet mit Vollmachten, die oft weiter reichten als die ihrigen – bei ihnen auftauchten. Worontzoff unternahm trotzdem alles, was in seiner Macht stand, um die Mission Stroganoffs zu erleichtern. Er führte ihn bei Premierminister Fox ein und beteiligte ihn an allen Gesprächen zwischen der russischen Botschaft und der britischen Regierung.

Der alternde Botschafter, der seit 1783 in London amtierte, trat dann zurück. Stroganoff war so gerührt über den großzügigen Empfang, der ihm zuteil geworden war, daß er ihn auch weiterhin zu Rate zog, und Worontzoff schrieb an seinen Sohn: «Graf Stroganoff schätze und vertraue ich so sehr, daß ich nichts vor ihm geheimgehalten habe, und es gab keinen persönlichen oder vertraulichen Brief, den ich ihm nicht gezeigt hätte ... Seine Offenheit im Gespräch mit Lord Granville ist sowohl nobel als auch klug.»

In einem vertraulichen und ausführlichen Brief vom 18. Februar 1806 an seine Gattin brachte Stroganoff seine Gefühle zum Ausdruck:

«Ich wartete auf eine sichere Gelegenheit, um Dir von meinen Plänen und Vorhaben erzählen zu können. Fürst Adam (Czartorysky) und Nowossiltzoff werden Dir meine Ansichten, die auch die ihrigen sind, erläutern ... Am Ende Deines letzten Briefes erinnerst Du mich an das, was ich meinem Land und seinem Ruhm schuldig bin. Du erwähnst die Freundschaft, die der Zar mir anscheinend entgegenbringt ... Ich liebe unseren Kaiser so sehr, wie es überhaupt möglich ist, aber ich bedauere ihn wegen seines Charakters, der es ihm schwer macht, sich auf loyale Diener zu verlassen, und ihn stets zum Opfer von Scharlatanen und Intriganten werden läßt. Seine Schwäche ist die Ursache für die Labilität seines Systems, und ich bin mir nicht sicher, ob uns gerade in dieser Zeit, in der äußerste Standhaftigkeit von wesentlicher Bedeutung ist, dieser Umstand nicht in die schlimmste Katastrophe führen kann ... Besonders fatal ist es, daß der Zar die weitreichendsten Ansichten sofort begreift, auch in der Lage ist, diejenigen, die ihm solche Vorschläge unterbreiten, für sich zu gewinnen, und den Anschein erweckt, als wünsche er ihren Zielsetzungen Erfolg. Aber sobald es darum geht, die Ausführung im einzelnen in Angriff zu nehmen, weicht er bei jeder sich bietenden Gelegenheit von dem vorgezeichneten Weg ab. Das Ergebnis wird den Erwartungen schließlich nicht gerecht, und der Zar schiebt denjenigen die Schuld zu, deren Vorschlag er ursprünglich ausführen wollte ... Seitdem sich der Zar entschlossen hat, alles selbst zu tun, um nicht in den Verdacht zu geraten, er lasse sich von anderen führen, ist es unmöglich geworden, mit ihm zusammenzuarbeiten... Wenn ich an das Vorzimmer denke, mit all den Menschen, die sich heute dort zusammendrängen, und mich in Gedanken unter sie versetze, so wird es mir übel. Aber es würde viele vor den Kopf stoßen und wäre auch wahrscheinlich gar nicht möglich, alle Funktionen aufzugeben. In unserer geliebten Heimat tut man eben nicht einfach alles nach eigenem Wunsch. Unsere Botschaft in London gehört zu den besten ihrer Art, wie viele in diesem Land bemerkt haben, zum Beispiel Lord St. Helens, Lady Warren, Lord Whitworth. Die Weise, wie mich der Prince of Wales und Lord Moira empfangen haben, überzeugt mich davon, daß ihnen meine Anwesenheit hier angenehm und nützlich ist. Der Wunsch, einige Zeit in England zu verbringen, lenkt meine Gedanken auf dieses Ziel, aber ich weiß, daß es wenig wahrscheinlich ist... Sollte es aber trotzdem dazu kommen, so würdest Du zu mir kommen. Ich brauche Dir nicht zu sagen, wie sehr ich mich darüber freuen würde... Ich fürchte, mein Vater wäre über meine Abwesenheit unglücklich, aber er würde meine Beweggründe verstehen.»

Am 18. Februar 1806 schickte Stroganoff einen Bericht über sein Gespräch mit Lord Mulgrave an Czartorysky und fügte hinzu: «Da sich Mr. Pitts Gesundheitszustand verschlechtert hatte, konnten wir (Worontzoff und ich) ihn nicht sehen... Lady Warren führte mich bei Lord Moira ein, und wir besprachen strategische Fragen... Da ich selbst kein Militär bin, konnte ich ihm keine befriedigende Antwort geben... Ich fragte ihn, ob England nicht ein Ablenkungsmanöver hätte durchführen können; er sagte mir, dies sei noch vor zwei Monaten möglich gewesen, als man an der französischen Küste oder anderswo landen konnte, was für die Alliierten eine große Hilfe gewesen wäre; aber die Verantwortlichen hätten nichts begriffen und diesen Plan auch nicht ausgeführt. Der Gesundheitszustand von Mr. Pitt erlaube ihm nicht, die Staatsgeschäfte mit derselben Energie wie früher zu führen; dies habe eine Periode der Stagnation ausgelöst, die dem Wohl der Nation äußerst abträglich sei... Er fügte hinzu, die Haltung Preußens sei die Ursache für den bedauerlichen Umschwung; man hätte ihnen größere Vorteile anbieten sollen, um sie in die Auseinandersetzung hineinzuziehen. Ich fragte ihn, an welche Vorteile er dabei denke, und er meinte, man hätte ihnen von vornherein Hannover anbieten sollen... Er sagte, die frühere Regierung, mit Ausnahme von Mr. Pitt, sei für einen solchen Entschluß zu schwach gewesen, und Mr. Pitt könne sich allein nicht mit allem befassen... Obwohl er Friedensangebote von Bonaparte erwarte, halte er es nicht für möglich, mit ihm zu einem Übereinkommen zu gelangen; deshalb komme es jetzt nur darauf an, sich so stark wie möglich zu bewaffnen und die weitere Entwicklung abzuwarten... Die russischen und englischen Interessen deckten sich, ihre politischen Zielsetzungen seien die gleichen, und deshalb sollten sich beide Länder mehr noch als bisher zusammentun. Dadurch könnte ein Gegengewicht gegenüber der französischen Machtposition entstehen.

Dies etwa war der Inhalt unseres Gesprächs, und ich war durch Mulgraves offene und loyale Haltung durchaus beeindruckt... Kurz danach stellte er mich dem Prince of Wales vor...»

Stroganoff besaß dank der Hoffnungen, die der Zar in ihn setzte, ein hohes Maß an Handlungsfreiheit. Er sollte das Vertrauen des Prince of Wales gewinnen, der deutlich im Gegensatz zu seinem Vater stand, aber er hielt es nicht für klug, sich in das Verhältnis zwischen Vater und Sohn einzumischen, deren Beziehungen seiner Meinung nach den russischen Gesandten nichts angingen.

In seinen ausführlichen Berichten an Czartorysky schilderte er seine Gespräche mit Fox sowie mit Talleyrand, der behauptete, die Verhandlungen mit Rußland seien weiter fortgeschritten, als es in Wirklichkeit der Fall war. Stroganoffs Wertschätzung seines Vorgängers erzeugte im russischen Außenministerium eine gewisse Unruhe, und Sophie, die engen Kontakt zu seinen Freunden hielt, deutete taktvoll an:

«Dein grenzenloses Vertrauen in Graf Worontzoff und Deine Offenheit ihm gegenüber kann Deinen Vorhaben schädlich sein. Du läßt Dich durch Deinen vornehmen Charakter hinreißen; Lauterkeit ist gewiß ein edler Wesenszug, aber im Augenblick ist es wichtig, den größtmöglichen Nutzen zu erzielen... Nowossiltzoff und Fürst Adam haben sich entsprechend geäußert...»

Am 17. März 1806 bestätigte Nowossiltzoff in der Tat die unheilvolle Wendung, welche die Ereignisse genommen hatten:

«... Seit Baron Budberg, der unfähigste, schwächste und lächerlichste Mann, zum Außenminister ernannt worden ist... werden wir England eine negative Antwort auf seine Bemühungen hin geben, gegenüber Preußen energisch aufzutreten. Daraufhin wird England einen Separatfrieden mit Frankreich schließen und Hannover zurückerhalten, während Schweden seine Differenzen mit Preußen bereinigt. Der König von Neapel wird von Frankreich so unter Druck gesetzt werden, daß er in die Front gegen uns eintritt; Preußen wird nicht wagen, sich zu rühren, aber seine Ansprüche steigern. Bonaparte wird dann, da er die Hände frei hat, die Türkei zwingen, uns den Krieg zu erklären, während er sie mit Artillerie und Militärberatern unterstützt. Er wird Jerôme, den er mit der Tochter des Kurfürsten von Sachsen oder mit irgendeinem anderen Sproß dieser teuflischen Rasse verheiraten möchte, zum König von Polen machen... Und schließlich wird man einen französischen Botschafter hierherschicken, der unser Land wie Spanien behandeln wird... Ich weiß nicht, wie man dieses Unglück abwenden kann... Wenn ich allein bleibe, ist es nicht vorstellbar, den Zaren und das öffentliche Wohl zu retten... Der Zar wird nie die Kraft, die Energie und das Selbstvertrauen dazu besitzen; ich würde dann Zeuge von Ereignissen sein, die ich am liebsten nicht überleben möchte... Ich habe deshalb beschlossen, in dem

Augenblick zu gehen, wenn Fürst Adam zurücktritt und England eine völlig negative Antwort erhalten haben wird...»

Im Nachhinein ist es interessant festzustellen, inwieweit Nowossiltzoff recht behielt und in welchen Punkten er sich geirrt hatte.

Sophie war ebenso verzagt:

«Wir sind schwach; hier sind alle schwach [mit ‹wir› meinte sie den Zaren]; es ist wirklich ein Jammer. Diese Herren werden Dir von ihren Rücktrittsabsichten erzählt haben. Man wünscht sich weder ihren Ratschlag noch ihren Abgang...» Sie fügte dann einige Einzelheiten des Hofklatsches hinzu, konnte aber der Versuchung, ihrem Mann einen leichten Hieb zu erteilen, nicht widerstehen: «Erzähle mir weniger lakonisch von diesem England, das Du so liebst: erzähle mir, was Du machst und wo Du Deine Zeit verbringst! ... Gerade, als ich meinen Brief versiegelte, kamen zwei Nachrichten von Dir an, die mich glücklich machten... Was ich erwartet habe und was mir gar nicht gefällt ist allerdings die Tatsache, daß Dich alles, was Du siehst, aufs höchste begeistert, und da ich fürchte, daß diese Bewunderung noch zunehmen wird, sehe ich voraus, daß wir Dich aus diesem so geliebten Land nicht werden herauslösen können. Wie wundervoll es auch sein mag, darfst Du Deine Pflichten gegenüber Deinem alten Vater nicht vergessen: Er ist einundsiebzig. Dir sind wahrscheinlich die Überredungskünste nicht entgangen, mit denen ich versucht habe, den Reizen dieser verzauberten Insel entgegenzuwirken... Wir waren entsetzt, von Pitts Tod zu erfahren; er war der einzige energische und aktive Mann, der fähig war, dem Ungeheuer, das die Welt beherrscht, die Stirn zu bieten. So denkt man nicht überall, viele verhehlen nicht ihre Freude über sein Verschwinden... Adieu. Ich umarme Dich tausendmal.»

In einem Bericht an den Zaren vom 28. April 1806 bezog sich Stroganoff auf beigefügte Abschriften eines Briefes von Talleyrand an Fox und dessen Antwort.

«Seine Kaiserliche Majestät hat allen Grund, vom offenen und noblen Ton des britischen Außenministers, der im Gegensatz zu der Verschlagenheit des französischen Schreibens steht, angetan zu sein. Ich glaube nicht, daß man gegenüber seinen Verbündeten und dem eigenen Wort eine tiefere Loyalität beweisen kann, als es in dem Brief des britischen Kabinetts an Paris zum Ausdruck kommt. An sich wäre so etwas nur natürlich und nicht besonders verdienstvoll, aber in unserer Zeit ist es selten geworden, so daß echte Aufrichtigkeit als eine besondere Tugend hervorgehoben werden muß... Es ist schön, daß unsere beiden Höfe von dieser allgemeinen Entartung noch weit entfernt sind... Drei Hauptmerkmale liegen dem französischen Schreiben zugrunde: Sophismus, Falschheit und Weitschweifigkeit...» Stroganoff nimmt dann zu dem Text im einzelnen Stellung und fährt fort:

«Unter den augenblicklichen Umständen hält Mr. Fox den Zeitpunkt für die Alliierten für günstig, zu einem entscheidenden Schlag auszuholen... denn der ganze Kontinent ist nach den Rückschlägen in einen Zustand der Lethargie verfallen... Die Frage ist nur, wo?...»

Es wurde viel von Stroganoffs Rückkehr gesprochen, und am 27. Juni 1806 schrieb Nowossiltzoff bestätigend:

«Ich freue mich zu hören, daß der Zar Dir bereits geschrieben hat, um Dich zurückzurufen, und ich hoffe, daß Du heimkehren wirst. Du kannst Dir nicht vorstellen, mit welcher Ungeduld Du hier erwartet wirst. Dein Vater ist außer sich vor Freude, und die Gräfin, die während der ganzen Zeit sehr niedergeschlagen war und uns wegen ihrer Appetitlosigkeit und ihrer Schlaflosigkeit Anlaß zur Sorge gegeben hat, scheint jetzt endlich heiterer geworden zu sein. Alle Deine Kinder, besonders Babetinka, mein Liebling, wiederholen immer wieder: ‹Papa kommt nach Hause.› Ich brauche nicht hinzuzufügen, daß auch Fürst Adam und ich in diese Freude einstimmen, weil wir wissen, daß Du bald wieder hier sein wirst.»

Dann bat er ihn, alle seine englischen Freunde von ihm zu grüßen, und fügte in unsichtbarer Geheimtinte hinzu:

«Mehr können wir nicht tun; der Fürst [Czartorysky] hat seine Stellung verloren; alle meine Bemühungen, dies zu verhindern, waren fruchtlos. Der Zar persönlich hat ihn nicht halten wollen. Ich bat, von all meinen Ämtern entbunden zu werden, was viel Aufsehen erregte. Der Zar versuchte, mich auf jede nur mögliche Weise zum Bleiben zu bewegen, aber ich ließ mich nicht umstimmen, bis wir es für wünschenswert hielten, daß der Fürst seinen Sitz im Senat und im Reichsrat behielt, worauf auch ich mich bereit erklärte, Senator zu werden und meine übrigen Ämter, mit Ausnahme das eines stellvertretenden Justizministers, zu behalten. Unter gar keinen Umständen möchte ich einem Ministerium angehören. Der Zar ist zwar einverstanden, zaudert aber noch, um den negativen Eindruck zu vermeiden, der entstehen könnte, wenn wir beide zur gleichen Zeit gehen, aber ich lasse nicht locker, denn ich brauche vor aller Welt den Beweis, daß ich an den kommenden Ereignissen nicht beteiligt bin.

Die politische Linie, die wir jetzt verfolgen werden, wird für uns ausgesprochen demütigend sein. Es würde mich nicht überraschen, wenn es jemandem gelingen sollte, uns in offenen Gegensatz zu England zu bringen. Meines Erachtens bleibt für Dich nichts mehr zu tun, als so schnell wie möglich zurückzukehren. Unternimm nichts, ehe Du wieder hier bist...»

Graf Paul schrieb am 30. Juni 1806 aus Stoneland bei Guinstead in Sussex wieder an seine Frau:

«Ich habe jeden Zeitbegriff verloren und kann mich nicht erinnern, ob ich heute oder erst morgen Geburtstag habe und vierunddreißig werde. Jedenfalls danke ich Dir, wenn Du auf meine Gesundheit anstoßen wirst, und bitte Dich, mir zu glauben, daß auch ich oft das Glas auf die Deine erhebe. Ich befinde mich im Augenblick auf dem Lande bei der Herzogin von Dorset und genieße die Schönheit der Natur. Lord Whitworth und die Herzogin leben hier zurückgezogen wie ein Bauernehepaar, und ich kann Dir gar nicht sagen, wie sehr ich sie beneide ... Wir gehen um zehn zu Bett und stehen um sechs Uhr auf. Vor dem Frühstück reiten wir aus, und wenn Du hier wärest, wäre mein Glück vollkommen. Aber es ist mir nicht bestimmt, und ich schnuppere nur ein wenig an dieser Art von Leben, wie ein Blinder, der nur für einige wenige Tage sehend wird und dann wieder in die Finsternis zurücksinkt ...»

Diese ziemlich taktlose Bemerkung kann Sophie kaum gefallen haben, aber sie machte ihrem Mann nie irgendwelche Vorwürfe.

Seine Zeilen aus London vom nächsten Tag beantworteten ihren Brief:

»... Zunächst muß ich Dir von ganzem Herzen für die guten Ratschläge danken, die Du mir gibst. Du brauchst Dich dafür gar nicht zu entschuldigen, denn den Rat einer Frau sollte man meines Erachtens nie geringachten. Du gehst mit einem Zartgefühl und einem Takt vor, den man nicht übersehen sollte. Vielleicht überrascht Dich ein solcher Redefluß, aber das Reisen, Liebstes, kommt dem Verstand zugute, und ich hoffe, Du wirst feststellen, daß ich mich zum Besseren gewandelt habe. Mein Stoizismus hat mich mehrmals im Stich gelassen, und das Herz, dieser Teufel, gewinnt oft die Oberhand. Weiß Gott, vielleicht ist es ganz gut so. Während mir alle diese Gedanken durch den Kopf gehen, wünschte ich, Du wärest hier und ich könnte mit Dir sprechen, vorausgesetzt jedoch, Du würdest mir antworten, denn ich werde nur sehr selten durch einen Brief von Dir belohnt, so daß es so aussieht, als wolltest Du mich absichtlich nicht verwöhnen. Ich erinnere mich, daß ihr, Du und mein Vater, jede Wette eingegangen wäret, um etwas über mich zu erfahren, denn ihr wußtet natürlich genau, daß ich mir nicht die Mühe machen würde, selbst etwas zu erzählen, aber leider ist jetzt genau das Gegenteil der Fall. Du hörst von mir ganz regelmäßig, und ich bleibe manchmal monatelang ohne die geringste Nachricht von Dir.

Verzeih mir, Liebstes, aber ich konnte nicht anders, ich mußte mich beschweren, obwohl ich alles vermeiden möchte, was Dir Kummer bereiten könnte, so daß ich es schon fast bedaure.»

Er hatte einen reizenden Kosenamen für Sophie erfunden: «Milàschka moja» (etwa: mein liebes Kleines), und er verwendete ihn sogar am Ende von französisch geschriebenen Briefen.

Stroganoffs Mission in England war von Erfolg gekrönt, denn er hatte für Rußland Vertrauen erworben und die Allianz zwischen England und Rußland gestärkt. Eine neue Wendung der Geschehnisse drohte aber, alle seine Bemühungen in Frage zu stellen.

Einige Monate nach Austerlitz war der Staatsrat Peter Jakovlewitsch D'Oubril nach Paris entsandt worden, um über die Rückkehr russischer Kriegsgefangener zu verhandeln und Friedensfühler auszustrecken, unter der ausdrücklichen Bedingung, daß um Rußland herum eine Zone selbständiger Staaten bestehen bleiben müsse, um das Risiko einer Invasion zu bannen. Er besaß weitreichenden Verhandlungsspielraum, sollte aber seinen Bemühungen Informationen von Stroganoff aus London zugrunde legen.

Eingeschüchtert durch Napoleon, verlor d'Oubril am 27. Juli 1806 den Kopf und unterzeichnete einen Friedensvertrag mit unvertretbaren Zugeständnissen.

Stroganoff erkannte sofort, daß sein Kollege in Paris zu weit gegangen war, und brachte seine tiefe Sorge zum Ausdruck:

«Es ist unmöglich, einen russischen Namen zu tragen und bei der Lektüre dieses außergewöhnlichen Dokuments nicht vor Scham zu versinken. Wir müssen uns jetzt entscheiden, ob wir, wie Preußen oder Österreich, eine französische Provinz werden... oder uns einen Rest unseres bisherigen Prestiges erhalten wollen.» Gleichzeitig schickte er per Kurier einen Brief an den Zaren, in dem er zu d'Oubrils Vertragstext im einzelnen Stellung nahm und erklärte, das Abkommen sei «mit den russischen Verpflichtungen in Europa und der Ehre von Zar und Vaterland unvereinbar». Er beeilte sich anschließend, den Engländern zu versichern, daß d'Oubril zu weit gegangen sei und der Zar den Vertrag niemals akzeptieren werde.

Dank der Unterstützung des Reichsrates weigerte sich der Zar in der Tat, das Dokument zu ratifizieren. D'Oubril verlor seinen Posten und zog sich auf seine Güter zurück.

Aber die Szene hatte sich gewandelt.

Baron Budberg war als Außenminister an die Stelle von Czartorysky getreten, und einer seiner Beamten schrieb:

«Es gibt niemanden, den er so verabscheut wie Graf Stroganoff, obgleich er auch Czartorysky nicht leiden kann.» Diese kleinliche Eifersucht sollte die ausgezeichneten Beziehungen untergraben, die Stroganoff zu führenden Persönlichkeiten in England hergestellt hatte, und erklärt die Bitterkeit, die allmählich in den Briefen an seine Frau deutlich wird:

«29, Upper Grosvenor Sq., London, 29. Juli 1806.

Meine Post, Liebstes, ist ebenso wie die Deinige aufgehalten worden, und ich habe einige Zeit nicht geschrieben. Ich mache mir selbst keinen Vorwurf, denn es ist so, als ob man mit drei Spielern Whist spielt. Ich spreche, ich schreibe, und alles bleibt Schall und Rauch – es gibt nicht einmal das geringste Echo. Ich weiß nicht, warum ich überhaupt noch frage. Die Erfahrungen eines Jahres sollten mich gelehrt haben, nicht mit einer Antwort zu rechnen, aber die menschliche Natur bleibt immer gleich, und ‹la speranza e l'ultima che si perde›. Ich vergaß, mit der letzten Post einen Brief für Nathalie mitzuschicken, und hole es jetzt nach ...»

Am 26. Juli 1806 wiederholte Stroganoff in einem Brief an den neuernannten Minister Budberg noch einmal:

«Ich habe es auch für ratsam gehalten, mit größtmöglicher Offenheit die Beziehungen zum britischen Außenministerium zu pflegen, dem ich alles mitgeteilt habe, was ich aus Frankreich erfahren hatte, obwohl ich mir lieber die Peinlichkeit dieser Handlungsweise erspart hätte. Es schien mir angezeigt zu sein, M. de Talleyrands vertraulichen Nachrichten zu diesem Thema zuvorzukommen, und Offenheit erschien mir als der beste Weg, dem bedauerlichen Effekt entgegenzuwirken, den M. d'Oubrils Verhandlungen hier ausgelöst haben.

Mit Erleichterung entnehme ich der gestern an Mylord Granville und Leveson Gower abgegangenen Post, daß man noch geneigt ist, eine Politik fortzusetzen, die nur M. d'Oubril aufzugeben geruhte. Man ist hier überzeugt, daß wir ein so ungewöhnliches Dokument nicht ratifizieren werden, und deshalb hat sich an der Einstellung uns gegenüber nichts geändert...»

Stroganoff wäre in eine besonders heikle Lage geraten, falls er sich gezwungen sehen sollte, die von ihm in England vertretene Politik zu desavouieren.

In einem Brief an seine Frau kommen Enttäuschung und Abscheu so deutlich zum Ausdruck, als ziehe er bereits in Erwägung, überhaupt nicht nach Rußland zurückzukehren. Er hatte seit längerer Zeit keine Nachricht mehr von zu Hause erhalten, und dieser Umstand hat sicher seine Niedergeschlagenheit verstärkt.

Sophie beeilte sich, noch einmal zu wiederholen:

«Du weißt, daß ich mich nie Deinen Plänen, falls sie Dich glücklich machen, widersetzen würde... Aber Du hast bestimmt nicht an Deinen alten Vater gedacht. Er steht jetzt in einem Alter, wo er nach einer längeren Abwesenheit keine Hoffnung mehr auf ein Wiedersehen mit Dir haben kann, und wenn auch ich mit den Kindern abreisen würde, wäre der alte Herr ganz auf sich allein gestellt... Ich sehe den Zaren recht häufig, da ich bei Hof mit der Kaiserin diniere. Er behandelt mich besonders gütig, und dies hat sich seit seiner Rückkehr nicht geändert. Ich weiß nicht, womit ich diese Zunahme der Freundschaft verdient habe!...» Sie äußerte sich dann über die nach dem Essen in den Gemächern der Zarin geführten Gespräche.

Es ist auch möglich, daß Paul von Gerüchten gehört hatte, die eine herzliche Zuneigung des Zaren zu Sophie Wladimirowna zum Gegenstand hatten. Im Februar 1806 hatte Sophie erwähnt, daß sie den Zaren jetzt, wo sie bei Hof diniere, häufig zu sehen bekomme. Von ihren Zeitgenossen wurde denn auch auf Zweideutigkeiten hingewiesen, aber es gab keinen, der nicht betont hätte, daß es ihr mit Takt und Charme gelungen sei, allen Verwicklungen aus dem Weg zu gehen und sich gleichzeitig die Freundschaft des jungen Zaren und seiner Gemahlin zu erhalten. Viele Jahre später sollte sie sogar dazu beitragen, die zwischen dem Kaiserpaar entstandene Kluft zu überbrücken.

«Ich hielt mich selbst immer für nichts und meine Mitmenschen für alles, aber ich fürchte, daß eine solche Einstellung in Europa nicht anwendbar ist», seufzte Graf Paul. Als er aber einer plötzlichen Eingebung folgend hinzufügte: «Ich erwäge, hierzubleiben oder nach Indien oder Amerika zu gehen, aber nicht nach Rußland zurückzukehren», war seine Familie entsetzt. Einige Briefe von seiner klugen und zartfühlenden Sophie aber richteten ihn wieder auf.

Er faßte sich gleich wieder: «Ich weiß nicht, Liebstes, ob Du mich nicht nach all den Briefen, die Du kürzlich erhalten hast, für völlig verrückt hältst. Wenn ich Dich sehen könnte, wäre ich glücklich, und ich kann Dir nicht sagen, wie sehr ich mich nach diesem Augenblick sehne und mit welcher Ungeduld ich bereits abgereist wäre, wenn es mein Gesundheitszustand erlaubt hätte.»

Zum erstenmal seit seiner Kindheit, als er ein zarter, zu Erkältungen neigender Knabe war, ließ ihn jetzt seine Gesundheit im Stich.

«Bitte, mach Dir keine Sorgen, wenn ich meine Abreise immer wieder hinausschiebe. Du hast mir häufig gesagt, daß ich, wenn ich nicht früh geheiratet hätte, ein Opfer meiner trüben Launen geworden wäre. Ich weiß noch, wie Du mich damals zu schelten pflegtest und wie Du mir dank Deines guten Einflusses manchen bösen Augenblick erspart hast. Ich schwöre, daß ich dies seit unserer Trennung von über einem Jahr oft so empfunden und zu mir gesagt habe: Wenn sie nur hier wäre, ginge es mir besser. Es ist eine elende Sache, daß sich ein ernst veranlagter Mensch Phantasien vorgaukelt, nur um des Vergnügens willen, gegen sie anzukämpfen, und ich versichere Dir, daß ich Dich in meiner Nähe brauche, um ganz sicher zu sein, daß es nur Phantasien sind. Ein einziges Wort von Dir genügt, wie Du weißt, und wohin soll dies führen? Du weißt, daß ich Dich hier bei mir haben möchte; weil ich so sehr bedauere, dieses Land verlassen zu müssen, daß ich, wenn ich allein bin, fürchte, den Verstand zu verlieren; während ich bei Dir nichts zu fürchten haben werde ... Ich gestehe Dir meine Schwäche ein ...»

Sophie muß diese Zeilen mit Besorgnis gelesen haben. Sie waren der Beweis, wie dringend ihr Mann sie brauchte, aber auch wie schwer es ihm fiel, sich von England loszureißen.

Während Paul sich allmählich von der mit seiner Erkrankung zusammenhängenden Niedergeschlagenheit erholte, beeilte er sich, Sophie zu beruhigen:

«Ich ersehe aus allen Deinen Briefen, daß ich Dich verletzt habe, und dies bekümmert mich sehr, denn es lag nicht in meiner Absicht. Als ich schrieb, muß ich nicht ganz klar bei Verstand gewesen sein, und das hatte seinen guten Grund, aber ich kann mir nicht vorstellen, wie ich es über mich gebracht haben kann, euch weh zu tun. Ich meine damit Dich, Adam und Nowossiltzoff. Ich bitte euch alle um Verzeihung. Wenn ich es getan habe, so hat die Feder mein Herz verraten, aber ich versichere euch, daß ich es nicht so gemeint habe ... Wir können darüber sprechen, wenn wir wieder beisammen sind. Ein Satz aus Deinem Brief hat mir besonders weh getan. Du schreibst, daß meine Abwesenheit mich gegenüber Menschen, die mich liebten, verbittert habe. Ich versichere Dir, daß Du Dich irrst; genau das Gegenteil ist der Fall: Durch meine Abwesenheit weiß ich alles, was ich zurückgelassen habe, nur um so mehr zu schätzen.»

Er zögerte trotzdem noch, die Heimreise anzutreten, und als er es schließlich tat, wählte er die Route über Dänemark und Schweden.

Seine Freunde saßen nicht mehr in einflußreichen Stellungen. Nach außen hin zeigte sich der Zar ihm gegenüber wohlgeneigt und hatte den Wunsch, ihn mit diplomatischen Missionen zu betrauen, aber Graf Paul verspürte dazu keine Lust. Er war viel zu geradlinig und unabhängig, um dem abwegigen Kurs zu folgen, den Alexander eingeschlagen hatte. Er wurde zum Senator ernannt und trat erst dann offiziell von seinem Posten als stellvertretender Innenminister zurück.

In der Schlacht bei Friedland am 22. Juni 1807 verlor die russische Armee ein Drittel ihrer Truppen, und Kutusoff wies warnend darauf hin, daß solche Verluste zu schwer wären, als daß die russische Armee nach kurzer Zeit wieder eingesetzt werden könne. Deswegen, mehr als durch jede andere Erwägung, war Alexander zu einer Beschwichtigungspolitik gegenüber Frankreich gezwungen. Er erklärte sich zu Verhandlungen bereit.

Am 25. Juni 1807 fand die Zusammenkunft zwischen Napoleon und Alexander auf einem Floß in der Mitte der Memel bei Tilsit statt. Napoleon schlug vor, seine und Alexanders Einflußzonen in Europa auf Kosten Preußens zu begrenzen. Alexander versicherte dem König von Preußen, er sei noch immer sein Freund, was er später auch unter Beweis stellen sollte. Napoleon wünschte, freie Hand im Westen zu bekommen, während es Alexander vor allem um einen Zeitgewinn ging. Das neugeschaffene Herzogtum Warschau wurde Teil des Rheinbundes; dadurch erhielten Napoleon und Alexander eine gemeinsame Grenze, was der Zar unter allen Umständen hatte vermeiden wollen.

Nach der Begegnung von Tilsit wurde Graf Rumjantzeff zum Botschafter in London ernannt.

Im März 1807 verließ Alexander St. Petersburg, um sich der Armee anzuschließen. Neben dem Außenminister, Baron Budberg, begleiteten ihn auch Nowossiltzoff, Czartorysky und Stroganoff. Kotschubey war noch im Amt und konnte Rußland nicht verlassen.

Erster Berater Alexanders I. sollte bald Michail Speransky werden, der unter Kotschubey im Innenministerium gearbeitet hatte. Er übernahm das vom «Geheimen Komitee» ausgearbeitete Programm, das er noch weiter entwickelte. Er hoffte, das napoleonische Verwaltungssystem auf Rußland übertragen zu können, aber sein weitreichendes Reformprogramm sollte am Beharrungsvermögen der russischen Verwaltungseinrichtungen scheitern. Obwohl alle seine Vorhaben vernünftig und gerechtfertigt schienen, wurde er bald zum meist gehaßten Mann im Lande, denn er konnte nicht mehr mit der rückhaltlosen Unterstützung durch den schwankenden Zaren rechnen: «Zu schwach, um zu regieren, und zu stark, um sich regieren zu lassen», wie Speransky mißmutig bemerkte. Er war seiner Zeit voraus, und zu früh recht haben heißt, von vielen mißverstanden werden.

Er war von bescheidener Herkunft und erwies sich in seinem Beruf als tüchtig, fähig und gewissenhaft. Seine Eitelkeit und sein Machthunger spielten aber seinen Feinden in die Hände[15]. Im März 1812 wurde er das Opfer einer Intrige, die der nächste Günstling, der ruchlose und schlaue Kriegsminister Graf Alexej Araktschejeff angezettelt hatte, dessen bestimmender Einfluß auf Alexander nie ganz geklärt worden ist. Fest steht allerdings, daß er zum Zeitpunkt des Komplotts gegen Paul I. abwesend war.

Nach dem Abkommen von Tilsit vom 8. Juli 1807 kam bei Beobachtern das ungute Gefühl auf, daß die beiden Kaiser Europa unter sich aufgeteilt hatten. Alexanders ungeheure Beliebtheit sank auf den Nullpunkt. Seine früheren Berater erklärten ihren Rücktritt von allen Ministerämtern, aber der

Kaiser wünschte trotzdem, daß sie ihn auf seinen Auslandsreisen begleiteten.

Zwischen Verantwortungsgefühl und tiefer Enttäuschung hin- und hergerissen, hatte Stroganoff schon früher um die Erlaubnis nachgesucht, in den aktiven Heeresdienst einzutreten, was ihm schließlich, wenn auch zögernd, zugestanden wurde.

Er meldete sich freiwillig bei Ataman Platoff, der ihm den Befehl über ein Kosakenkorps anvertraute. Im Verlauf seines ersten Einsatzes bei Allenstein am 24. Mai 1807 fiel ihm der gesamte Troß des Marschalls Davout in die Hände. Die Uniform des Marschalls, sein Hut und das Futteral des Marschallstabs wurden später im Palais Stroganoff ausgestellt, während der Marschallstab selbst als Votivgabe in der Kathedrale von Kasan in St. Petersburg aufbewahrt wurde. General Bennigsen schrieb an den alten Grafen Alexander Sergejewitsch: «Ich freue mich, Eurer Exzellenz mitteilen zu können, daß sich Ihr Sohn, obwohl neu in der Armee, besonders ausgezeichnet hat, und ich überreiche hiermit die Meldung des Ataman Platoff.» Graf Paul erhielt das St.-Georgskreuz für Tapferkeit, das nur selten verliehen wurde. Seinen schnellen Aufstieg verdankte er nur seinen Verdiensten, und bald führte er statt des Titels «Geheimer Rat» den eines «General-Majors» der Kavallerie.

Im Jahr 1808 wurde Stroganoff zum Kommandeur der kaiserlichen Gardegrenadiere ernannt. Er nahm an allen darauffolgenden Feldzügen in Preußen, Finnland und in der Türkei teil.

Aus Åbo in Finnland schrieb er am 1. Mai 1809 an Sophie: «Endlich ist diese ‹so much talked-of›-Expedition vorüber. Bagration wird Dir diesen Brief überbringen... Er ist ein General, wie es nur wenige gibt. Ist er ein Suworoff? Wir haben dies noch nicht beurteilen können, aber wo er auch auftritt, herrschen absolute Ordnung und die größte Disziplin. Trotz seiner ungezwungenen Art versteht er es, Distanz zu seinen Untergebenen zu halten, und diese vergessen sich nie. Er besitzt das Vertrauen und die Liebe seiner Männer in höchstem Maße ... Dennoch schafft sich dieser Mann viele Feinde, denn neben seinen Vorzügen hat er auch Fehler: unbezähmbaren Ehrgeiz und verwundbaren Hochmut, die zur Geringschätzung anderer führen. Dies ist für seine Rivalen unangenehm, schmälert aber keineswegs seine persönlichen Verdienste ... Ich habe stets seinen scharfen Blick und seine hervorragende Planung bewundert. Seine Einstellung mir gegenüber ist so ausgezeichnet, daß ich ihm folgen möchte, falls er an anderer Stelle verwendet werden sollte. Er hat mir versprochen, dies mit dem Zaren zu regeln. So sieht das Verhältnis zwischen uns aus, und ‹of course› wünschte ich, daß Du ihn auf eben diese Weise empfangen mögest.

Farewell love.»

Der wagemutige Kavallerieoffizier Fürst Bagration[16] war eine der schillerndsten Gestalten der russischen Armee. Er hatte bereits seine Fähigkeit bewiesen, die Ereignisse selbst in die Hand zu nehmen und das Kriegsglück auch in schwierigen Lagen zu seinem Vorteil zu wenden. Mehr als alle anderen erzürnte ihn die Unzulänglichkeit einiger seiner Kollegen. Seine enge Freundschaft mit Paul Stroganoff gereichte beiden Männern zur Ehre. Obwohl er einen niedrigeren Dienstgrad besaß, sollte Pauls umsichtige Empfehlung an höchster Stelle erhebliches Gewicht haben.

Nowossiltzoff schrieb am 14. Januar 1808 an Stroganoff:

»... Du wirst gehört haben, daß Dein Vater einen Ball gegeben hat, der zu einem großen Erfolg wurde; er fand aus Anlaß der Verlobung der Großfürstin Katharina und der Ankunft des preußischen Königspaares statt. Heute besuchten der Zar, der König und ihr Gefolge die Akademie der Wissenschaften und anschließend die Akademie der schönen Künste, wo Dein Vater ein Mittagessen gab. Man trank auf sein Wohl und bewies ihm alle Ehren ... Bezüglich der politischen Fragen, die Du in Deinem Brief anschneidest, will ich mich brieflich nicht näher äußern, da wir uns sowieso bald treffen werden.»

Die Antipathie gegenüber Napoleon blieb so stark wie eh und je, und der französische Botschafter Savary beklagte sich: «Die Türen der größten Häuser in St. Petersburg, die der Czartorysky, Stroganoff, Kotschubey, Orloff und so weiter, sind mir verschlossen, und die sogenannte englische Partei besitzt weit größeren Einfluß als die Minister.»

Seit der Regierungszeit Katharinas II. war die französische Kultur in der russischen Oberschicht stark verwurzelt; viele französische Emigranten wurden mit hohen Stellungen im russischen Reich betraut. Zu einem bestimmten Zeitpunkt in seiner abwechslungsreichen Karriere scheint Bonaparte sogar erwogen zu haben, in die Dienste der Zarin Katharina II. zu treten. Es bestand kein Haß gegenüber Frankreich, aber Napoleon wurde von allen verachtet und zugleich gefürchtet. Der russische Handel sollte nach dem Bruch mit England durch Tilsit in große Schwierigkeiten geraten: Im Jahr 1802 liefen über fünfhundert britische Schiffe, aber nur fünf französische den Hafen von St. Petersburg an. Die Engländer hatten Waren im Wert von siebzehn Millionen Rubel eingekauft, die Franzosen nur den Gegenwert einer halben Million. Alexanders Bemühungen, mit Napoleon in Verhandlungen einzutreten, stießen bei seinen Landsleuten auf wenig Sympathie, und die äußere Zurschaustellung der Freundschaft, als sich beide Kaiser 1808 in Erfurt trafen, konnte die tiefer werdende Kluft in der Allianz nicht verschleiern.

Zwischen beiden Kaisern bestand in der Tat keine echte Verständigungsmöglichkeit. Napoleon wurde, obwohl er Erbe der revolutionären Tradition war, immer mehr zu einem reaktionären Despoten, während sich Alexander, der in eine Autokratie hineingeboren war, in wachsendem Maße den Vorstellungen der Französischen Revolution näherte. Ihre Zeitgenossen täuschten sich von Anfang an über diese Tatsache.

In Erfurt übte Talleyrand offen Verrat an Napoleon und bat Alexander, «Europa zu retten»[17]. Österreich hatte seine

Schulden schon im Vorjahr beglichen, aber jetzt bat Talleyrand Alexander um einen Kredit von anderthalb Millionen Franken; der Zar wich diesem Ersuchen höflich aus. Dennoch blieb Talleyrand von diesem Zeitpunkt an der wichtigste Informant des russischen Hofes.

Am 15. September 1811, dem Tag der Einweihung der Kathedrale von Kasan in St. Petersburg, wurde Paul zum Generaladjutanten des Zaren ernannt. Wenige Tage danach verschied Graf Alexander Sergejewitsch.

Am 1. Dezember 1811 schrieb Nowossiltzoff aus Wien an seinen Vetter:

«Ich erhielt die traurige Nachricht mit Deinem Brief vom 30. September... Du allein kannst den Kummer ermessen, den sein Tod für mich bedeutet... denn ich habe in ihm den liebevollsten Vater verloren. Im Alter von drei Jahren, nach dem Tod meiner Mutter, nahm er mich in sein Haus auf und behandelte mich hinfort wie einen Sohn... Mit der größten Herzenswärme zeigte er Interesse an allem, was mich betraf...»

Der alte Graf hatte zur Fertigstellung der Kathedrale gewaltige Summen gestiftet. Durch seine Sammlungen und unzählige Schenkungen an Wohlfahrtseinrichtungen waren seine Mittel so erschöpft, daß er sich bei seinem Tode trotz seines ehemals gewaltigen Vermögens in finanziellen Schwierigkeiten befand. Es wurde von einer englischen Anleihe gesprochen, aber die russische Staatsbank schoß einen ansehnlichen Betrag vor, bis Paul sich wieder um seine persönlichen Angelegenheiten kümmern konnte. Dies sollte jedoch noch einige Zeit dauern, denn das Schicksalsjahr 1812 rückte heran.

Der diplomatische Schriftverkehr zwischen den russischen und französischen Staatskanzleien wurde drohender im Ton, während Alexanders Berater, wie beispielsweise Rostoptschin, die Meinung des Kaisers bekräftigten: «Der russische Zar ist furchterregend in Moskau, schrecklich in Kasan und unbesiegbar in Tobolsk.»

Am 24. Juni 1812 nahm Alexander an einem Ball auf dem Gut seines Generals Bennigsen [18] bei Wilna teil, als die Nachricht eintraf, die Grande Armée habe die Memel überschritten und dringe in Rußland ein. Das russische Oberkommando verließ daraufhin Wilna unverzüglich, während sich Napoleon seinerseits in dem Haus niederließ, das kurz zuvor von Alexander geräumt worden war.

Als Napoleon in Rußland einfiel, führte Paul eine Infanteriedivision, die zum III. Korps unter Generalleutnant Tutschkoff gehörte. Nowossiltzoff hatte sich freiwillig zu dieser Division gemeldet und sollte während des ganzen folgenden Feldzugs in seiner Nähe bleiben.

Am 12. Juli 1812 rief ein Manifest des Zaren den «Vaterländischen Krieg» aus. Als Alexander Moskau erreichte, wurde er begeistert wie nie zuvor begrüßt. Mit dem Anwachsen der napoleonischen Bedrohung erreichte die Popularität des Zaren einen neuen Höhepunkt; die frühere Kritik war vergessen, und das ganze Volk stellte sich hinter ihn. Während das Land seine Truppen mobilisierte, trafen Geldmittel aus England ein. Der Zar hatte bis zu diesem Zeitpunkt in jeder Hinsicht gezaudert – wurde aber jetzt zielstrebig und hartnäckig. Er traf alle erforderlichen Vorbereitungen umsichtig und mit Methode und erklärte dem französischen Botschafter Caulaincourt bei dessen Abreise: «Unser Klima und unser Winter werden auf unserer Seite kämpfen ...»

Caulaincourt setzte hinzu[19]: «Man hält ihn für schwach, aber dies ist ein Irrtum. Er kann viele Widrigkeiten ertragen und seinen Verdruß verbergen... aber er wird eine bestimmte Linie, die er sich selbst gezogen hat, nicht überschreiten: diese Linie ist aus Eisen, und vor ihr weicht er nicht zurück.»

Beim Vormarsch in Rußland stieß Napoleon nur auf geringen Widerstand; eine Welle von Argwohn und Mißtrauen gegenüber der militärischen Führung lief durch das ganze Land, denn die russische Armee zog sich zurück und ließ sich nicht in eine Entscheidungsschlacht mit einem überlegenen und kampferprobten Gegner ein. Dieses strategische Konzept stieß bei russischen Heerführern häufig auf entschiedene, oft wütende Ablehnung, aber man hatte sich zu der schwerwiegenden Entscheidung durchgerungen, lieber Opfer zu bringen, als das Risiko einer Niederlage einzugehen. Alle Reserven und Nachschubmöglichkeiten für die Franzosen aber schwanden mit der sich zurückziehenden russischen Armee dahin. Bei diesem Vorhaben wurden die russischen Verbände vom ganzen Land unterstützt, und Ernteerträge, ganze Dörfer und Heimstätten gingen vor dem Gegner in Flammen auf.

Aus Moskau hatte sich der Zar eine Woche darauf nach Petersburg abgesetzt, wo er seiner Lieblingsschwester Katharina seinen Schmerz und seine Verzweiflung darüber gestand, daß er weder die Erfahrung noch die Begabung eines Heerführers besaß[20].

Nach der Teilnahme an einem erfolgreichen Scharmützel mit den Kosaken des Ataman Platoff war Paul tief erschüttert, weil es ganz so aussah, als zwinge der Ruf der Unbesiegbarkeit, der den französischen Truppen voraneilte, die Russen ohne weiteren Widerstand zum Rückzug. Angesichts der Möglichkeit, daß beide Hauptstädte belagert werden könnten, bat er Sophie, seine Privatpapiere rechtzeitig in Sicherheit zu bringen. Er hatte ihr für die Zeit seiner Abwesenheit die Wahrnehmung seiner persönlichen Angelegenheiten übertragen.

Bei einem Biwak, siebzehn Werst vor Smolensk, schrieb er ihr am 30. Juli 1812:

«... Im Krieg werden immer wieder Fehler begangen; wenn diese aber so katastrophale Folgen haben wie das, was wir zur Zeit erleben, kann man nicht länger tatenlos zusehen ... In beiden Armeen besteht fast übereinstimmend der Wunsch, daß Bagration die Führung übernehme ... Wenn wir uns vor Smolensk zurückziehen, sehe ich nicht, wie beide

Hauptstädte gerettet werden könnten, und dies würde das Schicksal des Reiches entscheiden. Wir befinden uns nur dreihundertundfünfzig Werst von Moskau entfernt. Sollte es uns bestimmt sein, beide Hauptstädte zu verlieren, möchte ich, daß Du meine Papiere in aller Stille in Sicherheit bringst. Dies soll nur ein Fingerzeig sein, und ich verlasse mich auf Deine Umsicht, daß dies sachgemäß geschieht. Adieu. Die Liebe zu unserer Heimat, Geduld und Ausdauer müssen jetzt unser Motto sein. Bis jetzt waren wir es, die unseren Nachbarn Feuer und Verwüstung gebracht haben. Jetzt will die Vorsehung, daß wir von den gleichen Übeln heimgesucht werden. In Wahrheit ist es nur gerecht.

Lebewohl.»

Die französische Armee stieß jetzt auf Widerstand, denn in St. Petersburg brach vorübergehend Panik aus, als Oudinot mit seinen Streitkräften nach Norden vorrückte. Er wurde aber auf dem Weg nach Pleskau von Wittgenstein erfolgreich zurückgeschlagen.

Die Franzosen eroberten Witebsk nach heldenmütiger Verteidigung der Stadt. Der Schwerpunkt der Kämpfe vor Smolensk lag bei Stroganoffs Division. Dabei wurde sein Kommandeur tödlich verwundet, worauf Paul als der Ranghöchste den Befehl über das III. Korps übernahm. Smolensk wurde vor seiner Aufgabe in Brand gesetzt, ein Vorgeschmack von Moskau in Flammen, das jetzt, bei weiterem Rückzug der Russen, offen vor dem Feind dalag.

Barclay de Tolly[21] übernahm den Oberbefehl über das russische Heer; er wurde von dem aufbrausenden, hitzköpfigen und heroischen Bagration heftig kritisiert.

Am 22. August 1812 schrieb Paul: «Du sagst, Smolensk werde mir gefallen. Ich bin wirklich froh, es noch unversehrt gesehen zu haben, denn die ganze Stadt liegt in Schutt und Asche ... Ich freue mich, zu hören, daß Du meine Bitte erfüllt und jedes Jahr fünfundzwanzigtausend Rubel gespendet hast, so lange, wie der Krieg dauert ... Am 28. August stieß Miloradowitsch mit Verstärkung zu uns, und am 2. September traf Fürst Kutusoff, Oberbefehlshaber der Armee, hier ein... Ich kann Dir versichern, daß seine Anwesenheit hervorragend gewirkt hat... Es geht mir gut, aber ich habe keine Nachricht von Dir. Versuche, über den Großfürsten [Konstantin Pawlowitsch] mit Hilfe von Oberst Lagoda im Marmorpalais zu schreiben... Vielleicht habe ich dann mehr Glück, denn ich bin sicher, daß Du schreibst, aber kein Brief kommt an, und wir schreiben doch nur ganz harmlose Dinge...»

Angesichts der vielfältigen Kritik, der Barclay ausgesetzt war, hatte sich Alexander wieder Kutusoff zugewandt. Beinahe widerwillig ernannte er ihn zum Oberbefehlshaber unter der Bedingung, nie in Verhandlungen mit dem Feind einzutreten. Die Hoffnungen des Zaren und des ganzen Landes konzentrierten sich jetzt auf den alten Krieger, dessen Beliebtheit bei der Armee durch die Tatsache, daß er Russe war, noch verstärkt wurde, denn in der Armee des Zaren gab es zahlreiche ausländische Offiziere. Doch sollte auch mancher russische Name in die Geschichte eingehen. Napoleons ausländische Kontingente standen dagegen meistens unter dem Befehl französischer Offiziere.

Inzwischen war in Åbo in Finnland ein Abkommen unterzeichnet worden, das alle dort stehenden russischen Garnisonen zur Teilnahme an der Verteidigung des Landes freistellte.

Kutusoff stimmte mit Barclays Taktik, einer Auseinandersetzung auszuweichen, völlig überein. Dennoch war es von entscheidender Bedeutung, die alte Hauptstadt zu verteidigen, um den Kampfgeist der Armee zu stärken. Notgedrungen wählte Kutusoff für die Schlacht das Gelände von Borodino.

Wellington sollte später bemerken: «Der Ablauf einer Schlacht ist dem eines Balles nicht unähnlich. Niemand kann sich genau erinnern, in welcher Reihenfolge oder zu welchem Zeitpunkt sich die Ereignisse abspielten, und darauf kommt es letzten Endes an.»

Die große Schlacht fand am 28. August (7. September) 1812 statt. Napoleons Truppen bildeten eine konvexe Formation vor der russischen Armee, die durch das Gelände zu einer konkaven Aufstellung gezwungen war, was der französischen Artillerie erhebliche Vorteile gewährte. Auf beiden Seiten wurde unter Inkaufnahme gewaltiger Verluste mit unglaublicher Hartnäckigkeit gekämpft. Es gab nur achthundert russische Gefangene gegenüber vierzigtausend Gefallenen – etwa die Hälfte der Truppenstärke. Die Franzosen verloren fünfzigtausend Mann und siebenundvierzig Generale. Für die russische Armee war der Tod des heroischen Fürsten Bagration der schwerste Verlust: Er wurde tödlich verwundet vom Schlachtfeld getragen. Bei Einbruch der Nacht schlugen beide Armeen dort, wo sie gerade standen, ein Biwak auf. Beide Seiten nahmen den Sieg für sich in Anspruch, aber Kutusoff wollte keine neuerliche Auseinandersetzung riskieren, um seine Kräfte nicht zu dezimieren. Er wußte, daß Moskau für die Franzosen nicht zu «verdauen» war, und entschloß sich zum Rückzug. «Napoleon ist ein Sturzbach, der sich noch nicht eindämmen läßt. Moskau wird ihn wie ein Schwamm aufsaugen», erklärte er seinen entsetzten Generalen.

In der Stadt entstand ein heilloses Durcheinander, während sich die russische Armee geordnet durch Moskau hindurch bis zu dem im Süden gelegenen Tarutino zurückzog. Die Franzosen rückten weiter vor und vermieden, so als ob sie eine geheime Absprache getroffen hätten, jede weitere Feindberührung.

Stroganoff kritzelte hastig einen kurzen Brief an seine Frau und übermittelte ihr Nachrichten von Freunden und Verwandten. «Nach diesem einzigartigen Ereignis ist nichts für uns verloren; die Lage des Feindes ist vielleicht schlechter als die unsrige. Mehr kann ich im Augenblick nicht sagen ... Die Schlacht war eine der schlimmsten. Es war der Namenstag Deiner Mutter: Kaum einer hätte gedacht, daß wir ihn so geräuschvoll begehen würden ...»

Kutusoff lobte Stroganoff wegen der außerordentlichen

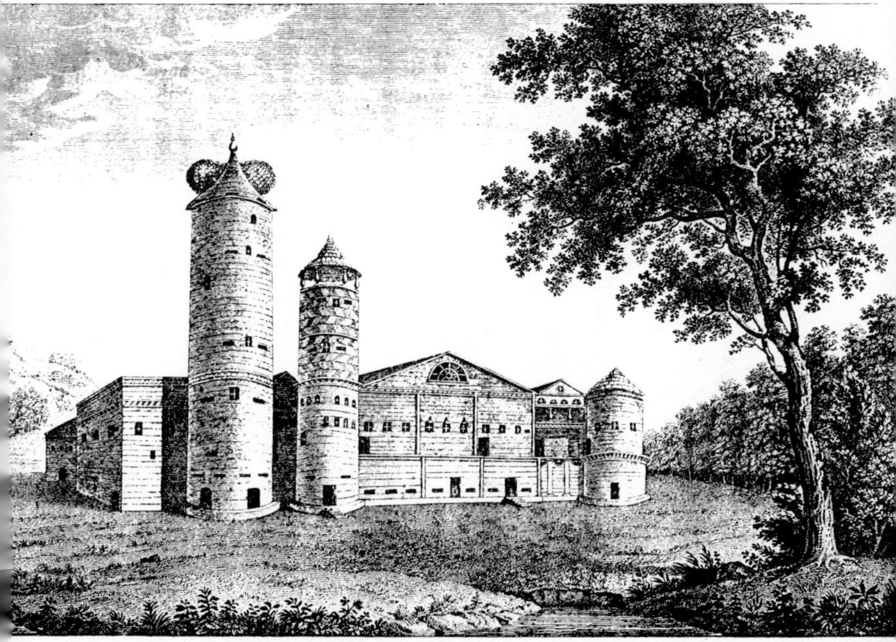

Die Stroganoffsche Holzfestung von Solwytschegodsk, vierhundert Kilometer westlich des Ural. Der Turm und das Gebäude wurden 1789 als Ersatz für die allmählich verfallenden Bauten von 1565 errichtet. Die Festung war zweiundsiebzig Meter lang und besaß einen ausgedehnten Flügel für das Personal.

Oben:
Tatarischer Soldat
Unten:
Russische Kavallerie
Rechts oben:
Eroberung Sibiriens
Rechts unten:
Verkehrsmittel der Jakuten

Oben: Graf Alexander Sergejewitsch Stroganoff (1733–1811). Im Hintergrund die Kathedrale von Kasan in St. Petersburg. 1801 ernannte Zar Paul I. den Grafen zum Vorsitzenden des Komitees zur Überwachung des Baus der Kathedrale.
Links: Graf Alexander Sergejewitsch Stroganoff, seine zweite Frau Katharina Petrowna und die Kinder Paul und Nathalie in ihrem Petersburger Palast.

Oben und *unten:* Das Palais Stroganoff in St. Petersburg. Es wurde von dem berühmten Architekten Rastrelli entworfen.
Rechts oben: Graf Paul Alexandrowitsch Stroganoff als Junge.
Rechts unten: Gilbert Romme (1754–1795), der Erzieher Paul A. Stroganoffs.

Gräfin Sophie Wladimirowna Stroganoff (1775–1845)

Graf Paul Alexandrowitsch Stroganoff (1772–1817)

Oben: Graf Viktor Pawlowitsch Kotschubey (1768–1834)
Links: Skizze von Imam Schamil, dem Führer der Muriden.
Links oben: Fürst Adam Czartorysky (1770–1861)
Links unten: Nikolai Nikolajewitsch Nowossiltzoff (1761 bis 1838)

Graf Alexander Pawlowitsch Stroganoff in Uniform (1795–1814)

Baron Grigori Alexandrowitsch Stroganoff

Graf Sergej Grigorjewitsch Stroganoff (1794–1882)

Gräfin Nathalie Pawlowna Stroganoff (1796–1872)

Links oben: Fürst Alexander A. Scherbatoff; *links unten:* Prinz Oleg Scherbatoff (1881–1915); *rechts:* Sonia Scherbatoff

Prinz Gerghi (Georg) Scherbatoff (1899–1980) in Leutnantsuniform der US-Marine. Während der Konferenz von Jalta tat er als Übersetzer Dienst auf der Krim.

Tapferkeit, die er während des ganzen Tages im Kampf an der Spitze seines Korps bewiesen habe, und beförderte ihn zum General.

Die Taktik des Generals Kutusoff

Für die Russen sollte Borodino dieselbe schicksalhafte Bedeutung erhalten wie Kulikowo im Jahr 1380, als Dimitri Donskoj die Tataren abwehrte. Für Napoleon bezeichnete der Tag den Wendepunkt in einer ununterbrochenen Siegesserie.

Nach der Einnahme Moskaus begann sein Kaiserreich zu wanken.

Die Franzosen waren voller Bewunderung, als sie Moskau zum erstenmal von den Worobjeff-Höhen aus erblickten. Ein Offizier schrieb begeistert[22]:

«Die Gesamtansicht dieser wunderbaren Stadt, deren geradlinige Straßen von Palästen, Wohnhäusern, Gärten und zahlreichen buntbemalten Kirchen gesäumt werden, ist prächtig und romantisch. Über dem Ganzen thront der Kreml. Größer als Paris ist ihre Schönheit, gar nicht zu beschreiben.»

Als aber die Franzosen auf den Fersen der russischen Armee in die Stadt einrückten, stellten sie fest, daß aus dem legendären Moskau eine leere Schale geworden war. Von den zweihundertfünfzigtausend Einwohnern waren in der verlassenen Stadt nur ein paar tausend Personen zurückgeblieben. An den Häuserwänden fand man Kreideinschriften, viele in französischer Sprache[23], aus denen Entsetzen und Verzweiflung sprachen:

«Le mot Adieu, ce mot affreux!...»

«Je vous salue, ô lieux charmants, quittés avec tant de tristesse.»

Napoleon richtete sich im Kreml ein und erklärte seinem Stab: «Allez, et amenez-moi les Boyards!» (Holt mir die Bojaren.) Dabei gab es schon seit Generationen keine Bojaren mehr. Wie auch in manch anderer Hinsicht war Napoleon falsch informiert. Er hatte kurze Zeit erwogen, die Bauern dadurch auf seine Seite zu ziehen, daß er ihre Befreiung von der Leibeigenschaft proklamierte, aber die Überlegung, es könne dadurch zu Unruhen im Lande kommen, ließ ihn davon Abstand nehmen. Auch wollte er die Oberschicht nicht vor den Kopf stoßen. Caulaincourt hatte eingewendet: «Ein Drittel des Landes wäre vielleicht dafür, aber zwei Drittel würden nicht verstehen, was damit gemeint wäre... besonders dann nicht, wenn dieser Schritt vom Feind ausginge.»

Der Diplomat und Philosoph Joseph de Maistre bestätigte in seinen Memoiren, daß Napoleon sich in vielen Punkten irrte. Am schlechtesten war er über die Eigenart und die Vorstellungen des russischen Volkes unterrichtet. «Man muß in Rußland gewesen sein, um voreilige Urteile über diese Menschen zu vermeiden. Alle Bücher sind voller Geschichten über Despotismus und Sklaverei in diesem Land, aber ich kann versichern, daß man nirgends größere Freiheit genießt, das zu tun, was man möchte, als hier. Die Extreme berühren sich, und eine Regierung der Willkür nimmt republikanische Formen an... Wenn jemand durch eigene Leistung alles Erdenkliche zustande bringen kann, hat er kein Interesse daran, die staatliche Ordnung zu stürzen. Die Leibeigenschaft hat viele Vorzüge und schließt echten Patriotismus nicht aus. Bonaparte glaubte, er habe es mit Franzosen oder Italienern, wie wir sie kennen, zu tun. Er fiel einem Irrtum zum Opfer, den man sich größer gar nicht vorstellen kann.»

Aus allen Teilen Europas hatten Ausländer in Rußland Zuflucht gesucht; vielleicht zu keiner Zeit beherbergte das Land mehr unparteiische Beobachter. Napoleon hatte seinen Gegner nicht nur unterschätzt, was schwere Folgen für ihn haben sollte, sondern auch das tiefe Treueverhältnis mißverstanden, welches das Volk mit seinem Zaren verband, denn jetzt erhob sich die gesamte Nation gegen den Kaiser der Franzosen. Ähnlich wie in Spanien empfand die Bevölkerung jede Art ausländischer Vorherrschaft als völlig unerträglich.

Als die Franzosen in Moskau einrückten, staunten sie über die Wunder, die sich ihnen darboten, aber Raub und Plünderungen waren bald an der Tagesordnung. Die Kirchen wurden entweiht und in Stallungen verwandelt; kaum etwas geschah, um der Soldateska Einhalt zu gebieten. Beute galt als gerechter Lohn für den Krieger. Unter Mitwirkung des restlichen Pöbels fiel auch die Mehrzahl der französischen Offiziere über die Reichtümer der verlassenen Metropole her.

Noch in derselben Nacht ging die ganze Stadt in Flammen auf. Brandstifter waren Plünderer auf beiden Seiten und Landstreicher, aber auch der Gouverneur, Rostoptschin, hatte seine Hand im Spiel, denn er ließ alle Feuerwehren vorher aus der Stadt abziehen.

Die Flammen drohten, auf den Kreml überzugreifen, und der Kaiser zog sich mit seinem Stab vom Kreml in ein Palais am Stadtrand zurück. Sie galoppierten durch ein Flammenmeer in einem tosenden Feuersturm. Die Stadt brannte vier Tage lang; dann kehrte Napoleon in den Kreml zurück. Von seinem Fenster aus konnte er die Katastrophe zu seinen Füßen betrachten, während er mit gesteigerter Ungeduld und Sorge auf ein Friedensangebot wartete, das nie kam.

Auf dem Schreibtisch in seinem Zimmer lag ein in Leder gebundenes Exemplar von Voltaires «Karl XII.», das den Rückzug des schwedischen Königs aus Rußland nach der verlorenen Schlacht von Poltawa ein Jahrhundert zuvor schilderte. Es war aber zu spät, jetzt noch nützliche Lehren aus diesem Buch zu ziehen.

Napoleon hatte seinen Gegner in jeder Hinsicht unterschätzt.

Madame de Coigny, eine gescheite Französin, die später mit Alexander zusammentraf, meinte in ihren Memoiren: «So wie der Korse auch Florentiner war, konnte der Slawe Grieche sein. Wenn Alexander sein bezauberndes Lächeln aufsetzte, lag hinter seinen grauen Augen unnachgiebigste Entschlossenheit.»

Am 29. September schrieb Stroganoff aus dem befestigten Lager bei Tarutino ausführlich an Sophie Wladimirowna: «Napoleons Einzug in Moskau wird ihm größere Schwierigkeiten bereiten, als er sich vorgestellt haben dürfte. Er hatte seiner Armee versprochen, dies sei das Ende ihres langen Marsches und jetzt erwarteten sie Frieden und ein Leben im Überfluß ... Er kam an und fand nichts außer einem Aschenhaufen vor – die Überreste der Feuersbrünste, die teilweise von uns selbst entzündet worden waren ... In anderen Hauptstädten war er eine solche Art von Empfang nicht gewöhnt. Sogar in Spanien war man liebenswürdiger ...»

Mehrere russische Offiziere dinierten mit Paul an dem Tag nach der Aufgabe Moskaus, und sein Schwager Dimitri Wladimirowitsch Galitzin meinte voll Bitterkeit: «Ich bedauere nur, daß wir unsere Häuser nicht selbst niedergebrannt haben, als wir Moskau verließen!»

In einem abgefangenen Brief klagte ein französischer Offizier: «Welches Verhängnis hat uns in diesen Krieg gebracht? Was haben die Russen uns angetan, daß sie uns hierher bis an das Ende Europas locken? ...»

Durch die Wahl von Tarutino war Kutusoff in die Lage versetzt, Napoleons Armee im Rücken angreifen zu können, wenn dieser sich entschließen sollte, auf das von Wittgenstein[24] gesicherte St. Petersburg weiterzurücken. Dadurch wäre die Aufgabe Moskaus gerechtfertigt worden. Außerdem wurden die Franzosen von jedem Nachschub aus dem Süden abgeschnitten.

«Alle Straßen nach Moskau werden bewacht ...», schrieb Paul siegessicher. «Die Vorräte der ‹Grande Armée› schwinden dahin, und der Winter rückt näher ... Die Franzosen haben dreißig[25] Generale verloren, davon zehn in der Schlacht vom 7. September. Wir verloren achtzehn ... Der Verlust von Moskau ist zwar tragisch, aber er war notwendig.»

Ein junger russischer Offizier prophezeite: «Moskau wird aus der Asche neu erstehen ... Seine Flammen werden uns früher oder später den Weg nach Paris erhellen!»

Die Meinungen im Land waren geteilt: Die einen strebten einen ehrenvollen Kompromiß an; andere zogen das Risiko des Untergangs einer Kapitulation vor. Alexander wurde zwischen diesen beiden Lagern hin und her gerissen, aber nach dem Brand von Moskau stand Rußland geschlossen hinter ihm. Nachdem er sein Zaudern überwunden hatte, war er überzeugt, daß Napoleon nur mit Geduld und Ausdauer zu besiegen war. Hier stimmte er mit seinem Oberbefehlshaber überein, für den er sonst nur wenig Sympathie aufbrachte.

Kutusoffs Armee wuchs von Tag zu Tag: Jeder junge Russe, der eine Waffe tragen konnte, meldete sich freiwillig. Er verfügte schon bald über zweihunderttausend Milizsoldaten, eine Reserve, die Moskau umzingelte, während achtzigtausend Mann Infanterie und fünfunddreißigtausend Mann gutausgerüsteter Kavallerie mit zweihundertsechzehn Geschützen aus seinen Truppen eine beachtliche Streitmacht machten. Der Winter rückte näher, und er wollte seine Armee unter allen Umständen schlagkräftig halten. Er weigerte sich aus diesem Grunde beharrlich, den Gegner anzugreifen, obwohl seine Kommandeure mit großer Ungeduld diesen Tag herbeisehnten.

Dem französischen Unterhändler Lauriston erklärte Kutusoff: «Für das russische Volk sind die Franzosen die Tataren Dschingis-Khans.»

«Da besteht doch ein Unterschied!» rief Lauriston empört.

«Die Russen sehen keinen», erwiderte Kutusoff trocken[26].

Napoleon verbrachte über einen Monat unschlüssig im Kreml; ein ungewöhnlich langer Altweibersommer schien alle düsteren Warnungen, es werde einen frühen Wintereinbruch geben, Lügen zu strafen. Eines Abends ritten der Kaiser und sein Gefolge an den Rand der zerstörten Stadt, wo sie von tatarischen Ulanen unter Fürst Kudascheff umzingelt und beinahe gefangengenommen wurden. Am 12. (23.) Oktober erlitten die Franzosen bei Winkowo in der Nähe von Tarutino eine Niederlage. Dieses verlustreiche Gefecht veranlaßte

Napoleon schließlich, nach einem Aufenthalt von zweiunddreißig Tagen aus Moskau wieder abzurücken.

Stroganoff schrieb: «Wir überraschten den Gegner durch einen Flankenangriff; eine Anzahl von Geschützen, Munition, Fahrzeuge und ein General fielen in unsere Hand.»

Einhunderttausend Mann ließen die geplünderte, verwüstete und niedergebrannte Metropole hinter sich und schleppten sich unter der Last ihrer Kriegsbeute auf demselben Weg, den sie gekommen waren, wieder zurück, denn alle anderen Möglichkeiten waren ihnen versperrt.

Sie überquerten wieder das Schlachtfeld von Borodino und fanden unter den zahllosen Gefallenen noch einige wenige Überlebende. In pelzbesetzten Damenmänteln aus Seide und mit Pferden, die mit Priestergewändern behängt waren, schleppte die «Grande Armée» eine unvorstellbare Beute mit sich fort. Die Truppe war durch die Plünderungen völlig demoralisiert. Jeder dachte nur daran, wie er im Besitz seiner Habe bleiben konnte. Beim Rückmarsch über die endlosen Straßen brach plötzlich der Winter wie ein Hammerschlag über sie herein.

Die französische Armee hatte sich unzählige Fahrzeuge aller Arten angeeignet: von eleganten Kutschen, Droschken und Kremsern bis zu einfachen Karren, die mit Beutestücken statt mit Lebensmitteln beladen waren: Stoffballen, Pelze, Gold und Silbergeschirr, zusammengerollte Gemälde alter Meister, ganze Bibliotheken in Ledereinbänden, Weinfässer, Schmuck und aus Kirchen geraubte Kultgegenstände. Viele der leichten Fahrzeuge brachen sofort zusammen und füllten die Straßengräben mit Schätzen, die dem Lande geraubt worden waren. «Vom ersten Tage an wurde aus diesem Rückzug eine wilde Flucht», schrieb ein französischer Offizier, M. de Montesquieu.

Ein anderer erwähnte die brutale Ermordung vieler Gefangener, was zu Vergeltungsaktionen führte, denn die Franzosen wurden pausenlos von der sie verfolgenden beweglichen russischen Kavallerie, von Kosaken und Partisanen heimgesucht. Einzelne Heldentaten konnten nicht verhindern, daß die in Auflösung befindliche Armee völlig außer Kontrolle geriet, denn das Land erhob sich beim Rückzug des französischen Heeres und machte mit Nachzüglern kurzen Prozeß.

Das milde Wetter, das die Straßen in Sümpfe verwandelt hatte, schlug über Nacht um und machte einem gnadenlosen, todbringenden Frost Platz.

Stroganoff hatte das III. Korps in Tarutino bei dem letzten, entscheidenden Gefecht um Malo-Jaroslawetz befehligt. Die Stadt wechselte sechsmal den Besitzer und war schließlich nur noch ein rauchender Aschenhaufen. Die Verluste, einschließlich der Schwerverwundeten, waren auf beiden Seiten beträchtlich, aber durch diese mörderische Schlacht wurde Napoleon gezwungen, sich auf der gleichen Straße nach Smolensk zurückzuziehen, auf der er immer tiefer nach Rußland eingedrungen war. Seine Absicht, in Richtung auf Kaluga abzubiegen, war damit wirksam vereitelt. Napoleon gab dem zaudernden Davout die Schuld: «Das kommt davon, wenn man sich nur um eine einzige Stunde verspätet!»

Am 5. November kamen Stroganoff und sein Schwager dem General Miloradowitsch bei dem Gefecht zu Hilfe, in dem das Korps von Marschall Ney aufgerieben wurde. Stroganoff schrieb: «Wir kämpften jeden Tag und vernichteten schließlich Neys Korps vor Krasnoje; wir machten zwölftausend Gefangene. Der Marschall entkam allein über den zugefrorenen Dnjepr. Hätten wir es nicht mit unseren eigenen Augen gesehen, wäre der Zusammenbruch unseres Gegners kaum zu glauben gewesen! ...»

Nach diesen Schlachten betonte er:

«Unser Sieg kam nicht zufällig. Ich gehöre jedenfalls zu denjenigen, die unserem alten Marschall Kutusoff danken und ihn bewundern.»

Ein Franzose meinte:

«Die Redensart, daß jemand, der nicht gelitten hat, auch keine Freude kennt, hat sich wieder einmal bestätigt, als sich meine Kameraden und ich in eine elende Hütte zwängten. Auch in der luxuriösesten Unterkunft habe ich mich nie glücklicher gefühlt... aber sobald man rastet, wird man krank...»

Die Franzosen sehnten sich nach Smolensk wie nach einer sicheren Zuflucht. Sie fanden die Stadt in Trümmern und mußten jede noch mögliche Unterkunft einzeln erstürmen. Witebsk befand sich wieder in russischer Hand; den Franzosen blieb keine andere Möglichkeit, als der Rückzug über die Beresina, einen Nebenfluß des Dnjepr. Den drei russischen Armeen unter Admiral Tschitschagoff, Wittgenstein und Kutusoff gelang es nicht, sich zu vereinigen und die Reste der französischen Armee zu vernichten.

Die heldenhaften französischen Pioniere unter General Eblé errichteten, tief im eisigen Wasser stehend, zwei Brücken aus den Holzhäusern des nahegelegenen Dorfes Studjanka. Am 7. Dezember überquerten dreißigtausend Mann mit schwarzgefrorenen Gesichtern, ohne Schuhwerk und Waffen, in Lumpen und Pelzfetzen gehüllt, in relativer Ordnung den schicksalhaften Fluß. Den Übergang der Überlebenden von vierhundertzwanzigtausend Soldaten der «Grande Armée» sicherten auf dem Steilufer eingesetzte Geschütze und General Murats Nachhut.

Gegen Ende artete der Rückzug in ein wildes Chaos aus: Von dem letzten nachdrängenden Haufen wurden Verwundete, Frauen, Kinder und Pferde schonungslos ins eisige Wasser gestoßen.

Die napoleonische Armee hatte alle Ähnlichkeit mit jenen disziplinierten Ebenholz-Bataillonen en miniature verloren, wie sie der Kaiser bei der Festlegung seiner Schlachtpläne vor sich hin und her schob und mit denen der kleine König von Rom zum Ergötzen seines Vaters zu spielen pflegte.

Die Unfähigkeit des Admirals Tschitschagoff, der die Reste der französischen Armee entkommen ließ, empörte Paul. Als Beispiel für die Beschränktheit Tschitschagoffs zitierte er den von ihm herausgegebenen «Steckbrief»: «Die französische Armee befindet sich auf der Flucht und mit ihr der Urheber allen Unglücks, das Europa heimgesucht hat... Möge der Allmächtige geruhen, ihn uns auszuliefern...» Dann folgte eine Beschreibung Napoleons: «Ein gedrungener Mann mit gelblicher Gesichtsfarbe, kurzem Nacken, großem Kopf und schwarzen Haaren...»

Zerlumpt, halbverhungert, unter Erfrierungen leidend und verwundet zogen die Franzosen in Wilna ein, während Murat die preußische Grenze mit einer Horde von zwanzigtausend Mann erreichte, die unterwegs jedes erdenkliche Elend durchgemacht zu haben schienen. Nachzügler und Verwundete waren von Wölfen angegriffen, von der Bevölkerung umgebracht, manchmal aber auch verpflegt und versorgt worden, denn die Reaktion der russischen Bauernbevölkerung schwankte zwischen brutaler Grausamkeit und grenzenlosem Mitleid.

Der Sold der Armee, der sogenannte «Napoleon-Schatz», ging unterwegs verloren, und zwar größtenteils in der Nähe von Wilna, wo man seither eifrig nach ihm sucht.

«General Winter hat sein Werk getan», erklärte Kutusoff kurz und bündig, als er am 30. November 1812 in Wilna einzog.

Alexander, der ihm zehn Tage später folgte, erlebte jetzt zum erstenmal den ganzen Schrecken des Rückzugs. Vierhunderttausend Leichen säumten die Strecke zwischen Moskau und Wilna. Erschüttert von dem Grad der Verwüstung und dem Elend, rief der Zar aus: «Ich teile nicht Napoleons Gleichmut; dieser Feldzug kostet mich zehn Jahre meines Lebens!» Trotz ihrer Meinungsverschiedenheiten überhäufte er Marschall Kutusoff jetzt mit Ehrungen und verlieh ihm den Andreasorden I. Klasse, der nur für besondere Leistungen, wie etwa den siegreichen Abschluß eines Feldzugs, vergeben wurde. Aber gegen den Rat des alten Feldherrn bestand der Zar auf der Fortsetzung des Krieges: «Wenn wir einen dauerhaften Frieden erreichen wollen, müssen wir ihn in Paris unterzeichnen.»

Die Ereignisse sollten ihm recht geben.

Am 16. April 1813 erlag Kutusoff den seelischen und körperlichen Anstrengungen der letzten Monate. Er fand in der Kathedrale von Kasan die letzte Ruhe. Dort wurde später eine Säule mit den Schlüsseln der verschiedenen von russischen Truppen eingenommenen französischen Städte geziert, unter ihnen die Schlüssel von Reims, Nancy und Paris.

Bei der Verfolgung der in Auflösung begriffenen französischen Armee schickte Paul am 1. Dezember ein paar hastige Zeilen an seine Frau:

«Es ist eine Ewigkeit her, seit ich Dir geschrieben habe, aber durch die Erschöpfung nach den Eilmärschen in dieser Kälte verliert man alle Gedanken an irgend etwas anderes, als sich die halberfrorenen Glieder zu wärmen ...» Er erreichte Wilna im Zustand völliger Erschöpfung: «Hier zu sein ist wie ein Traum; ich kann mir kaum noch vorstellen, was wir durchgemacht haben. Ich habe Deine Wollsocken bekommen, aber sie waren für die Offiziere bestimmt, die sie am meisten nötig haben, denn sie müssen sich selbst ausrüsten. Ich habe gehört, daß man Spenden für die vom Krieg verheerten Provinzen sammelt ... Ich hoffe, daß Du mich für mindestens einhunderttausend Rubel in die Listen eingetragen hast ... Du schreibst, in gewissen Kreisen wolle man die Verdienste von Kutusoff auf glückliche Umstände zurückführen. Aber es ist nicht einfach, aus den jeweiligen Umständen das Beste herauszuholen. Hat nicht der große Napoleon zu allen Zeiten gewußt, wie er aus einer gegebenen Lage das Beste machen kann? ...»

Europa war in Schweigen versunken, als Napoleon in Rußland einrückte. Anfang Oktober schienen Gerüchte vom brennenden Moskau einen neuen Sieg anzukündigen. Zwei weitere Monate lang gab es praktisch keine Nachrichten, bis Napoleon Ende Dezember in Dresden erschien – «ohne

Armee, ohne Generale, auf dem Weg nach Paris» ... Aber der Krieg sollte weitergehen.

Pauls Gesundheit hatte unter dem Feldzug gelitten, denn er nahm keine Rücksicht auf seinen Zustand. Schon in seiner Kindheit hatte Romme seine körperliche Anfälligkeit trotz des zweifellos vorhandenen Durchhaltewillens falsch eingeschätzt. In St. Petersburg erhielt er Erholungsurlaub, zu Beginn des nächsten Jahres war er wieder zu Hause. Seine Familie bat ihn dringend, seinen Aufenthalt zu verlängern, aber er konnte es schon bald nicht mehr aushalten, nicht im Mittelpunkt der Ereignisse zu stehen. Teilhard de Chardin[27] erklärte später diesen Drang, unmittelbar an den Geschehnissen teilzunehmen: «Man glaubt über sich selbst hinauszuwachsen und verspürt eine überwältigende innere Freiheit ... An die Front zu gehen heißt, einem höheren Frieden zuzustreben. Jeder, der einmal dem Feuer ausgesetzt war, wird zu einem anderen Menschen.»

Tod des Sohnes

In Erinnerung an seine eigene jugendliche Begeisterung nahm Paul seinen jungen Sohn Alexander mit. Sie kamen noch rechtzeitig zur Völkerschlacht nach Leipzig, wo Pauls Pferd unter ihm tödlich getroffen wurde. Sie durchquerten Westdeutschland, betraten dann französischen Boden und nahmen an den Gefechten von Champaubert, Montmirail und Vauchamp teil.

Stroganoff hatte seinen Freund, Verwandten und Waffenkameraden Hilarion Wassiljewitsch Wassiltschikoff gebeten, ein wachsames Auge auf seinen achtzehnjährigen Sohn zu haben. Der General ernannte ihn zu seinem Adjutanten und behielt ihn in manchem Scharmützel an seiner Seite.

Am 23. Februar 1814 lieferten die Russen bei Craonne Napoleon persönlich eine heiße Schlacht. Während Alexander Pawlowitsch Stroganoff neben Wassiltschikoff ritt[28], wurde der Kopf des jungen Mannes durch ein Geschoß weggerissen; sein Blut bespritzte den General.

Paul berichtete dem Fürsten Wolkonsky:

«Vierzigtausend Mann von Napoleons Garde griffen fünfzehntausend unter meinem Kommando an... Diese siegreiche Schlacht wurde besiegelt durch das Blut meines Sohnes, der in ihr sein Leben verlor. Ich war schon vorher krank; als ich die Trauernachricht erhielt, bekam ich von General Winzingerode die Genehmigung, eine Ruhepause einzulegen... Mein Gesundheitszustand ist kläglich; ich liege die meiste Zeit im Bett... Die Kavallerie unter beiden Wassiltschikoffs und Lanskoy verrichtete Wunder. Wenn der Zar nur über mehr Offiziere wie sie verfügen könnte!»

Der Tod seines geliebten Sohnes erschütterte Stroganoff zutiefst. Er hat diesen tragischen Verlust nie verwunden. Seine Freunde waren äußerst besorgt:

Czartorysky schrieb sofort an Nowossiltzoff:

«Haben Sie, lieber Freund, von dem Unglück gehört, das sich vor kurzem ereignet hat? Alexander Stroganoff fiel fast vor den Augen seines Vaters, dessen Verzweiflung keine Grenzen kennt. Was wird aus der armen Gräfin Sophie Wladimirowna werden? Wie wird sie diesen Schlag ertragen? Selten hat mir etwas größeren Kummer bereitet... Das Unglück dieser Familie bricht einem das Herz; diese Trauer, für die es kein Heilmittel gibt, muß ausgerechnet solche guten Freunde befallen! Der unglückselige junge Mann ist seinem Großvater gefolgt... Der Zar wünscht jetzt, daß Stroganoff nach St. Petersburg zurückkehrt.»

Ein anderer Freund seufzte: «Für seine Trauer gibt es kein Gegenmittel, und sein ganzes Wesen scheint in tiefer Melancholie zu versinken.»

In einem Vorentwurf zum 4. Kapitel von «Eugen Onegin» schrieb Alexander Puschkin später:

«Getroffen von der todbringenden Sense,
blutbefleckt und blindwütig,
unter Feuer und Rauch – vor dem Vaterauge –

fiel der verirrte, kaum flügge gewordene Vogel.
Welch Entsetzen! Oh, Bitterkeit!
Oh, Stroganoff, als Dein Sohn
stürzte, dahingemäht, und Du allein ...»

Trotz dieses Verlustes nahm Paul noch an der Schlacht von Laon teil, wo er durch seine Verwegenheit den Tod geradezu herauszufordern schien. Ihm wurde die zweite Klasse des St. Georgsordens verliehen.

Er hatte in der Tat jeglichen Lebenswillen verloren. Mit der Asche seines Sohnes kehrte er in die Heimat zurück.

Er hatte Paris vierundzwanzig Jahre zuvor gemeinsam mit Nowossiltzoff verlassen; er sollte es nie wieder sehen.

Seinen Freund betrauernd, ritt General Hilarion Wassiltschikoff an der Spitze seiner Akhtir-Kosaken in ihren braunen Dolmans mit schwarzer Verschnürung in Paris ein. Sein Uniformrock war noch vom Blut seines jungen Adjutanten gezeichnet, und er war nicht in der Stimmung, auf die Darbietungen eines herausgeputzten Zivilisten, eines «Muscadin», wie sie genannt wurden, einzugehen, der vor seinem Pferd erschien, den Zylinder schwenkte und über die Spitzen seines gestärkten Kragens hinweg ihm huldigend zuschrie, indem er affektiert den Buchstaben «R» ausließ: «Quelle magnifique A'mée! Quel beau Géné'al!» In einem Brief an seine Familie äußerte sich der General streng: «Die Franzosen benehmen sich nicht, wie es sich für eine noble und patriotische Nation gehört.»

In Paris, wie in allen anderen Städten, wurde auf strikteste Disziplin geachtet, was auf dem flachen Lande jedoch nicht ebenso sicher gewährleistet werden konnte. Die Kosaken kampierten friedlich auf den Champs-Elysées und bestiegen ihre Pferde, auch wenn sie sich nur gegenseitig auf der anderen Straßenseite besuchen wollten. Die Pariser ergingen sich unbelästigt in ihrer Mitte und konnten nur staunen. Der Ruf: «Bystro! Bystro! (Schnell, schnell!) war häufig in den Straßencafés zu hören, wenn russische Reiter Essen oder

Trinken bestellten, ohne abzusitzen. Die Cafés erhielten daraufhin den Namen «Bistros»; bald vergaß man, wie es dazu gekommen war.

Im Kreise seines gesamten Offizierskorps, umringt von seinem Heer, nahm Alexander am orthodoxen Ostergottesdienst teil; dieser wurde auf der ehemaligen Place Louis XV. (später Place de la Concorde) genau an der Stelle gefeiert, wo Ludwig XVI. enthauptet worden war. Für die Zerstörung Moskaus sollte keine Rache geübt werden.

Die Französin Madame de Coigny bemerkte in ihren Memoiren über den Zaren: «Er zeigte sich Frankreich gegenüber großzügig, auch nach dem Niederbrennen Moskaus, denn er begriff dank seinem Lehrer Laharpe die revolutionäre und nachrevolutionäre Mentalität der Franzosen sehr gut. Aber im folgenden Jahr, nach Napoleons Flucht aus Elba und Neys Verrat, traute er ihnen nicht mehr. Im Jahr 1815 war er zwar nicht mehr ihr Feind, aber auch nicht länger ihr Freund.»

Im August 1814 leitete Stroganoff ein Komitee für die Unterstützung von Kriegsopfern mit der für ihn bezeichnenden Gründlichkeit. Aber die Schwindsucht, an der er litt, führte immer wieder zu hohem Fieber und Hustenanfällen.

Ein Ausländer kommentierte:

«Als ich nach Rußland kam, erregte er den Neid aller seiner Altersgenossen: Er sah gut aus, er war jung, wohlhabend und tüchtig. Er heiratete eine reizende Frau, eine vielversprechende Zukunft schien vor ihm zu liegen ... All dies verflüchtigte sich, und die Gedanken, die er jetzt mit sich herumträgt, müssen tief christlich geprägt sein, um ihm die nötige Entsagung zu erleichtern.»

Sein Arzt hatte jede Hoffnung verloren, trotzdem wurde eine Auslandsreise ins Auge gefaßt. Im Mai 1817 befanden sich Graf Paul, seine Frau und ein Neffe an Bord eines Schiffes, das aus Kronstadt auslief. Die ersten Tage auf See brachten eine gewisse Erleichterung, aber bei der Ankunft in Kopenhagen verschlimmerte sich der Gesundheitszustand des Grafen. Da er den Tod nahen fühlte und um die Gesundheit seiner Frau besorgt war, wünschte er, daß sie ihn allein ließ.

In zahlreichen Beileidsschreiben wurde sein Hinscheiden betrauert:

«Er erlosch wie eine Kerze. Er wußte, daß er im Sterben lag und bat um die Letzte Ölung. Er war bis zum Ende völlig klar bei Sinnen. Er sprach englisch mit dem Arzt, französisch mit seinem Neffen und russisch mit dem Kammerdiener ... Das Begräbnis fand in Gegenwart des Zaren und der Großfürsten Konstantin und Michail statt. Der Zar war durch den Tod seines Jugendfreundes tief bewegt, und der arme Nowossiltzoff schien untröstlich ... Wenige Todesfälle verdienen ein so allgemeines Mitgefühl wie der des Grafen Stroganoff, der sich mit seinen Charaktereigenschaften und Grundsätzen die Achtung aller erworben hatte ...»

Man schilderte ihn als «gütig, distinguiert und leicht zugänglich. Er trat stets für seine eigenen Ansichten ein und scheute sich nie, vor den Mächtigen dieser Welt die Wahrheit zu sagen. Aufgeschlossen gegenüber den Nöten seiner Mitmenschen und getragen von einem ausgeprägten Pflichtbewußtsein, war er seinem Vaterland treu ergeben».

«Nec timeo, nec spero» (ich fürchte nichts und erhoffe mir nichts), das Motto auf seinem Siegelring, war auch seine Grabinschrift. Obwohl einem Grafen Stroganoff alle Möglichkeiten offenstanden und die Verachtung weltlicher Ambitionen à la Byron dem damaligen Zeitgeist entsprach, war er sich der Verantwortung, die er für sein Land trug, vollkommen bewußt und hatte erkannt, daß ihn nicht einmal der Zar von seinen hohen Verpflichtungen entbinden konnte. Persönliche und materielle Vorteile bedeuteten ihm nichts, und dies war das einzige Privileg, auf dem er bestanden hatte.

Sophie Wladimirowna wurde durch seinen Tod tief erschüttert.

«... Man fürchtet jetzt um die Gesundheit der Gräfin, die in letzter Zeit so vielen schweren Prüfungen ausgesetzt worden ist», schrieb ein Freund an Graf Worontzoff.

Langsam erholte sie sich, aber ihre Schönheit erlosch. Im Einklang mit der Familientradition blieb sie einer der Mittelpunkte des geistigen Lebens von St. Petersburg, bis sie 1845 dahinschied.

V

GRAF SERGEJ GRIGORJEWITSCH STROGANOFF

1794–1882

Heirat mit Nathalie

Baron Sergej Grigorjewitsch Stroganoff, der Sohn von Graf Pauls Vetter Grigori, der viele Jahre zuvor mit ihm in Begleitung ihrer beiden Erzieher Romme und Demichel nach Genf gereist war, wurde 1794 in der Regierungszeit Katharinas der Großen geboren. Grigori trat später in den diplomatischen Dienst ein, der ihn weit von Zuhause fortführte, während sich seine Frau, Prinzessin Anna Trubetzkoy, um die Erziehung von fünf Söhnen und einer Tochter bemühte. Stroganoff verbrachte fünf Jahre in Madrid, wo sich zwischen ihm und einer portugiesischen Dame, Gräfin Julie de Ego, geborene Almeida-Oeynhausen, eine tiefe Zuneigung entwickelte; sie begleitete ihn nach Stockholm zu seinem nächsten Posten. Diese Tatsache könnte den mißmutigen Ausdruck auf dem reizenden Porträt erklären, das Madame Vigée-Lebrun von der armen Anna Sergejewna gemalt hat. Nach ihrem Tod heiratete Grigori Julie de Ego.

Sein Sohn Sergej Grigorjewitsch wurde im Alter von fünfzehn Jahren in das kaiserliche Kadettenkorps aufgenommen; nach der Abschlußprüfung trat er in die Armee ein, wo er bald sein Offizierspatent erhielt. Er nahm an der Schlacht von Borodino und dem nachfolgenden Feldzug teil. Obwohl er später noch häufig nach Westeuropa reiste, war es der erste Kontakt mit Deutschland und Frankreich, insbesondere mit Paris, der bei dem jungen Mann einen tiefen und nachhaltigen Eindruck hinterließ. Da Französisch damals in Europa die Sprache der Gebildeten war, hatte er keine Verständigungsschwierigkeiten. Im Einklang mit der Familientradition ließ Sergej keine Gelegenheit ungenutzt, um sich in seinen Lieblingsfächern, Kunst und Pädagogik, weiterzubilden. Napoleon hatte in Paris gewaltige Kunstschätze zusammengetragen, die im Laufe seiner Feldzüge in Italien, Deutschland und anderen Ländern geraubt worden waren. (Das Beutegut aus Moskau war während des Rückzugs verlorengegangen.) Sergej und viele seiner Kameraden wurden zu begeisterten Touristen.

Sein junger Vetter Alexander Pawlowitsch wollte ihm nacheifern und an dem letzten der napoleonischen Feldzüge teilnehmen. Sein tragischer Tod bei Craonne rückte die Frage der Stroganoffschen Erbschaft in den Vordergrund. Anfang 1817 erließ Zar Alexander ein Sondergesetz, demzufolge das Stroganoffsche Vermögen auch in der weiblichen Linie vererbt werden konnte, wobei die jeweilige Erbin sowohl Name als auch Titel beibehielt. Bald setzten beide Familien ihre Hoffnung auf eine Eheschließung von Nathalie, Pauls ältester Tochter, und Sergej. In Erinnerung an die unglückliche Ehe seiner Eltern zögerte der junge Mann, einen Entschluß zu fassen. Er kannte seine Cousine kaum und hatte es auch nicht auf ihr Vermögen abgesehen, aber er hatte seinen Onkel geliebt und ihn mit Sophie Wladimirowna auf seiner letzten Reise nach Kopenhagen begleitet. Paul starb am 10. Juni 1817, und Sergej kehrte mit den sterblichen Überresten des Grafen nach Rußland zurück.

Das Wiedersehen mit seiner Cousine Nathalie unter so tragischen Umständen führte die jungen Leute zusammen. Beide waren zweiundzwanzig Jahre alt. Seine blauen Augen, die nachdenklich unter dichten, schwarzen «à l'oiseau royal» modisch nach vorne gekämmten Haaren hervorblickten, wirkten vertrauenerweckend auf das schüchterne, zarte Mädchen in dem mit Rüschen besetzten Batist-Empirekleid. Dunkle Löckchen umrahmten ihr anmutiges, kleines Gesicht mit den großen, erwartungsvoll leuchtenden

Augen. Sie hatte ihren Vater, ihren Großvater und ihren Bruder innig geliebt und alle drei so kurz nacheinander verloren.

Sergej bat, natürlich auf Französisch, um ihre Hand. Gerührt von ihrem Liebreiz und ihrer Unschuld ging er mit ihr eine echte Liebesheirat ein. Die jungen Leute besaßen weder die auffallende Schönheit noch die Ausstrahlung ihrer Eltern, aber die Zeit der großen Abenteuer, der weltumwerfenden Ereignisse war ohnehin vorbei. Vor ihnen lag ein langes Leben, das ganz dem Dienst an ihrem Land in der nüchternen und eher gedämpften Art des 19. Jahrhunderts gewidmet sein sollte. Ihre Ehe sollte vierundfünfzig Jahre dauern; sie hatten vier Söhne und zwei Töchter. Durch die Heirat mit Nathalie wurde Sergej vom Baron zum Grafen Stroganoff.

Rußland unter Nikolaus I.

Eigentlich überwand Rußland nie eine Art Liebesverhältnis zu Alexander I. Nach der kurzen und unseligen Herrschaft seines Vaters, erschien er als Sinnbild einer neuen Ära. Die Woge der napoleonischen Invasion war aber nicht nur über Rußland wie eine Walze hinweggerollt – sie hatte auch jeglichen Gedanken an grundlegende Reformen erstickt.

Alexander hatte in der Tat kurz davor gestanden, die Leibeigenschaft abzuschaffen. Nach 1814 zögerte er jedoch, den schwerwiegenden Enschluß zu fassen, denn das durch Krieg und Invasion gezeichnete Land hätte eine solche Reform nicht verkraften können. Der Brand von Moskau und die nachfolgende Vertreibung Napoleons schweißte zwar Nation und Zar zusammen, aber nach 1814 kam eine Stimmung gärender Erwartungen auf, die in der Folge immer wieder enttäuscht werden sollten.

Die Hocharistokratie unter Führung der jungen Freunde des Zaren war zu Beginn seiner Herrschaft von der Hoffnung beseelt, er werde «das Krebsgeschwür der Leibeigenschaft» abschaffen. Sie suchten nach Argumenten, um den Zaren zu diesem Schritt zu bewegen, und wiesen, obwohl sie selbst Leibeigene besaßen, auf die seltenen Fälle von Mißbrauch hin. Der niedere Adel dagegen widersetzte sich verbissen der Bauernbefreiung, weil diese ihren eigenen finanziellen Ruin zur Folge gehabt hätte.

Madame de Staël meinte, das Verhältnis zwischen Herren und Leibeigenen in Rußland «erinnere sie an die Römer und deren familiäre Zuneigung für ihre Sklaven». Alexander I. bat seine Lieblingsschwester Katharina, Taufpatin des Sohnes seines vertrauten Kutschers Ilyà zu werden – ein Beispiel von vielen. Graf Ségur und der Gouverneur von Odessa, der Herzog von Richelieu, äußerten sich in ähnlichem Sinne.

Bemerkenswerterweise sind nach 1815 immer mehr Ausländer nicht nur nach Rußland gereist, sondern auch nach Rußland gezogen, um in «größerer Freiheit» zu leben. Nur wenige Russen sind ihrerseits nach den napoleonischen Feldzügen im Ausland geblieben.

Die Ereignisse der letzten Jahre hatten tiefe Spuren im Wesen Alexanders hinterlassen. Im Laufe der Zeit wurden die Charakterzüge seiner Großmutter Katharina wie auch die seines Vaters an ihm immer deutlicher. Sein ganzes Leben lang war er zwischen diesen gegensetzlichen Polen hin- und hergerissen worden. Sobald er sich zu einem bestimmten Vorgehen entschlossen hatte, verfiel er kurz danach auf das Gegenteil; dadurch gefährdete er die Verwirklichung seiner Ziele. Seine treuesten Mitarbeiter wurden durch die Verzögerung jedes Beschlusses zur Verzweiflung getrieben. Nur Araktschejeff, der noch die Zeit von Zar Pauls Militärbesessenheit erlebt hatte, gelang es, sich das Vertrauen des Zaren dadurch zu erhalten, daß er ihm jeden alternativen Entschluß ersparte. Dieser böse Geist in Alexanders Regierung war vor allem für die Errichtung von Militärkolonien verantwortlich. Ursprünglich war diese Einrichtung ein einleuchtendes Projekt; sie bot die Möglichkeit, eine große Armee bei geringen Kosten zu unterhalten und gleichzeitig die rückständige

Bevölkerung zu «zivilisieren». Die Soldaten wurden in Bauernhäusern untergebracht; sie sollten die Bevölkerung militärisch ausbilden. Saubere blaue oder rote Häuschen, vom Staat gebaut und einheitlich ausgestattet, ersetzten die bisherigen gemütlichen, muffigen «Isbas» (Hütten). Alle Einwohner wurden von Kindesbeinen an in Uniform gesteckt und einer strengen Disziplin unterworfen; dazu gehörten Sauberkeit und Ordnung in Haus und Hof.

Für die Betroffenen jedoch wurde das System zu einem Instrument der Unterdrückung. Die schmucken, kleinen Häuschen waren Staatseigentum, und die Bauern verloren ihre dörfliche Selbstverwaltung. Die kleinste Unregelmäßigkeit wurde schwer bestraft. Araktschejeffs unbarmherziges Reglement trieb die Bauern zur Verzweiflung. Ihre bisherige Lebensart schien ihnen viel erstrebenswerter zu sein, und in den Gegenden, wo die «Kolonien» eingeführt wurden, folgte ein Aufstand dem anderen. Araktschejeff hat eine Herrschaft, die unter so vielversprechenden Vorzeichen begann, in ein Regime verwandelt, bei dessen bloßer Erwähnung Alexander in seiner Jugend erschauert wäre.

Die russische Gesellschaft war durch die Invasion ihrer Heimat und die nachfolgenden Feldzüge und Kontakte mit Westeuropa stark beeinflußt worden. Die Französische Revolution und die anschließenden Napoleonischen Kriege hatten sie für die Dauer einer ganzen Generation von ausländischen Verbindungen abgeschnitten. Vielen von ihnen schien nun der Aufenthalt in Deutschland, Italien und vor allem in Frankreich als eine vom Himmel geschickte Gelegenheit, endlich ihre Kenntnisse der europäischen Kultur mit der Realität zu vergleichen und je nach Veranlagung der einen oder anderen künstlerischen oder wissenschaftlichen Neigung nach Herzenslust zu frönen. Nach 1814 kehrten russische Offiziere mit ganzen Bibliotheken, die sie unterwegs erworben hatten, in ihre Heimat zurück. Viele der revolutionären, zum Teil noch unausgegorenen Gedanken, über die sich Napoleon rücksichtslos hinweggesetzt hatte und die von den Bourbonen ignoriert wurden, griffen Russen nun begeistert wieder auf.

So kam es zu einer Blütezeit neuer Ideen und zu Veränderungen in Sprache und Denken – zu einer moralischen Revolution des gesamten Weltbildes. Nichtsdestoweniger ließ aber nach dem Vaterländischen Krieg von 1812 und dem Sturz Napoleons allmählich der französische Einfluß nach; an seine Stelle trat die deutsche Philosophie, aber vor allem rückten die russische Sprache, russische Tradition und ein stärkeres Nationalgefühl in den Vordergrund. Nach dem Siegeszug durch Westeuropa löste die Rückkehr in das riesige Rußland mit allen seinen Einschränkungen jedoch zunächst ein Gefühl von Katzenjammer aus. Langeweile – «Nadojelo» (angeödet) – wurde zum Leitmotiv der Literatur der damaligen Zeit.

Alexander erfuhr von einem Netz von Geheimbünden, die im ganzen Land wucherten. Während einer seiner zahllosen Auslandsreisen zu Kongressen in Westeuropa kam es zu einem erfolglosen Aufstand im Semjonowsky-Regiment, einer Elitetruppe. Als sein treuer Ratgeber, General Fürst Hilarion Wassiltschikoff[1], der in seiner Abwesenheit mit einem Teil der Regierungsgeschäfte beauftragt war, ihm eine Liste der Verschwörer überreichte, seufzte der Kaiser: «Ich habe in meiner Jugend ebenso gedacht wie sie. Es steht mir nicht an, sie zu bestrafen.»

Zar Nikolaus I. mußte sich dann mit dieser schweren Erbschaft, für die er nicht verantwortlich war, auseinandersetzen.

Mit neunundzwanzig Jahren bestieg Nikolaus gegen seinen Willen den Thron. Er war 1796 geboren und zwanzig Jahre jünger als sein älterer Bruder Alexander I. Er wurde als Kind von einer englischen «Nannie» erzogen, hielt sich fern jeder Politik und schlug die militärische Laufbahn ein. Als liebevoller und glücklich verheirateter Familienvater hegte er keine weiteren Ambitionen. Alexander, der 1825 starb[2], hatte zwar einige vage Andeutungen gemacht, aber öffentlich keinen Thronerben benannt. Bevor sein Testament, das den Thronverzicht seines Bruders Konstantin bestätigte und Nikolaus zu seinem Nachfolger bestimmte, eröffnet wurde, gab es eine kurze Zeit der Unsicherheit. Die Verschwörer, die Alexander nicht verfolgt hatte, ergriffen die willkommene Gelegenheit, aber nur zwei Regimenter schlossen sich ihnen an. Um das Denkmal Peters des Großen geschart, weigerten sie sich, den Treueid auf Nikolaus abzulegen, wurden jedoch von ihren Anführern sofort im Stich gelassen. Als der Generalgouverneur von Petersburg, Miloradowitsch, der Held von Borodino, sie zur Vernunft zu bringen versuchte, wurde er von ihnen ermordet. Nikolaus hatte den ganzen Tag zu Pferde gewartet, bevor er den Befehl gab, die Meuterer auseinanderzutreiben. «Man will mich zum Tyrannen oder zum Feigling machen, aber ich kann weder das eine noch das andere sein», erklärte er. Ihm blieb aber keine andere Wahl. Eine Geschützsalve tötete einige der Meuternden und zerstreute die übrigen. Die Verschwörerliste, aufgrund derer sich Alexander nicht zum Handeln hatte entschließen können, ermöglichte Nikolaus die unverzügliche Festnahme der Beteiligten. Das Komplott fiel wie ein Soufflé in sich zusammen.

Das Tribunal verurteilte einige hundert Teilnehmer zur Verbannung nach Sibirien und vierzig zum Tode. Nikolaus wandelte die Todesstrafen, mit Ausnahme von fünf, in lange Freiheitsstrafen um. Als der Strick um den Hals eines der Verurteilten riß, murmelte der Todeskandidat: «In diesem Land kann man nicht einmal anständig hängen.»

Nikolaus rächte sich nicht an den Familien der Betroffenen. Trubetzkoys Mutter behielt ihre hohe Stellung bei Hof, obwohl ihr Sohn zum engeren Kreis der Verschwörer gehört hatte. Für die Erziehung ihrer Kinder kam der Zar auf. Aber der Aufstand hinterließ bei ihm einen tiefen und nachhaltigen Eindruck. Seit seiner Kindheit kannte er nur strenges Pflichtbewußtsein; er besaß nicht genug Phantasie, um diese neue Welt politischer Theorien und Diskussionen zu begreifen.

Sein Vertrauen in den Adel, der die Revolte zum Teil mitgetragen hatte, war erschüttert. Von jetzt ab regierte er mit einer von ihm selbst geschaffenen Verwaltungsbürokratie und verließ sich nicht mehr völlig auf die Aristokratie.

Aber der Krieg von 1812 hatte alle Gesellschaftsschichten durch die gemeinsamen Anstrengungen und Erfahrungen zusammengeschweißt. Die überwiegende Mehrheit der Grundbesitzer lebte auf dem Land in einer Art patriarchalischer Zusammengehörigkeit und in engem Kontakt mit der Bauernbevölkerung. So dauerte es noch fast ein Jahrhundert, bis die revolutionären Ideen auf fruchtbaren Boden fielen.

Die Aristokratie hatte aber stets Sympathie für strukturelle Veränderungen gezeigt. Zwanzig Jahre nach den Zusammenkünften von Alexanders «Geheimem Komitee» waren ihre Reformvorschläge zum allen gemeinsamen Ziel geworden. Aber für Nikolaus I. wurde durch den Dekabristenaufstand die Uhr zurückgestellt; während seiner Herrschaft kam eine repräsentative Regierung nicht in Frage.

Er trennte sich jedoch sofort von dem verhaßten Araktschejeff und berief wieder Speransky und Kotschubey mit dem Auftrag, aus den bestehenden Gesetzen und Richtlinien ein umfassendes Gesetzeswerk zusammenzustellen und das gesamte Bildungswesen zu reformieren. Niemand leugnete, daß die Lösung des Problems der Bauernbefreiung immer dringlicher wurde, aber es gab noch zu wenige Experten, um eine so gewaltige Reform durchzuführen. Dem Minister Graf Kisseleff war es zu verdanken, daß ernsthafte Anstrengungen unternommen wurden, die Lebensbedingungen der Bauern, insbesondere in den Kronländern[3], zu verbessern und jeglichen Machtmißbrauch der Grundbesitzer zu bestrafen. Nikolaus mußte außerdem nach der Invasion und den Kriegen feststellen, daß sich die Staatsfinanzen in desolatem Zustand befanden. Das inflationäre Papiergeld wurde allmählich aus dem Verkehr gezogen; der Rubel gewann seinen alten Wert zurück.

1824, im Jahr vor dem Tod Alexanders I., hatte eine gewaltige Überschwemmung St. Petersburg fast an den Rand der Vernichtung gebracht. Der Kaiser war durch die Auswirkungen der Flutkatastrophe tief erschüttert. Bei starken westlichen Winden staute sich die Newa, Salzwasser strömte herein, und in unglaublich kurzer Zeit waren die Straßen der Stadt überflutet. Trotz des riskanten Einsatzes von Booten zur Rettung von Menschenleben und Eigentum hatte es erhebliche Verluste gegeben. Es war sogar erwogen worden, die Hauptstadt des Reiches wieder nach Moskau zu verlegen, da der Eindruck vorherrschte, daß ein unglückliches Zusammentreffen bestimmter Wetter- und Windbedingungen den Untergang der Stadt bedeuten könnte. «Eine furchterregende Vorstellung, die während eines langen, regnerischen Herbstes die Bevölkerung in Angst und Schrecken versetzen kann», schrieb Lady Londonderry im «Russian Journal». «Den ganzen Tag und während der Nacht herrschte große Aufregung, als durch Kanonenschüsse aus Kronstadt das Ansteigen des Wasserspiegels verkündet wurde, die mit Schüssen aus St. Petersburg und farbigen Lichtsignalsalven vom Turm der Admiralität beantwortet wurden. ... Mitten in der Nacht mußte man die Pferde aus ihren Stallungen holen. Am nächsten Tag schlug der Wind jedoch um, und auf das Tauwetter folgte eine klare Nacht. Die Angst war vorbei, und die Menschen faßten neuen Mut.»

Man hatte ausgerechnet, daß sich solche Überschwemmungen alle fünfundvierzig Jahre wiederholen könnten.

Petersburg war in der Tat «eine der seltsamsten, reizvollsten, schrecklichsten und dramatischsten Großstädte der Welt. Die Lage im hohen Norden, das extrem schräge Einfallen der Sonnenstrahlen, das ebene Gelände, die Tatsache, daß die Landschaft um die Stadt häufig durch weite, schimmernde Wasserflächen unterbrochen wird, betonten die Horizontale auf Kosten der Vertikalen und erzeugten ein Gefühl von unendlichem Raum, Distanz und Macht ... Das kalte Wasser der Newa teilt das Stadtzentrum in zwei Teile; es fließt leise und rasch dahin und gleicht einer glatten, grauen Metallplatte ... Es bringt den Geruch von einsamen Waldgebieten und Sümpfen, aus denen der Strom entstanden ist, mit. Überall spürt man die Nähe der großen Wildnis des russischen Nordens – stumm, düster, unendlich geduldig» [4].

Ein Engländer, R. Lyall, stellte fest: «Reisende von Stand begegnen überall gastfreundlicher Aufnahme, heiterer und angenehmer Gesellschaft, allen Arten von Zerstreuung ... Menschen niederer Herkunft und ohne Beziehungen stehen dagegen auf Schritt und Tritt vor Schwierigkeiten und finden alles düster und unfreundlich. Schließlich geraten sie in zweitrangige Kreise und fühlen sich von deren Sitten und Gebräuchen abgestoßen.»

Das Reisen war Anfang des 19. Jahrhunderts überall in Europa gewiß alles andere als einfach. Wanzen und anderes Ungeziefer kamen häufig vor. Bedeutende Reisende, wie zum Beispiel die Londonderrys, stießen auch in Holland auf Schmutz und Flöhe in der Milch, sie fanden die Unsauberkeit in Dänemark und Schweden abscheulich. Sie waren aber jederzeit bereit, aus allem das Beste zu machen, und ließen sich weder durch den Schmutz noch durch die barbarischen Sitten, die sie in Rußland schockierten, beirren, «denn dort gibt es kein solches Elend und solche Not wie in Irland. Die Männer bilden eine gutaussehende, hochgewachsene, urtümlich dreinblickende Rasse; sie gehen gut und warm gekleidet. Ihre hohen Stiefel, die farbigen Saffianhandschuhe, die weiten Umhänge aus Schafspelz und die bunten Schärpen sowie ihre langen Bärte und zerzausten Haare – alles ist von einer dicken Dreckkruste bedeckt ... aber sie sind gescheit –, man kann ihnen mit Zeichensprache ganz leicht alles verständlich machen».

Die Stroganoffs nahmen die Londonderrys 1826 bei ihrem Besuch in Rußland unter ihre Fittiche, und der Vater von Sergej Grigorjewitsch führte sie durch die Akademie der schönen Künste: «... ein imposantes Gebäude und eine großartige, freizügige Einrichtung. Der Zar fördert Begabung und Talente in hohem Maße, die Ausbildung und das Studium werden auf jede nur mögliche Weise vorangetrieben; unter diesen modern anmutenden Einrichtungen macht das Riesenreich rasche Fortschritte auf kulturellem und zivilisatorischem Gebiet. In den letzten zwanzig Jahren ist wahrscheinlich mehr als in einem oder zwei Jahrhunderten der Vergangenheit erreicht worden. Wir sahen zwei Galerien voll moderner Werke, die demnächst ausgestellt werden sollten, und eine schöne Bibliothek, die den Studenten offensteht. Wir wanderten dann durch verschiedene Räume, wo die Studenten mit dem Kopieren beschäftigt waren. Auch eine Architekturschule gehörte dazu, wo jeder, ohne von seinem Nachbarn beobachtet werden zu können, seine Baupläne entwarf...

Von dort gingen wir zu den hervorragenden Möbeltischlern; die Schönheit ihrer Stücke, die Einlegearbeiten unter Verwendung verschiedenfarbiger Hölzer fielen uns besonders auf. In dieser Hinsicht übertreffen die Russen die Engländer im Stil und die Franzosen in der Qualität. Dann fuhren wir zu der Glasbläserei, die weit außerhalb der Stadt liegt, dort werden große Ferngläser, einfaches Fensterglas und wunderschön gefärbte Glastische hergestellt.... Die Preise, die bescheiden anmuten, sind überall vermerkt...»

Graf Stroganoff fuhr mit Lady Londonderry in einem leichten Schlitten, gezogen von einem großen Traber, der schnell wie der Wind lief, während ein «petit furieux» (Pferd) an seiner Seite Kapriolen machte. Er gab ihr den Rat, den Mund geschlossen zu halten, damit nicht «kleine Messerchen im Hals zu tanzen beginnen». Sie waren auf dem Weg zu den berühmten Eisbergen auf den Elagin-Inseln, wo glattes Eis fast senkrecht aus zwanzig bis dreißig Metern Höhe herunterreicht. Die jungen Herren trugen eine Art Eskimokostüm, Pelzmützen, wie sie im Osten üblich sind, bestickte Stulpenhandschuhe, kurze Jacken und Pelze. Alle waren begierig, den Damen Gesellschaft zu leisten; diese wurden in einen Schlitten gesetzt, und dann ging es hinunter: «Man kann sich nicht vorstellen, wie grauenvoll dieser Schrecken ist. Wäre ein Adler auf mich herabgestoßen und hätte mich über die Wolken nach oben getragen, ich hätte nicht entsetzter sein können. Es verschlug mir den Atem, ich sah und hörte nichts. Vor meinen Augen verschwamm alles, und ein Rauschen tönte in den Ohren. Diese Belustigung ist ähnlich, wie wenn man ins obere Stockwerk läuft, um dort aus dem Fenster geworfen zu werden.»

Auch die Enkelin des Marschalls Kutusoff und Gattin des österreichischen Botschafters, Gräfin Dolly Ficquelmont[5], vertraute ihre Beobachtungen ihrem unveröffentlichten Tagebuch an: «Ich habe mich an dieses seltsame Vergnügen gewöhnt, das so typisch ist für den Norden, wo es wirklicher oder eingebildeter Gefühlsaufwallungen bedarf, um einem das Blut in den Adern zu erwärmen. Diese Art, sich von einem Berg hinunterzustürzen, ist auch eine Gefühlsaufwallung.»

Gräfin Dolly gehörte zum intimen Freundeskreis der kaiserlichen Familie, die des öfteren in ihrem Tagebuch erwähnt wird.

«Des Kaisers imposante Gestalt und sein edles, schönes Haupt entsprechen einer Seele, die gewiß nicht alltäglich ist... Zu Pferde ist er prachtvoll. Wenn er ungnädig ist, läßt einen die Strenge seines Gesichtsausdruckes erzittern. Er wirkt dann ebenso stählern wie seine Willenskraft. Trotz seines majestätischen Auftretens zeigt er sich im Gespräch besonders liebenswürdig, zwar blickt er streng und ernst drein, hat aber ein anziehendes und freundliches Lächeln... In seiner Gegenwart verliert man jegliche Befangenheit... die Schlichtheit und Freundlichkeit des Kaiserpaares stehen ihrem hoheitsvollen Auftreten nicht im Wege. Ihre reizenden Kinder kommen ihrer anmutigen Mutter[6] und dem prächtigen Vater mit Lachen und Liebe entgegen. Wenn man sie im Familienkreis sieht, kann man nicht umhin, begeistert zu sein und sie zu bewundern... denn trotz der feenhaften Pracht und des Pomps, der sie umgibt, ist es rührend, ein so erfrischendes Glück, so viel Zuneigung und Einfachheit in ihrer Liebe und so viel Natürlichkeit im Verhältnis zwischen Eltern und Kindern zu sehen ... Man kann sich kein entzückenderes Bild als diese Familie vorstellen, wenn alle beisammen sind ... Wenn die Zarin etwas aus sich herausgeht, merkt man, daß sie viel mehr Herz und Empfindsamkeit besitzt, als man ihr zugestehen würde. Aber sie wurde geboren, um Glück und Freude zu genießen, zuviel Vergnügen wirkt abkühlend ... Sie ist ein lebender Regenbogen. ... Wenn ich ein Dichter wäre, würde sie mich inspirieren ...»

Offizielle Besucher, die von der Kaiserin empfangen wurden, stolperten gelegentlich über die kleinen Großfürsten, die über die hölzernen «montagnes Russes» im Vorzimmer mit unglaublichem Tempo herunterrutschten.

Nach einem diplomatischen Empfang, bei dem Dolly der Zarin offiziell vorgestellt worden war, bemerkte sie: «Es fiel uns beiden nicht leicht, ernst zu bleiben, aber sobald die Zeremonie vorüber war, kam der Zar, der hinter der Tür gewartet hatte, herein, und alle Etikette war vergessen ...

Die Zarin wirkt so weiblich, wie man nur sein kann, ihrem sanften Wesen entspricht ihr Tagesablauf. Ihre Familie ist so glücklich, ihre Kinder so hübsch, ihr Gemahl so gut und liebevoll ... daß sie alles, was den Ernst des Lebens ausmacht oder dem Kaiser Kummer bereitet, nur wie durch einen Schleier wahrnimmt ... Eine größere Charakterstärke würde dieses ätherische Wesen überfordern. Kein starker Impuls geht von ihr auf den Kaiser über, außer der der Zärtlichkeit ... Sie spricht vom Unglück wie von einer mythologischen Begebenheit ...

Der Zar nahm mich auf eine Fahrt in seinem Einspänner mit. Er war charmant und plauderte mit der Ungezwungenheit und Liebenswürdigkeit einer Privatperson. Man fühlt sich in seiner Gegenwart nie befangen; nur dann, wenn er ein ernstes Gesicht macht, ist einem nicht wohl zumute ...

Der Zar pflegte in einer kleinen, offenen Kalesche herumzufahren und Besuche abzustatten, ganz allein und ohne Dienerschaft, abgesehen von dem bärtigen Kutscher. Es wurde behauptet, daß er trotz seiner liebenswürdigen und freundlichen Art, die einem bald jede Befangenheit nahm, weder die nachgiebige Zuvorkommenheit seines Bruders Alexander besaß noch dessen gewinnendes Lächeln.

... Er ist größer und stämmiger, ein wirklicher Koloß, in dem sich Eleganz und Schönheit vereinen. Er hat ein sehr gutgeschnittenes Gesicht... Bei seinem strengen Ausdruck wirkt sein Blick wie der eines Adlers, wenn er lächelt, hat man das Gefühl, als breche die Sonne durch eine Gewitterwolke.»

Trotz seiner prächtigen Umgebung führte der Zar ein einfaches und strenges Leben, doch er teilte die Liebe aller Russen für verschwenderisch ausgestattete Veranstaltungen im Palast oder in Privathäusern.

Seit Katharinas Herrschaft standen am Neujahrstag die Türen des Winterpalais jedermann offen. Dreißig- bis vierzigtausend Menschen aller sozialen Schichten drängten sich in den geräumigen Zimmern und Sälen, durch die die kaiserliche Familie ohne besondere Wachen schritt und sich formlos mit den Anwesenden unterhielt.

Ein keineswegs unparteiischer, aber scharfer Beobachter, der bissige Marquis de Custine, hatte ebenfalls erklärt:

«Ich habe den Wiener Kongreß erlebt, aber ich kann mich an keine Versammlung erinnern, die es mit den Veranstaltungen im Winterpalais in bezug auf die Kostbarkeit der Juwelen, der Kleider, die Vielfalt von Uniformen und den Glanz der gesamten Aufmachung aufnehmen könnte.»

Bei einer dieser «Veranstaltungen» bemerkte der Zar: «Unterordnung kann, so möchte man glauben, ein Ausdruck der Eintönigkeit sein... aber es gibt kein Land, wo es eine solche Vielzahl von Völkerschaften, Gebräuchen, Glaubensbekenntnissen und Meinungen wie in Rußland gibt. Die Vielschichtigkeit besteht untergründig, die Gleichförmigkeit erscheint an der Oberfläche, die Einheit ist täuschend.» Er hatte dann auf eine Gruppe von Offizieren gewiesen und hinzugefügt: «Die ersten beiden sind Russen, die nächsten drei sind ausgesöhnte Polen, mehrere andere sind Deutsche, und jene dort drüben sind die Söhne der Kirgisen-Khane, die zur Ausbildung gemeinsam mit meinen Kadetten hierhergeschickt worden sind«, und er deutete auf einen kleinen schlitzäugigen affenartigen Menschen in einem wunderlichen, goldbestickten Samtgewand (Marquis de Custin).

Dolly Ficquelmont berichtete: «Der Zar tanzte mit mir eine Polka in ausgelassener Stimmung. Er wirkte plötzlich bestrickend jung ... Die Zarin tanzte die ganze Nacht mit besonderer Anmut. Es ist ein Vergnügen, sie anzuschauen. Sie ist bei weitem die liebreizendste Frau von allen ... Immer wunderschön gekleidet und die Güte selbst ...»

Wenn Bälle stattfanden, säumten Lakaien die Treppen und Vorzimmer im Erdgeschoß. Riesige Gestalten mit Dreispitzhüten, die in Pelze von Wölfen, Bären, Füchsen, Hyänen, Waschbären gehüllt waren; jeder hütete sorgsam den seltenen und kostbaren Pelz seiner Gebieterin ...

Lady Londonderry wurde zu den Empfängen bei Hof von Gräfin Stroganoff begleitet, «denn sie hatte den Vortritt bei den russischen Damen». Sie war von den herrlichen Pelzen ihrer Freundin beeindruckt, «die dunkelsten und schönsten Zobelfelle und Hermeline». Der Graf bot sich an, ihr alles, was sie sich wünschte, aus Tobolsk zu beschaffen, zum halben Preis dessen, was man in St. Petersburg dafür hätte zahlen müssen. Trotzdem würde ein Mantelfutter, das aus zweitausend Fuchsfellen bestand, die man über fünf Jahre hätte sammeln müssen, fünfzig- oder sechzigtausend Rubel kosten, da jeweils nur ein kleines Stück am Schwanzansatz zu verwenden sei. Als sie an riesigen Eisblöcken vorbeifuhren, die an den Kaimauern der Newa aufgetürmt lagen, meinte Nathalie Stroganoff:

«Ich nenne sie die Veilchen von St. Petersburg, weil eine Frühlingshoffnung in der Luft liegt, wenn die Leute anfangen, ihre Kühlhäuser mit Vorräten zu füllen.» Graf Stroganoff ließ Lady Londonderrys Gemächer an ihrem Geburtstag mit Hyazinthen füllen; der Überfluß an Blumen während des ganzen Winters in den Petersburger Häusern versetzte viele Fremde in Erstaunen.

Angesichts der englischen Zeitschriften und der zahlreichen neuen Publikationen im Hause Stroganoff konnte man beinahe glauben, in England zu sein. Alle Männer trugen seit ihrer Kindheit Uniformen, «was den Vorteil mit sich brachte, daß Jugendtorheiten eingedämmt und Krawalle, Unruhen und Ungehörigkeiten im Benehmen oft verhindert wurden».

Lady Londonderry äußert sich in ihrem Tagebuch überschwenglich über die freundliche Aufnahme, die sie bei der Familie Stroganoff erfahren habe. Für sie waren die Russen «kultivierte und feinfühlige Menschen, die wir in unserer Überheblichkeit und Ignoranz als Barbaren und unzivilisierte Wesen bezeichnen... Sie sind gescheit, intelligent, sympathisch, offenherzig, treu, freundlich und warmherzig – kurz, ich möchte behaupten, Rußland ist der Himmel und die Russen sind lauter Engel – wäre nicht der Schmutz, und würde es nicht von Wanzen und Flöhen wimmeln... Es ist kaum zu fassen, man kann in kein Geschäft und in keine Kirche gehen, ohne ganze Regimenter davon mitzubringen, und in den Pelzgeschäften sind es Armeen... die größte Belastung jedoch ist das Klima».

Als es Zeit war, Abschied von den Stroganoffs zu nehmen, war sie tief bewegt: «Sie und ich sind uns so nahegekommen, und ich bin bei dieser großartigen Familie auf eine so grenzenlose Freundschaft und warmherzige Gastlichkeit und Güte gestoßen, daß ich gewissermaßen zum ‹Kind des Hauses› geworden bin.»

Obwohl er seinem Wesen nach kein Militär war, blieb Sergej Grigorjewitsch weiterhin in der Armee. Er nahm am ersten türkischen Feldzug von 1828 und am Krimkrieg (1853 bis 1856) teil, gab aber nie seine tätige Sorge um das Gemeinwohl auf, besonders auf den Gebieten der Erziehung und Kunst. Hinzu kam vor allem, daß ihn die Verwaltung der Stroganoffschen Güter und Interessen zu zahlreichen Reisen zwang. Die etwa siebenhundert Kilometer lange Strecke zwischen Petersburg und Moskau war leicht zu bewältigen, da eine neue, breite gepflasterte Straße gebaut worden war. In regelmäßigen Abständen wiesen die Unterkünfte der Straßenaufseher, kleine gußeiserne Brücken mit dem kaiserlichen Doppeladler und Meilensteine dem eiligen Reisenden den Weg.

Die Zarin Katharina und ihre Nachfolger hatten an den Poststationen Rasthäuser errichten lassen, deren hohe, geräumige Zimmer mit «schönen Parkettböden und italienischen Decken, mit Damast überzogenen Möbeln und wunderschönen Täfelungen», eingerichtet waren, berichtete Lady Londonderry. «Leider fand man auch hier Ungeziefer, von dem es in dieser prächtigen Umgebung nur so wimmelte. Für die Reisenden standen jederzeit Kutschen zur Verfügung. Die Fremden waren überrascht von dem seltsamen, urtümlichen Schreien und dem Geheul der Kutscher sowie von den Anstrengungen, die unternommen wurden, um Kultur und Zivilisation voranzutreiben.»

Weiter im Landesinneren war man jedoch bei der Unterkunft auf den Zufall angewiesen; die Reisewagen kippten auf den holprigen Straßen häufig um. Auch wenn man mit Privilegien «gesegnet» war – was so viel hieß, daß Kuriere vorausgeschickt wurden, um Zimmer vorzubereiten, Pferde bereitzustellen, Lebensmittel heranzuschaffen, Brot backen und Kühe melken zu lassen, Pferdegeschirr zu kaufen und Kutscher anzuheuern –, wurde jede Fahrt zu einem Abenteuer. Es ist daher um so erstaunlicher, wenn man hört, wie häufig solche Reisen unternommen und welche gewaltigen Entfernungen zu allen Jahreszeiten in verhältnismäßig kurzer Zeit zurückgelegt wurden.

Die kaiserlichen Kuriere, die man an den Poststationen mit Vorrang abfertigte, konnten die Verbindung mit der Hauptstadt auch aus dem entferntesten Winkel des Riesenreiches binnen acht Tagen herstellen, denn nichts geschah ohne Wissen, Befehl oder Unterschrift des Zaren. Dieses Kuriersystem war in früherer Zeit von den Mongolen übernommen worden und stellte bereits damals eine bedeutende Verbesserung gegenüber den Zeiten dar, als «Könige in ihren Festungen über Orakel nachsannen, um dann plötzlich zu Eroberungszügen aufzubrechen nach dem Eintreffen von Nachrichten, die aufgetragen waren auf die geschorene Kopfhaut eines Sklaven».

Das Bildungswesen

Im Jahr 1826 wurde Sergej Grigorjewitsch Mitglied des «Komitees zur Entwicklung des allgemeinen Bildungswesens», das alle gesetzlichen Grundlagen auf diesem Gebiet vorbereiten sollte.

Die Dekabristen, die Aufständischen von 1825, deren Ideologie in der deutschen Philosophie wurzelte, hatten das allgemeine Bildungsprogramm kürzen wollen, während sich Stroganoff mit Unterstützung durch Speransky und den Vorsitzenden des Komitees allen einschränkenden Maßnahmen nachdrücklich widersetzte. Er hatte damit zwar nicht immer Erfolg, aber im Januar 1828 wurden Bestimmungen zur Einrichtung von Volksschulen und Gymnasien erlassen; einige Monate darauf entstand das zentrale Pädagogische Institut, und im Jahr 1835 wurden Richtlinien für alle größeren Universitäten herausgegeben. Man förderte nicht nur privilegierte Bildungseinrichtungen und Schulen, zahlreiche junge russische Wissenschaftler wurden nach Dorpat in Estland geschickt, das wegen seines hohen wissenschaftlichen Niveaus berühmt war.

Der Zar billigte außerdem den von Sergej Grigorjewitsch eingereichten Vorschlag, daß in jeder Provinzhauptstadt ein repräsentativer Rat unter dem Vorsitz des Provinzgouverneurs für die Hebung des allgemeinen Bildungsniveaus verantwortlich sein sollte; alle höheren Ausbildungseinrichtungen sollten vor willkürlichen Eingriffen von außen bewahrt bleiben.

Der Minister Graf Kisseleff hatte einen Plan zur Abschaffung der Leibeigenschaft vorgelegt, aber die Revolution von 1830 in Frankreich und der nachfolgende Aufstand in Polen bremsten die ursprünglichen Reformpläne Nikolaus' I.

Die polnische Erhebung von 1831 wurde hart unterdrückt. «Polen ist für Rußland etwa das, was Irland für England bedeutet», schrieb Lady Londonderry. «Ein erobertes Land, ein unterdrücktes Königreich, das seine einstmalige Unabhängigkeit nie vergessen kann.» Polen war ein gewisses Maß an Autonomie und Freiheiten, wie sie in Rußland immer noch unbekannt waren, zugestanden worden, aber das Land war nicht bereit, sich mit weniger als der vollständigen Unabhängigkeit zufriedenzugeben.

«Ich saß beim Essen neben dem Zaren», berichtete die Gattin des österreichischen Botschafters kurz danach. «Wir redeten viel, und mehr als einmal fielen mir an ihm ein Lächeln tiefer Melancholie und der fast unbewußte Ausdruck echter Sorge in seinen Worten auf... Ich bin keineswegs mit den Maßnahmen, die er getroffen hat, einverstanden. Nach meiner unabhängigen Einstellung ist er ein Tyrann, und als solchen beurteile ich ihn streng und ohne jegliche Spur von Faszination, aber dennoch kann man nicht anders, als in ihm etwas außergewöhnlich Edles zu erkennen...»

Er war in der Tat ein Mann von Ehre, der es über sich brachte, sich öffentlich bei einem Offizier zu entschuldigen, den er in coram publico gerügt hatte. Er galt als verhaßt, dennoch erschien er vielen seiner Zeigenossen als «Strahlender Ritter».

Als in Moskau eine Choleraepidemie ausbrach, fuhr Nikolaus, ohne Rücksicht auf die Ansteckungsgefahr, sofort dorthin, um die Durchführung aller Maßnahmen zu überwachen, mit denen eine Ausbreitung der Seuche verhindert und den Opfern geholfen werden konnte.

Die von General Paskewitsch ausgeschalteten polnischen Rebellen und die Dekabristen, die bis zum Ende seiner Herrschaft in Sibirien blieben, lernten nur die harte Seite des Zaren kennen, die ihm den Ruf eines unbarmherzigen Tyrannen eintrug. Sie erklärten höhnisch, seine Idealvorstellung vom «bien-être général du pays» (allgemeiner Wohlstand für das Land) müsse eigentlich heißen: «Il est bien d'être général dans ce pays» (etwa: Generalen geht es in diesem Lande gut).

Aber Odojewsky, der bekannte «slawophile» Kritiker, der eine bemerkenswerte «Science-fiction»-Darstellung der Zukunft verfaßte, erklärte: «In Rußland ist vieles schlecht, aber im großen und ganzen ist alles gut. In Westeuropa ist vieles gut, aber im großen und ganzen ist alles schlecht.»

Obwohl Rußland nach europäischen Maßstäben noch ein rückständiges Land war, brauchte hier niemand zu hungern. Überall gab es schneeweißes Brot und gutes Rindfleisch. In ganz Rußland, insbesondere in den Provinzhauptstädten, förderte die Kaiserinmutter, die Witwe Pauls I., eine Anzahl von Wohlfahrtseinrichtungen, Krankenhäusern und Heimen für Bedürftige. Das städtische Krankenhaus von Moskau, das von Fürst Dimitri Galitzin errichtet worden war, konnte vierhundertfünfzig Patienten unterbringen. «Die Ärmsten wurden ohne unnötige Fragen oder Schwierigkeiten aufgenommen; die gute Pflege, Ordnung, Regelmäßigkeit, Sauberkeit und Belüftung waren über alle Kritik erhaben. Ein weiteres Galitzin-Spital wurde ausschließlich durch die Einnahmen seiner Güter finanziert. Es gab auch Krankenhäuser für Kinder und für die Opfer der Cholera. Alle diese Einrichtungen wurden auf breitester Basis geführt.»

Lady Londonderry fügte hinzu:

«Wir fanden, wie in allen russischen Häusern, eine ganze Anzahl von Personen vor – sie gehörten zum Haushalt, wenn auch ihre Stellung schwierig einzuschätzen war; wir trafen zwei Engländerinnen, eine Perserin und eine verwaiste Nichte ... in diesem Land herrscht überall, vom Zaren an bis nach unten, viel Wohltätigkeit und Menschenliebe. Ich habe nirgends so viel Sorge für das Bildungswesen erlebt oder erfahren, daß man den Bedürfnissen der Armen in jeder Hinsicht so viel Aufmerksamkeit gewidmet hätte.»

Nathalie Stroganoff leitete eine Reihe solcher Einrichtungen, deshalb konnten ihre Gäste Informationen zu diesem Thema aus erster Hand bekommen. Man mag einwenden, daß sie häufiger von Erfolgen als von Fehlschlägen erfuhren, aber es besteht kein Grund, an ihren Aussagen, die von vielen anderen bestätigt werden, zu zweifeln.

Anfang 1837 wurde die russische Gesellschaft durch den Tod Puschkins erschüttert, der in einem sinnlosen Duell fiel. Er war ein aufrichtiger Freund und häufiger Gast im Salon Madame Hitrowos, Dolly Ficquelmonts Mutter[7].

In ihrem anschaulich geschriebenen Tagebuch hatte Dolly den Dichter als «Mischung von Affe und Tiger» beschrieben. «Häßlicher kann man gar nicht sein. Er hat afrikanisches Blut, und in seinem Blick liegt immer noch etwas Wildes ... aber wenn er spricht, vergißt man, was ihm an seiner äußeren Erscheinung fehlt ... Er unterhält sich ohne Eitelkeit oder Rechthaberei, seine Worte sind immer interessant und geistreich, er schäumt von Energie und Begeisterung förmlich über ... Mme. Puschkin[8] ist eine besonders schöne Frau; sie hat etwas Poetisches und Rührendes an sich. Sie ist jung, schlank und hochgewachsen, mit einem Madonnengesicht und einem fast durchsichtigen Teint. Ihr feingeschnittenes Gesicht, die herrlichen schwarzen Haare und die großen dunkelgrünen Augen verleihen ihrer Erscheinung etwas Ätherisches, schwer Faßbares. Er liebt sie innig ... Ich habe irgendwie das Gefühl, daß diese Frau nicht glücklich sein wird, obwohl ihr im Augenblick der Himmel voller Geigen zu hängen scheint ...»

Am 29. Januar 1837 fallen Dollys Worte wie Tränen:

«Heute hat Rußland seinen teuersten und geliebten Dichter Puschkin verloren. Dieses strahlende Talent, dieses Genie voller Kraft! Was für eine traurige und erschütternde Katastrophe hat dieses flammende Fanal ausgelöscht, das berufen schien, noch auf viele Jahre hinaus seine Umwelt zu erhellen ... Gegen den Rat aller seiner Freunde heiratete er vor fünf Jahren. Sie war jung, ohne Vermögen, eine große Schönheit. Ihr Gesicht wirkte poetisch, aber in ihren Gedanken und im Charakter war sie von entwaffnender Einfachheit. Zunächst nahm sie in der Gesellschaft den Platz ein, der einer so unbestreitbaren Schönheit zusteht. Sie wurde viel bewundert, aber sie schien zu Hause glücklich zu sein und ihren

Mann zu lieben. Sie freute sich ohne Koketterie ihres Lebens, bis ein Franzose, d'Anthès, ein Offizier der Chevaliers-Gardes und Adoptivsohn des holländischen Gesandten Heckeren, ihr den Hof machte.»

Mme. Puschkins Schwester hatte das Pech, sich in ihn zu verlieben und ihn zu veranlassen, immer häufiger mit ihrer Schwester zusammenzutreffen. Vielleicht hatte ihn Puschkin durch irgendein Epigramm gekränkt, aber Heckeren sollte in der ganzen Geschichte eine undurchsichtige Rolle spielen. Er ermutigte d'Anthès in jeder Weise, bis Nathalie «jede Kontrolle über ihn verlor... Puschkin war so unklug, seiner jungen und hübschen Frau zu gestatten, ohne ihn in der Gesellschaft aufzutreten, denn sein Vertrauen in sie kannte keine Grenzen: Sie erzählte ihm alles und wiederholte jedes Wort, das d'Anthès ausgesprochen hatte – ein großer und schicksalsschwerer Fehler.

...Beleidigende und widerwärtige anonyme Briefe unterrichteten Puschkin über alle die bösen Gerüchte, die über d'Anthès und seine Frau im Umlauf waren... Zutiefst verletzt, begriff er, daß sie, so überzeugt er auch von ihrer Unschuld sein mochte, in den Augen des breiten Publikums, das seinen Namen verehrte, schuldig war. Für die höhere Gesellschaft stand fest, daß d'Anthès' Verhalten an sich bereits der Beweis für Mme. Puschkins Unschuld sei, aber bei den anderen Gesellschaftskreisen von Petersburg, die für den Dichter von größerer Bedeutung waren, weil er dort seine Freunde, seine Mitarbeiter und sein Publikum fand, galt sie als schuldig.»

Um die Aufmerksamkeit abzulenken, machte d'Anthès der Schwester von Puschkins Frau einen Heiratsantrag und wurde erhört, aber das Haus des Dichters blieb ihm verschlossen. Wohlmeinende Freunde versuchten, die Paare wieder zu versöhnen, und d'Anthès belagerte Mme. Puschkin von neuem. «Wir waren alle Zeugen, wie sich dieser unheilvolle Sturm zusammenbraute», fuhr Dolly fort.

«Die Art und Weise, wie er sie auf einem Ball ansah und mit ihr sprach, wirkte auf jeden beängstigend. Von diesem

Augenblick an hatte der Dichter unwiderruflich seinen Entschluß gefaßt... das Unglück war nicht mehr aufzuhalten. Am nächsten Tag schrieb er in beleidigender Form an Hekkeren; er beschuldigte ihn der Komplizenschaft und provozierte ihn[9]. D'Anthès antwortete für seinen Adoptivvater und nahm das Duell an, worauf es Puschkin abgesehen hatte.»

Die Geschichte des Duells ist bekannt. Dolly war mit Zhukowsky und Fürst Wiasemsky, die dem Dichter bis zum Ende Beistand leisteten, gut befreundet. Sie schrieb in allen Einzelheiten:

«Als der Priester kam, legte er die Beichte ab und kommunizierte... Der Zar versicherte ihm brieflich, daß er Puschkins Frau und Kinder so behandeln werde, ‹als gehörten sie ihm›. Puschkin küßte den Brief und sagte, er bedauere nur, nicht weiterleben und sein Dichter und Geschichtsschreiber sein zu können. Seine Agonie zog sich sechsunddreißig Stunden hin, während derer er keinen Augenblick das Bewußtsein verlor. Sein Geist blieb klar, hell, ruhig... Das Duell erwähnte er nur, um seinen Sekundanten Dansas und seine abwesenden Schwäger zu bitten, an d'Anthès keine Rache zu üben. Was er seiner Frau sagte, war zärtlich, liebevoll und trostreich... Er drehte sich dann zu seinen Büchern um und sagte: ‹Lebt wohl, meine Freunde.› Schließlich entschlief er und seufzte zum Schluß noch ‹Kontscheno› [es ist vollbracht]. Zhukowsky, der ihn wie ein Vater liebte, sagte, über sein Gesicht sei in diesem Augenblick ein Leuchten gegangen und sein ernster Ausdruck habe einen Anflug von Erstaunen gezeigt, als ob er soeben etwas Großes, Unerwartetes und Strahlendes erblickt hätte...»

Dieser dramatischen Geschichte fügte Dolly hinzu:

«Welche Frau würde es wagen, Mme. Puschkin zu verurteilen, denn wir alle lassen uns gern bewundern und freuen uns, geliebt zu werden. Wir alle benehmen uns oft unachtsam und betreiben dieses schreckliche, unberechenbare Spiel mit den Herzen anderer... Wer wird hieraus eine Lehre ziehen? Im Gegenteil, die Petersburger Gesellschaft hat sich nie oberflächlichen Liebeleien und Sorglosigkeiten so bedenkenlos hingegeben wie in diesem Winter.»

Das von Katharina II. erlassene Verbot des Duells war noch gültig, aber man betrachtete es als Ehrensache, sich darüber hinwegzusetzen. Duellanten und ihre Sekundanten wurden jedoch bestraft.

D'Anthès wurde degradiert und aus Rußland ausgewiesen; sein Adoptivvater, der eine so zweideutige Rolle gespielt hatte, trat freiwillig in den Ruhestand.

In Rußland sind ihre Namen bis auf den heutigen Tag verhaßt.

«Goldene Ära Stroganoff»

Als Madame de Staël Anfang des 19. Jahrhunderts Rußland besuchte, staunte sie über die ungewöhnliche Verwegenheit des russischen Adels. Dazu bemerkte sie: «Nichts ist vollkommen genug, um die Phantasie der großen russischen Herren zu befriedigen. Das rauhe Klima, die Sümpfe, die Wälder haben zur Folge, daß die Menschen in der beständigen Auseinandersetzung mit der Natur ohne weiteres auch auf lebenswichtige Dinge verzichten, wenn sie des Luxus beraubt sind und die Poesie des Reichtums fehlt. ... Es ist die Pracht, die Großartigkeit, die sie erstreben, nicht die alltägliche Bequemlichkeit.»

Dieser poetische Vergleich mit der Natur läßt sich durchaus auf alle Russen anwenden, aber seit Jahrhunderten war der Adel in ganz Europa dazu erzogen worden, in einer Kavallerieattacke – wie es einmal jemand ausgedrückt hat – «das erregendste Erlebnis im Leben» zu sehen. Von Kindheit an wurden die Knaben zur Kühnheit erzogen, und Tapferkeit rangierte vor allen anderen Tugenden. Bis zur Revolution traf dies insbesondere auf Rußland zu. Man braucht heutzutage schon ein gehöriges Maß an Phantasie, um sich den Donner Tausender von Pferdehufen vorzustellen, die sich in einem wilden Zusammenprall menschlicher Zentauren zu einer unentwirrbaren Masse verstricken. Dieser verwegene Galopp dem Tod entgegen erschien ihnen, den Teilnehmern einer solchen Attacke, als der faszinierendste Augenblick, den ihnen das Leben bieten konnte.

Aber die Herausforderung und die Bravour der napoleonischen Ära waren vorbei. Seine Pflicht mußte man nicht mehr heroisch auf den Schlachtfeldern oder überlegen in den Salons internationaler Kongresse erfüllen. Nun hatte man sich mit dem eintönigen Dasein in Büro, Familie und Bekanntenkreis abzufinden, denn diese Bereiche bildeten fortan für den Staatsdiener den Lebensrahmen. Gewiß, das Dasein war weniger gefahrvoll geworden, aber auch viel weniger aufregend. Der Zeitpunkt schien gekommen, um selbständiges Denken, Beharrlichkeit und Eifer in andere Richtungen zu lenken.

Stroganoff, von 1831 bis 1834 Militärgouverneur von Riga und Minsk, kehrte bald zu seiner Lieblingsbeschäftigung zurück und wurde Kurator des Unterrichtswesens im wichtigen Bezirk von Moskau. Er verschmähte jeden persönlichen Vorteil. Sein großes Vermögen, die europäische Erziehung sowie die Eigenständigkeit seiner Ansichten und seine Toleranz gegenüber anderen ließen ihn für diese Stellung als besonders geeignet erscheinen. Er besaß eine große Menschenkenntnis und zog eine Gruppe hochqualifizierter Professoren wie Granowsky, Pogodin[10], Bodjensky und Solowieff heran, die er, wenn nötig, förderte und unterstützte. Hierdurch entstand ein neues Interesse an der Moskauer Universität. Vorlesungen von Professor Granowsky zum Beispiel erregten die Aufmerksamkeit weiter Kreise der Moskauer Intelligenz. Die Jahre seiner Kuratorschaft wurden später als «die goldene Ära Stroganoff» gerühmt. Er nahm auch regen Anteil an den persönlichen Problemen der Studenten, verbesserte das Niveau der Gymnasien und Grundschulen und ihre finanzielle Lage, indem er in weiten Kreisen der Gesellschaft lebhaftes Interesse an seinen Vorhaben weckte.

Seine «Richtlinien für Grundschulen» wurden auch in St. Petersburg und vielen anderen Städten angewandt.

Der einzige Weg zur Durchführung von Reformen führte über das Erziehungswesen, und diesem wollte er sich so lange wie möglich widmen. Er geriet jedoch in offenen Konflikt mit dem Minister Graf Uwaroff wegen der Zulassungsbeschränkungen beim Universitätsstudium. Der Minister vertrat den Standpunkt, daß die allgemeine Zulassung zum Universitätsstudium junge Menschen dazu verleite, Stellungen anzustreben, die ihnen in der Praxis eventuell nicht zugänglich sein würden; dadurch könnten sowohl die weniger bemittelten Eltern als auch die Erwartungen der betroffenen Jugendlichen enttäuscht werden. Stroganoff vertrat demgegenüber eindeutig die Meinung, daß jede Maßnahme, die jungen Menschen den Eintritt in die Universität verwehre und nachteilige Folgen für den Ausbau des allgemeinen Bildungswesens nach sich ziehe, in der Öffentlichkeit auf Unverständnis stoßen und letzten Endes den Erfolg eines vielversprechenden Vorhabens in Frage stellen würde. Er protestierte außerdem gegen die vom Minister praktizierte Zensur: «Wenn alle Richtlinien und Zensurbestimmungen genau eingehalten werden, erleiden Schriftsteller große Nachteile bei der Veröffentlichung ihrer Werke; eine Anzahl von Artikeln oder Aufsätzen, die für das Bildungswesen von Nutzen sind, würden entweder gar nicht gedruckt werden oder zu spät erscheinen und dadurch überholt sein.»

Meinungsverschiedenheiten wie die zwischen Uwaroff und Stroganoff, der den Standpunkt vertrat, man müsse das Bildungswesen fördern, um bessere und ausgewogenere Beurteilungsmaßstäbe zu erreichen, waren typisch für ein intellektuelles Tauziehen, das bis zur Revolution andauern sollte[11].

Die westeuropäischen Revolutionen des Jahres 1848 schienen Uwaroff recht zu geben. Sergej Grigorjewitsch trat von seinem Amt zurück.

Im Jahr 1848 hatte die aufständische ungarische Armee vor Világos beim Erscheinen der überlegenen russischen Truppen fast kampflos die Waffen gestreckt – unter der Bedingung, nicht als Rebellen, sondern als Soldaten behandelt zu werden. Dieses Versprechen wurde jedoch von Österreich nicht eingehalten. Die eroberten ungarischen Fahnen wurden in Schönbrunn von Prinz Viktor Wassiltschikoff – dem späteren Helden von Sewastopol – überbracht.

Nikolaus I. war den Vereinbarungen von 1815 gefolgt, wonach auf seine Bitte hin ein Kaiser dem anderen gegen aufständische Kräfte zu Hilfe kommen sollte. Er erntete keinen Dank, denn im Krimkrieg stand ihm Österreich nicht als Freund zur Seite.

Ideen der Zeit

Die repressiven Maßnahmen Nikolaus' I. brachten sowohl die «Westler» als auch die «Slawophilen» in Gegensatz zum Regime. Erstere hatten sich ursprünglich für westliche Kultur und persönliche Freiheit eingesetzt. Viele von ihnen waren Freimaurer. Sie wandten sich zunehmend den Gedanken der deutschen Philosophen Fichte und Hegel zu, die an der Religion nagten und anstatt zu Aufklärung zu Chaos und Zerstörung und schließlich zur blutigsten Diktatur führen sollten. Die Slawophilen hatten im Gegensatz zu dieser Entwicklung eine nebelhafte «Rückkehr zur inneren Seele der Nation» gefordert. In extremen Fällen wurden die «Westler» zu fanatischen Anhängern philosophischer Theorien, die keinerlei Beziehung zur menschlichen Realität besaßen, während die Slawophilen die westliche Kultur in allen ihren Erscheinungsformen verdammten und dadurch finstere Zerstörungskräfte freisetzten.

Der Dichter Tjuttscheff sah für die Zukunft einen Kampf zwischen Gott und Satan voraus, Graf Leo Tolstoy trug mit seinen eigenen religiösen Vorstellungen zur geistigen Verwirrung nur noch bei. Gorki schrieb einmal, daß in der Theologie des großen Schriftstellers «Gott und Tolstoy wie zwei Bären wären, die sich in derselben Höhle befinden».

Hegels Einfluß nahm von Tag zu Tag zu. Ein zeitgenössischer Schriftsteller, J. Billington, meinte: «Die Saat dieser Lehre ging in neuen philosophischen Kreisen auf, in denen sich humorlose Jünger um eine magnetische, finstere Gestalt scharten.» Aber die russische Psyche neigt nicht nur zur Gewalt und zur Maßlosigkeit, sie empfindet zugleich eine leidenschaftliche Sehnsucht nach innerer Ausgeglichenheit und geistigem Frieden. Es ist, als rängen Christus und Satan um die Seele des Russen[12]. «Die großartige russische Literatur des 19. Jahrhunderts würde ohne diese Tiefgründigkeit unverständlich bleiben.» Dostojewsky beispielsweise stellt nicht das Leben in Rußland dar, sondern die Vielschichtigkeit der russischen Seele. Diese Seele wird leicht von Zukunftshoffnungen verführt, bleibt jedoch stets zutiefst gefährdet. Ein Wesensmerkmal des russischen Charakters und des sozialen und kulturellen Lebens ist immer die Sehnsucht nach «Prostor», nach Weite. Auf der Suche nach mehr Raum, im buchstäblichen wie im geistigen Sinne, zogen Schwärme von Pilgern über das Land. Viele legten gewaltige Entfernungen zurück, um zu einem frommen Mann, einem «Staretz», oder zu einem berühmten Kloster zu gelangen. In seinen «Aufzeichnungen eines Jägers» erwähnt Turgenieff einen Pilger, der sagt: «Wenn du schweigend dahinwanderst oder dich auf dem Boden ausruhst, glaubst du ständig Geräusche des Wachstums und des Wandels voller Zärtlichkeit zu hören. Alles summt und gurgelt, plätschert und murmelt um dich herum, als spräche der Herr selbst durch seine Schöpfung zu dir.»

Im Jahr 1879 plante Tolstoy ein Werk, das den russischen Menschen als eine Kraft darstellen sollte, die sich in einer Art friedlicher Expansion zu riesigen, offenen Weiten hingezogen fühlt. Doch im Gegensatz zu diesen friedfertigen Suchern glaubten Schriftsteller wie Herzen und Bakunin, eine Antwort auf die Forderungen der Zukunft in der Vielfalt neuer sozialer und revolutionärer Ideen finden zu können.

Für Menschen wie die Stroganoffs galten alle extremistischen Auffassungen als intellektuelle Spielereien. Ihre eigene Herkunft lag tief in der russisch-orthodoxen Vergangenheit verwurzelt. Schon immer fühlten sie sich aber auch dem Westen eng und freundschaftlich verbunden. Westeuropäisch wie auch zutiefst russisch, hielten sie nichts von unausgegorenen intellektuellen Theorien. Sie glaubten ausschließlich an sinnvoll gefördertes, organisches Wachstum.

Sergej Grigorjewitsch hatte stets den Standpunkt vertreten, daß sich Gewalt oder übertriebene Härte auf die Dauer rächen würden. Trotz seiner Einwände wurden nach 1848 strengere Maßnahmen ergriffen, um den «Gärungsprozess» zu verhindern: Studenten durften zum Studium nicht mehr ins Ausland reisen, Philosophie wurde als Studienfach gestrichen, Zensur und mancherlei andere Beschränkungen verstärkt.

Damit zerstörte Nikolaus I. «die Möglichkeit politischer Veränderungen», die Alexanders Herrschaft gekennzeichnet hatte[13]. Wie vernünftig auch manche seiner Maßnahmen gewesen sein mögen, vorherrschend war allgemein das Gefühl, die Tür zum Fortschritt sei zugeschlagen.

Durch die Unterdrückung neuer Ideen sollte für die zutiefst Enttäuschten die Hegelsche These, daß «völlige Zerstörung der völligen Freiheit vorangehen müsse», zu einem Werkzeug der Rache werden.

Herzen lehnte die Herrschaft Nikolaus' I. in einer leidenschaftlichen Schmähschrift ab. Die fast hysterische Verspottung alles Russischen – etwa durch den Marquis de Custine – war zur damaligen Zeit Mode geworden. Custine wurde wegen homosexueller Exzesse aus Rußland ausgewiesen und verkehrte nie in der höheren Gesellschaft. Aber die Vorurteile gegen Rußland wuchsen in Frankreich und England durch den Krimkrieg und den polnischen Aufstand und verankerten sich fest.

Rückblickend läßt sich für den Krimkrieg nur schwer eine Rechtfertigung finden. Rußland und die Türkei waren bei ihren Verhandlungen über die heiligen Stätten in Palästina in eine Sackgasse geraten. Um Druck auf den Sultan auszuüben, marschierte Nikolaus in Moldawien, der nächstgelegenen türkischen Provinz, ein; er beabsichtigte, dieses Gebiet als Faustpfand zu benutzen. England und Frankreich unterstützten die Türkei, die 1853 den Krieg erklärte; britische und französische Kriegsschiffe fuhren ins Schwarze Meer und belagerten Sewastopol auf der Krim zu Lande und von See her. Zwei Jahre hindurch gab es große Verluste für alle Betroffenen. Die russischen Truppen waren über das ganze Reich verteilt und konnten nur unzulänglich an einer Stelle Widerstand leisten. Trotz der heldenhaften Verteidigung der Hafenstadt Sewastopol bemerkte Gräfin Nesselrode treffend: «Das Anwachsen der russischen Macht wurde von den westlichen Nachbarn Rußlands als ein unverzeihlicher Mangel an Anstand (manque de délicatesse) angesehen und nie verziehen.» Die Tatsache, daß unter der Herrschaft Nikolaus' I. die russische Literatur eine neue Blütezeit erlebte, wurde ebenso absichtlich übersehen wie die tiefe Sorge des Zaren und seiner Zeitgenossen wegen der vor ihnen liegenden Probleme. Wenn man auch noch nicht wagte, umwälzende Reformen durchzuführen, so wurden sie doch sorgfältig vorbereitet.

Bereits im Jahr 1843 wurde Baron August von Haxthausen, Fachmann für das preußische Landwirtschaftswesen, nach Rußland eingeladen, um sich einen Überblick über die ländlichen und industriellen Verhältnisse im Vergleich zu seinem eigenen Land zu verschaffen. Er unternahm, ohne von offizieller Seite behindert zu werden, ausgedehnte Reisen und veröffentlichte eine detaillierte Studie über «Die innere Situation, das nationale Leben und die ländlichen Einrichtungen in Rußland». Er schrieb unter anderem: «In Sibirien ist die Leibeigenschaft verboten, dort hat es sie nie gegeben ... Rußland ist noch immer ein patriarchalisches Land, seine Sitten und Gebräuche sind schlicht und einfach. Es ist das alte Rußland, mit seiner herzlichen Gastfreundschaft und Nachbarschaftshilfe ... Die Verhältnisse in den neuerrichteten

Fabriken sind in Rußland vielerorts besser als in Westeuropa. Da die Arbeiter meistens vom Lande kommen, verbringen sie nur einen Teil ihrer Arbeitszeit in der industriellen Umgebung, denn die Arbeitgeber sind verpflichtet, ihnen mehrere Wochen Urlaub zu geben, damit sie besonders zu Ostern und während der Erntezeit zu ihren Familien zurückkehren können. Dies erklärt ihr gesundes Aussehen und ihre Fröhlichkeit...»

Obwohl Nikolaus I. als harter und rücksichtsloser Tyrann mit oft zitierten «zinngrauen Augen» in die Geschichte eingegangen ist, waren ihm alle, die ihm nahestanden, in treuer Anhänglichkeit ergeben. Er galt sogar als beliebte und allgemein bekannte Gestalt in der Öffentlichkeit, denn er fuhr, wie es auch bei seinen Vorfahren üblich war, oft im Einspänner ohne Wachen herum. Nach der Ermordung Alexanders II. ließ sich diese Gewohnheit jedoch kaum noch aufrechterhalten. Die Zaren zogen sich immer mehr zurück und verloren allmählich den persönlichen Kontakt mit ihren Untertanen.

Kurz vor dem Tod Nikolaus' I. wurde der Verkauf von Alaska mit den Vereinigten Staaten ausgehandelt. Der Zar war sich zwar der Reichtümer und Möglichkeiten, die Alaska in ferner Zukunft bieten konnte, durchaus bewußt, aber er meinte, das russische Reich habe sich mit Sibirien schon weit genug ausgedehnt und die Halbinsel Alaska könnte ein «Casus belli» mit Amerika werden. Deshalb verzichtete er klugerweise auf dieses Land. Eine symbolische Summe von einer Million Dollar wurde vereinbart, und um auch äußerlich darzutun, daß es sich nicht um ein Geschäft im eigentlichen Sinne handelte, wurde die Kuppel der Isaak-Kathedrale in St. Petersburg mit dem Erlös vergoldet. Während die Westmächte noch voller Spannung die Verkaufsverhandlungen beobachteten, annektierte Graf Murawieff (später Murawieff-Amursky genannt) in aller Stille ein menschenleeres Gebiet nordwestlich von China, etwa so groß wie Frankreich, mit dem Mündungsgebiet des wichtigen Stromes Amur. Süd-

Sachalin wurde dann von den Japanern gegen die Kurilen eingetauscht, und Rußland erwarb bei dieser Gelegenheit einen eisfreien Hafen (Port-Arthur). Dies konnte als eine gewisse Entschädigung für den Frieden von Paris (1856) gelten, der das Ende des Krimkriegs und der alliierten Invasion in Rußland bedeutete, die russische Flotte wurde jedoch im Schwarzen Meer eingeschlossen. Die Engländer hatten zwar versucht, durch eine Landung auf der Halbinsel Kamtschatka diese Entwicklung zu verhindern, aber sie wurden zurückgeschlagen, und der britische Admiral beging Selbstmord.

Im Jahr 1840 hatte der französische Journalist Philarète Chasles eine Zukunft prophezeit, «in der Rußland und Amerika wie zwei junge Schauspieler Beifall heischen». Beide einem glühenden Patriotismus hingegeben, würden sie zu einer Zeit auf der Bühne erscheinen, in der die Menschen Tausende neuartiger Säuren entdeckt hätten, Flugmaschinen mittels Elektrizität steuern könnten und Mittel und Wege ersonnen hätten, um sechzigtausend Menschen in einer einzigen Sekunde umzubringen...

Die Reformen Alexanders II.

Alexander II., geboren 1818, bestieg 1855, mit siebenunddreißig Jahren den Thron. Er war das genaue Gegenteil seines Vaters. Nikolaus war unbeugsam, Alexander schwankend. Er war viel intelligenter als sein wie aus einem Guß geformter Vater, dessen strenges Äußeres nicht durch Charme gemildert war wie bei seinem Sohn. Als Alexander England besuchte, war die junge Königin Viktoria von dem ansprechenden Zarewitsch äußerst angetan. Nikolaus war auf die Übernahme der Regierungsgeschäfte nicht vorbereitet gewesen, während die Ausbildung seines Thronerben mit großer Sorgfalt geplant wurde; zu seinen Erziehern gehörten hervorragende Persönlichkeiten, vor allem der Dichter und Schriftsteller Zhukowsky. Für Nikolaus war eine militärische Laufbahn vorgesehen gewesen, Alexander sollte ein Mann des Friedens werden. Sein Vater hatte gehofft, ihm ein intaktes und blühendes Erbe zu hinterlassen, aber der Krieg mit der Türkei (1826–1828), der unglückliche Krimkrieg (1854 bis 1855) und die endlosen Schwierigkeiten im Kaukasus hatten diese Hoffnungen zerstört.

Vater und Sohn hatten ein ausnehmend gutes Verhältnis zueinander, obwohl die Vorliebe des romantisch veranlagten jungen Mannes für hübsche Hofdamen eine gewisse Unruhe auslöste. Unmittelbar nach seiner Heirat führte Nikolaus seinen Thronerben in alle Regierungsbereiche ein und bereitete ihn bewußt auf seine künftige Rolle als Reformer vor.

In dieser Hinsicht leistete er viel weiterreichende Vorarbeiten, als in der Öffentlichkeit bekannt wurde. Obwohl er klar erkannt hatte, daß die Zeit für solche Veränderungen reif war, wußte er doch auch, daß dadurch eine neue Ära eingeleitet werden würde. Besonders gegen Ende seiner Herrschaft versuchte er, die Zukunft, soweit ihm das möglich war, festzubinden, was bei einem erfahrenen Staatsmann als schwerer, aber vielleicht kaum vermeidbarer Fehler anzusehen ist.

«Autokrat» heißt auf russisch «derjenige, der festhält». Als Nikolaus auf dem Sterbebett lag, flüsterte er seinem Sohn zu: «Derzhi!» («Halte fest!»)

Aber Alexander II. hatte bereits seinen Entschluß gefaßt: Er duldete weder Aufschub noch Hindernis.

Durch eine Amnestie wurden politische Gefangene, wie die Dekabristen, in Freiheit gesetzt. Unter dem Einfluß seiner hochintelligenten Tante Elena Pawlowna, der Witwe des Großfürsten Michail[14], die ihn in Kontakt mit einer Anzahl künftiger Berater gebracht hatte, ging er sofort daran, sein umfangreiches Reformprogramm in die Tat umzusetzen.

Im Jahr 1861 wurde die Leibeigenschaft abgeschafft – drei Jahre vor Abschaffung der Sklaverei in den Vereinigten Staaten. 1864 begann eine weitreichende Reform des Justizwesens. Speransky hatte sie mit seiner Kodifizierung der Rechtsnormen vorbereitet. Ihr folgte eine Verwaltungsreform. 1870 wurde ein neues Städtestatut erlassen und 1874 die allgemeine Wehrpflicht für alle Gesellschaftsschichten eingeführt. Weitere Maßnahmen liberalisierten und reformierten das Unterrichtswesen im Sinne der von Graf Stroganoff ausgearbeiteten Vorschläge, die im gleichen Maß für Frauen galten. Die Zensur wurde eingeschränkt.

Diese Reformen galten für alle Schichten der Gesellschaft, denn die höheren Funktionen, die bisher dem Adel vorbehalten gewesen waren, standen jetzt allen offen. Die Städte erlebten ein neues Erwachen. Die in Form des «Semstwo» eingeführte dezentralisierte Selbstverwaltung brachte eine größere Anzahl von Menschen aller Schichten mit dem öffentlichen Leben in Verbindung.

Kaukasischer Krieg

Friedrich der Große erklärte einmal, es gebe zu seiner Zeit nur zwei große Feldherren: in Europa ihn selbst, «et en Asie l'invincible Hercule». Gemeint war der König von Georgien, Irakli Bagration.

Bedrängt von den mohammedanischen Bergstämmen und hingemetzelt durch die Türken, wandten sich Georgien und Armenien, die uralten Bollwerke des Christentums südlich des Kaukasus, an die Zarin Katharina mit der Bitte um Hilfe. Der letzte König Bagration, der 1801 starb, hatte den Zaren offen um Schutz und Aufnahme in das russische Reich gebeten. Militärstraßen wurden unter erheblichen Kosten über den Kaukasus bis nach Georgien gebaut, wodurch es zu einem Zusammenprall mit Persien und zu immer wieder aufflammenden Kriegen kam, die sich über ein halbes Jahrhundert hinzogen. Die mohammedanischen Bergstämme, die in ihren «A'uls» (Dörfern) wie auf Adlerhorsten in unzugänglichen Felsengebieten lebten, wurden durch eine religiöse Erneuerungsbewegung, den Muridismus, in Aufruhr versetzt; sie scharten sich um einen charismatischen Führer, den

Imam Schamil, der zum «Ghazavat» (Heiligen Krieg) gegen die Russen aufrief. Sein befestigter «A'ul» Akhulgo wurde jedoch erstürmt. Zur Sicherung eines dauerhaften Friedens wurde sein ältester Sohn Djemaledin als «Amanat» (Geisel) der Obhut des russischen Zaren anvertraut. Als sich der mutige Knabe allein unter den verhaßten «Giaurs» wiederfand, mit denen er kein Wort reden konnte, schlug seine Panik in Wut um, und er sprang mit gezücktem Dolch wie eine Wildkatze jeden an, der sich ihm nähern wollte. Er wurde überwältigt und entwaffnet. Dann nahm einer der russischen Offiziere, der selbst junge Söhne hatte, die Sache in die Hand. Djemaledin wurde einige Stunden sich selbst überlassen, worauf man ihm den Dolch auf einem Samtkissen überreichte. Ein Dragoman erklärte ihm, er sei kein Gefangener, sondern ein «Amanat» und werde ehrenvoll behandelt werden. Essen wurde herangeschafft. Die Fäuste des kleinen Prinzen lösten sich, und die blitzenden schwarzen Augen begegneten dem freundlichen und verständnisvollen Lächeln des Offiziers, der ihn bald auf Wunsch des Zaren in seine eigene Familie aufnehmen sollte. Er trat später in die Kadettenschule ein und wuchs zu einem gebildeten und zivilisierten Menschen heran. Nikolaus I. ernannte den jungen Offizier zu seinem Adjutanten. Dann aber verliebte er sich in eine reizende Hofdame und erwog, zum Christentum überzutreten. Der Zar schaltete sich ein und machte ihm klar, daß die einzige Hoffnung auf Frieden (Schamil hatte wieder zu den Waffen gegriffen) darin liege, daß Djemaledin eines Tages die Führung seines Volkes übernehme. Der christliche Glaube und eine Heirat würden ein unüberwindliches Hindernis darstellen.

Schamil mußte von dieser Gefahr erfahren haben. Er verlegte sich auf eine grausame List. Seine «Naibs» (Offiziere) überfielen das Gut Zinandali des russischen Kommandeurs (Fürst Tschawtschawadse) in Georgien. Das Haus wurde ausgeplündert und niedergebrannt. Die Fürstin, ihre Schwester Fürstin Orbeliani, ihre Kinder und die französische Gouvernante Madame Drancy [15] wurden von den Muriden in wildem Galopp entführt. Das Baby Lydia rutschte aus den Armen der Fürstin Tschawtschawadse und geriet unter die Hufe der Pferde. Über schmalste Ziegenpfade und schwindelerregende blanke Felsklippen erreichten die Geiseln schließlich Schamils «A'ul». Die kleinen georgischen Prinzen hielten alles für ein aufregendes Abenteuer, aber den Frauen und Mädchen stand ein düsteres Schicksal bevor. Schamil ließ dem Zaren sagen, er würde sie unter die Harems seiner Stammesgenossen aufteilen, falls sein Sohn nicht zurückkäme.

Nikolaus überließ Djemaledin selbst die Entscheidung, aber diesem blieb keine Wahl. Am Ende der langen Reise verabschiedete er sich schweren Herzens von Freunden und Kameraden. Schamil wollte ihn nur in kaukasischer Tracht empfangen; er mußte sich in einem Zelt umziehen, Tränen rannen über das Gesicht des alten Imam, als er schließlich seinen Sohn in die Arme schloß.

Für Djemaledin war seine russische Vergangenheit ausgelöscht. All seine Bemühungen, den Vater zum Friedensschluß zu bewegen, blieben vergeblich. Einige Zeit darauf erschien bei den Russen ein Bote und bat um einen Arzt für den Prinzen. Mit verbundenen Augen ritt er zu Schamils A'ul hinauf. Seine Bewacher führten ihn über gähnende Abgründe und reißende Sturzbäche. Er fand den Prinzen bleich und abgehärmt auf einem Diwan ausgestreckt und stellte Schwindsucht fest – die Geißel der städtischen Jugend des 19. Jahrhunderts. Mit ironischem Lächeln zeigte Djemaledin dem Arzt eine kleine Spieldose, die seine Brüder bei einem Überfall unten im Tal erbeutet hatten; sie wollten ihm damit eine Freude machen. Er bat vor allem um Nachricht von seinen Freunden.

Einige Jahre nach Djemaledins vorzeitigem Tod (Alexander II. hatte den Thron bestiegen) wurde Schamil in seinem A'ul Gurib umzingelt und gefangengenommen. Der russische Kommandeur, Fürst Barjatinsky, gab ihm sein Schwert zurück. Mit seiner Familie und seinem Gefolge wurde er nach Rußland gebracht und ehrenvoll behandelt. Nach seinem Tod gaben seine Muriden ihr Wort, nie wieder gegen Rußland zu kämpfen, und unter dieser Bedingung wurde ihnen gestattet, in die Dienste des türkischen Sultans zu treten, der diese tapferen Krieger im Norden und äußersten Süden seines Reiches, dem heutigen Jordanien, ansiedelte.

Der langwierige und kostspielige kaukasische Krieg war zu Ende, aber seine heroische Dimension und die opferbereite Hingabe der Beteiligten regten Puschkin, Lermontoff und Tolstoy zu einigen der schönsten Werke der russischen Literatur an.

Der Zarewitsch Nikolaus Alexandrowitsch

Kurz vor dem Tod Nikolaus' I. wurde Sergej Grigorjewitsch Stroganoff in den Obersten Staatsrat berufen. Seine Hauptinteressen, Archäologie und die Numismatik, nahmen ihn jedoch in steigendem Maß in Anspruch; gleichzeitig vervollständigte und ordnete er seine Kunstsammlungen.

Unter Alexander II. wurde er 1859 zum Generalgouverneur von Moskau ernannt. Er hatte diese Stellung allerdings nur knapp ein Jahr inne, denn der Zar ersuchte ihn, die Erziehung seines ältesten Sohnes und Thronerben, Nikolaus Alexandrowitsch, zu überwachen. Bei dessen Geburt hat Nikolaus I. seine drei Söhne Konstantin, Nikolaus und Michael um die Wiege des Enkels versammelt. Er ließ sie auf den Kopf des Kindes einen heiligen Eid schwören, daß sie ihm treu dienen würden, wenn er einmal regieren sollte.

Stroganoff widmete seine ganze Energie, seine Kenntnisse und seine Erfahrungen dieser neuen Aufgabe, da er überzeugt war, daß die Zukunft Rußlands in hohem Maß von der Persönlichkeit und dem Charakter des nächsten russischen Zaren abhängen würde. Der Zarewitsch war in der Tat ein ausnehmend edler und kluger Mensch; er interessierte sich, wie sein Vater, lebhaft für die Entwicklung und den Fortschritt in Rußland während dieser schwierigen Übergangszeit, als es darum ging, das Land völlig neuen Verhältnissen und Möglichkeiten anzupassen. Voller Eifer machte er sich die ausgewogenen und doch fortschrittlichen Ideen seines Mentors zu eigen.

Mit Hilfe eines umfassenden Unterrichtsprogramms wurde der Thronerbe auf sein hohes Amt vorbereitet. Hierzu gehörten Vorlesungen in Rechtswissenschaft und Philologie an der Universität sowie eine Vielzahl von Fächern, die an der Generalsstabsakademie gelehrt wurden. Sergej Grigorjewitsch wählte persönlich die Lehrer dieser Institutionen aus.

In den Sommermonaten unternahmen die beiden ausgedehnte Reisen durch Rußland. Im Jahr 1861 begleitete Stroganoff den Thronerben zur Messe von Nizhni-Nowgorod, wo Industriegüter, landwirtschaftliche Erzeugnisse und Kunsthandwerk aus allen Teilen des Landes ausgestellt waren. Sein Wissensdurst und seine zahlreichen Interessen müssen ihn zu einem anregenden Reisebegleiter für den Prinzen gemacht haben.

Im Jahr 1865 starb der Zarewitsch in Nizza an Schwindsucht. Die kaiserliche Flotte brachte seine sterblichen Überreste nach Rußland, und zu seiner Erinnerung wurde in dem kleinen Badeort an der Riviera eine orthodoxe Kirche errichtet.

Der allzu frühe Tod dieses anziehenden jungen Mannes, der unter der klugen Anleitung Graf Stroganoffs zu den schönsten Hoffnungen berechtigt hatte, erzeugte tiefe Bestürzung. Man kann kaum den Verlust ermessen, den sein Land durch seinen frühen Tod erlitten hat.

Er hatte für die Reformen seines Vaters, die er bestimmt fortgesetzt hätte, großes Verständnis gezeigt und teilte in jeder Weise die Auffassungen seines Mentors in Fragen des Bildungswesens und der Verwaltung. Ihm wäre es vierzig Jahre vor Stolypin wahrscheinlich gelungen, die gesamte Nation an der Entwicklung des riesigen Halbkontinents, den er regieren sollte, teilhaben zu lassen.

Eine solche Herrschaft hätte zum damaligen Zeitpunkt dazu beitragen können, den Ablauf der Ereignisse zu verändern und nicht nur Rußland vor den Katastrophen, die noch kommen sollten, zu bewahren.

Unglücklicherweise erweckten die Liberalisierungsmaßnahmen des Zaren weit größere Erwartungen, als im Augenblick erfüllt werden konnten, ohne ein Chaos heraufzubeschwören. Unruhe war unausbleiblich, und bald sollten die Nihilisten, die das Regime, koste es, was es wolle, beseitigen wollten, den Zaren wie ein waidwundes Tier hetzen. Gewalt war ihr einziges Mittel, um die Krone abzuschaffen. Auf den Zaren wurde ein Attentat nach dem anderen verübt; man schoß auf ihn in den Straßen; die von ihm benutzten Eisenbahnzüge fuhren über verminte Schienen, eine Bombe explodierte im Winterpalais. Niemand glaubte, daß nur ein kleiner Kreis fanatischer Terroristen, die sich den Namen «Volkswille» zugelegt hatten, für diese Terrorakte verantwortlich war.

Im Laufe der Geschichte waren «Befreier» wie Lincoln oder Alexander II. offensichtlich stärker als die wirklichen Unterdrücker gefährdet durch den Dolch oder die Bombe eines auf der Lauer liegenden Attentäters. Zehn Monate nach der Ermordung des amerikanischen Präsidenten am 15. April 1865 wurde wieder ein Attentatsversuch auf Alexander II. gemacht. Als die Nachricht Washington erreichte, zog man eine Parallele zwischen diesen beiden großen Befreiern, und der amerikanische Kongreß beschloß, daß eine Delegation von Kongreßabgeordneten mit einem Kriegsschiff nach St. Petersburg entsandt werden sollte, um dem Zaren zu seiner Rettung zu gratulieren[16].

Schließlich, am 1. 3. 1881, wurde eine Bombe unter den Wagen des Zaren geworfen; sie riß ihm beide Beine ab. Auch mehrere andere Personen kamen ums Leben.

Die morganatische Ehe des Zaren mit Prinzessin Katharina Dolgoruky hatte in der kaiserlichen Familie Empörung hervorgerufen und den Widerstand des Thronerben gegen das Reformprogramm verstärkt, das der Zar mit so viel Hartnäkkigkeit und Mut vorangetrieben hatte. Unter dem Eindruck des Attentats und der vielfältigen Terroristenanschläge, konfrontiert mit den zunehmenden Schwierigkeiten, die aus den Reformen entstanden waren, zog Alexander III. den Verfassungsentwurf, der bereits unterzeichnet war und demnächst verkündet werden sollte, wieder zurück.

Arbeit für Kunst, Wissenschaft und Bildung

Nach dem Tod des Zarewitsch Nikolaus wandte sich Sergej Grigorjewitsch wieder dem Unterrichtswesen zu, auf das er als Mitglied der Legislative und des Reichsrates sowie als Vorsitzender zahlreicher Komitees erheblichen Einfluß hatte. Im Januar 1863 wurde ein neuer Erlaß, der die Autonomie der Universitäten bestätigte, mit Begeisterung aufgenommen.

Stroganoff setzte sich nachdrücklich für die vom Grafen Tolstoy[17] in Angriff genommene Reform der «Mittelschulen» ein, in denen Schüler nicht nur für technische Berufe, sondern auch in philologischen Fächern ausgebildet wurden, wobei der Schwerpunkt auf dem Studium alter Sprachen lag. Trotz starker Opposition wurde dieses Projekt 1870 vom Zaren schließlich genehmigt.

Mehr als dreißig Jahre hindurch (1837–1874) war Stroganoff Präsident der Kaiserlichen Historischen und Altertumsgesellschaft der Moskauer Universität, für die er die dringend erforderlichen Finanzmittel beschaffen konnte. Er hatte die Archäologische Gesellschaft gegründet und geleitet, die 1859 im Süden Rußlands reiche Funde aus der Zeit der Skythen und Kimmerer ans Tageslicht förderte. Er war für die Ausgrabungen verantwortlich und beherbergte dreiundzwanzig Jahre hindurch die Zentrale der Gesellschaft in Petersburg in seinem eigenen Palais. Die Eremitage verdankt ihre skythischen Schätze und die Funde aus Kertsch dem Grafen Sergej Grigorjewitsch. Die vielbeachtete Zeitschrift «Russische Altertümer» wurde von 1839–1853 unter seiner

Leitung herausgegeben; außerdem veröffentlichte er persönlich zwei Arbeiten über archäologische Themen: «Über Silbergegenstände, die 1837 in den Provinzen Wladimir und Jaroslaw gefunden wurden», und einen bemerkenswerten Band, der die Kathedrale von Wladimir am Fluß Kljasma, erbaut 1194–1197, beschreibt.

Seine aus über 44 000 Münzen bestehende numismatische Sammlung galt als die drittgrößte ihrer Art auf der Welt. Er interessierte sich außerdem für die holländische und italienische Malerei. Während seines langen Aufenthaltes in Moskau sammelte er eine große Zahl altrussischer Ikonen, die die berühmte Gemäldegalerie der Stroganoffs im Petersburger Palais der Familie bereicherten[18].

Er war eine anerkannte Autorität für altbyzantinische und frührussische Architektur. Im Jahr 1825 hatte er eine Schule für Zeichnen und angewandte Kunst in Moskau gegründet, die er selbst finanzierte. Viele Absolventen dieser Schule wurden als Lehrer oder Künstler allgemein bekannt. Bis 1917 wurde diese Fachschule von den Stroganoffs finanziert. Sie besteht heute noch. Im Jahr 1916 erbaute die letzte Gräfin Stroganoff eine Kirche zur Erinnerung an ihren Mann. Die Fresken im Innern waren das Werk von Schülern seiner Schule.

Nach der Heirat mit seiner entfernten Cousine Nathalie Pawlowna hatte er seine Güter im Ural zum «Majorat» der Familie Stroganoff zusammengelegt und später die Genehmigung des Zaren Nikolaus I. erlangt, diesen Besitz unter das 1817 von Alexander I. verkündete «Gesetz über die Unteilbarkeit der Stroganoffschen Güter» zu stellen. Dadurch wuchs der Gesamtbesitz auf zweieinhalb Millionen Hektar an.

Die Güter der Familie Stroganoff erstreckten sich über fünf Bezirke des Gouvernements Perm: Okhansk, Solikamsk, Kungur, Ekaterinburg und Perm. 1817 lebten dort 47 875 Bauern. Außerdem besaß die Familie ein Gut in Nizhni-Nowgorod mit hundertneunzehn Bauern, zwei Häuser in

St. Petersburg und Grundbesitz mit mehreren Häusern bei Wyborg.

Im Jahr 1862 wurden insgesamt vierundneunzigtausend Bauern befreit; sie erhielten eine Million dreihunderttausend Desjatinen Land (etwa 1,6 Millionen Hektar). Dazu wurden ihnen 2 300 000 Rubel zur Verfügung gestellt, um die Bewirtschaftung ihrer eigenen Bauernhöfe zu ermöglichen. Sergej Grigorjewitsch führte zahlreiche nützliche Neuerungen in der Verwaltung seiner Güter ein, wobei er stets besonderen Wert auf die Schulbildung, das Wohlergehen der Bauernbevölkerung und auf die Modernisierung von Landwirtschaft und Industrie legte. In seiner Sorge um das Los seiner Arbeiterschaft hinterlegte er 1881 eine Viertelmillion Rubel in der Staatsbank von Perm mit der Maßgabe, diese Summe solle zur Hebung des Lebensstandards der in den Stahlwerken und anderen Fabriken der Familie Stroganoff im Bereich von Perm tätigen Arbeiter verwendet werden.

Nathalie Pawlowna starb 1872. «Ihr ganzes Leben war von der Liebe zu ihrer Familie, von ihren zahllosen guten Werken und ihrer Fürsorge für die Unglücklichen überstrahlt», schrieb ein Zeitgenosse.

Sergej Grigorjewitsch erreichte das hohe Alter von achtundachtzig Jahren und starb zehn Jahre später als seine Frau, am 28. März 1882, während des nächtlichen Ostergottesdienstes in St. Petersburg. Im Jahr zuvor hatte sich der unbeugsame alte Mann beklagt, er könne wegen eines Beinbruchs nicht mehr reiten. Er wurde auf dem Friedhof der Familie beim Alexander-Newsky-Kloster am Ende des Newsky-Prospekts, etwa drei Kilometer von seinem Haus entfernt, beigesetzt.

Sein langes Leben hatte fast ein Jahrhundert umspannt. Er hatte vier Zaren gedient. Seinem Charakter und seiner Laufbahn fehlte der romantische Schwung, der seinen Vorfahren zu eigen gewesen war, aber auch sein ständiges Bemühen um die Liberalisierung der Institutionen seiner Heimat, das er ungeachtet aller Schwierigkeiten und Widerstände fortsetzte, lag in der Tradition der Familie. Seine Liebe zu schönen Dingen und sein umfassendes Wissen trugen viel dazu bei, das Erbe seines Volkes zu bereichern. Er hatte sich bemüht, die Lebensbedingungen auf seinen riesigen Gütern zu verbessern, und er betrachtete sich selbst eher als deren Verwalter denn als Besitzer. Auf seine besondere Art verhielt er sich in allem, was er unternahm, ebenso gewissenhaft und unermüdlich, wie es seine Ahnen getan hatten, als sie daran gingen, die «schlummernden Wälder» des hohen Nordens und Nordostens zu kolonisieren.

Zahlreiche Artikel und Kommentare wurden über seine Verdienste um das Bildungswesen in Rußland und über sein Wirken für eine fortschreitende Liberalisierung verfaßt. Aber vor allem galt das Lob «der Weite seiner russischen Seele».

Im Oktober 1894 starb Alexander III. im Schloß von Liwadia auf der Krim. Er trug eine Nierenverletzung davon, als er das einstürzende Dach des kaiserlichen Salonwagens zu stützen versuchte, nachdem Terroristen versucht hatten, den Zug in die Luft zu sprengen. Er wurde zwar als autoritärer Herrscher gefürchtet, aber in der Heimat wie im Ausland war er hochgeachtet. Ihm folgte sein Sohn, der schwache und allzu bescheidene Nikolaus II.

Der Nation war zumute, als habe sie ihren Halt verloren.

VI

DIE SCHERBATOFF-STROGANOFFS

Die Erben

Als Erben hatte Sergej Grigorjewitsch seinen Enkel Sergej Alexandrowitsch eingesetzt. Vielleicht hatte dieser allzu lange im Schatten seines Großvaters gestanden, denn für seine Nachfahren blieb er eine eher farblose Gestalt. Er heiratete erst in fortgeschrittenem Alter, und seine junge Frau Jennie Wassiltschikoff starb bereits nach zwei Jahren. Die Verbindung war nicht glücklich, dennoch konnte Graf Sergej den Tod seiner Frau nie ganz verwinden. Von diesem Zeitpunkt an verbrachte er die Wintermonate im Ausland. Nichtsdestoweniger galt seine Hauptsorge den Industriebetrieben auf seinen großen Besitzungen im Ural. Er leitete verschiedene Maßnahmen in die Wege, um sicherzustellen, daß seine Arbeiterschaft an dem industriellen Aufschwung der damaligen Zeit teilhatte.

Er bestimmte Oleg, den Sohn seiner Schwester Olga, zum Erben und überließ die Verwaltung seiner anderen Güter seinem tüchtigen Schwager Fürst Alexander Scherbatoff[1]. Seine ältere Schwester Missy bewohnte das Palais Stroganoff in St. Petersburg und kümmerte sich um den Familienbesitz in Wolischowo.

Das geräumige, aus dem 18. Jahrhundert stammende Haus mit seinen achtzig Zimmern, das aus Holz errichtet war, wurde durch das feuchte Klima des Nordens vom Verfall bedroht. Missy erhielt von ihrem Bruder freie Hand, das ganze Haus in Stein neu aufzubauen. Sie hatte ihre Kindheit dort verbracht und war dem Ort sehr zugetan; der Wiederaufbau wurde für sie zu einer Herzensangelegenheit. Jedes Möbelstück und jeder Einrichtungsgegenstand mußte beim Umbau mit Etiketten versehen, registriert und dann sorgfältig an seinen ursprünglichen Platz zurückgebracht werden, so daß man keinen Unterschied zur früheren Einrichtung erkennen konnte.

Jenseits der langen, ovalen Rasenfläche lagen die aus Stein gebauten, halbmondförmigen Stallungen für über hundert Pferde. Die schmiedeeisernen Tore, die den dahinterliegenden gepflasterten Hof abschlossen, stellten eine Nachbildung der Gitter des Petersburger Sommergartens dar; sie waren das Werk desselben Künstlers, der im 18. Jahrhundert die Gitter der Gärten um die Tuilerien in Paris entworfen hatte. Die Treibhäuser waren wegen ihrer Pfirsiche und Weintrauben berühmt; den Park belebten Teiche, mehrere kleine Bäche und ein Zoo. Der landwirtschaftlich genutzte Teil des Besitzes und der Wald mit insgesamt über 50000 Hektar wurden in tadellosem Zustand gehalten.

Missy – der Spitzname stammte von den englischen «Nannies» aus der viktorianischen Zeit – heiratete spät und führte eine glückliche Ehe mit dem Kommandeur des bekannten Nizhegorodsky-Regiments, Jagmin. Er war in der Familie sehr beliebt und wurde allgemein nur «Onkel Jagmin» genannt, denn niemand kannte seinen wirklichen Vornamen. Ohne eigene Kinder, liebenswürdig und freigebig, bildeten die Jagmins einen Mittelpunkt im gesellschaftlichen Leben von St. Petersburg.

Obwohl ihre jüngere Schwester Olga in Aussehen und Charakter ihr genaues Gegenteil war, unterhielt Missy beste Beziehungen zu ihr und ihrem Gatten Fürst Alexander Scherbatoff.

Olga lebte in ihrem engen Familienkreis. Abgesehen von den Kameraden ihres Mannes hatte sie für das gesellschaftliche Leben wenig übrig. Diese Abneigung hing vermutlich auch mit ihrer frühzeitigen Schwerhörigkeit zusammen. Außerdem waren ihre Tage so ausgefüllt, daß sie wenig Zeit für oberflächliche Konversation fand. Klein gewachsen, drahtig, eine berühmte und unerschrockene Reiterin, stand sie schon bei Tagesanbruch auf, um wilde Pferde zu zähmen, denn den Gestüten galt ihre ganze Leidenschaft. Ihr unbeugsamer, willensstarker und herrischer Charakter scheint allein durch ihren einzigen weiblichen Wesenszug, ihre unwandelbare Liebe zu ihrem Gatten, gemildert gewesen zu sein.

Klug, gütig und friedfertig, war Fürst Scherbatoff nicht nur eine eindrucksvolle Erscheinung, sondern auch ein Mann von Autorität. Er hatte gleich zu Beginn seiner Ehe mit Olga auf einer strengen Arbeitsteilung bestanden. Er wollte sich seinerseits nie in das Tätigkeitsfeld seiner Frau einmischen, aber keiner von beiden dürfte Anweisungen über den Kopf des anderen hinweg erteilen. Diese Vereinbarung sicherte die Harmonie der Ehe und ließ Olga freie Hand in ihrer unermüdlichen «Stroganoffschen» Schaffenskraft. Alles, was mit den Gestüten und Stallungen, den Jagden, dem Haushalt und den Gärten zusammenhing, war ihre Domäne. Er dagegen überwachte die Landwirtschaft und kümmerte sich um alle Arbeitskräfte; dazu kam sein Interesse an der landwirtschaftlichen Entwicklung auf nationaler Ebene.

Der Familiensitz Wassiljewskoje[2] war ein Hochzeitsgeschenk von Scherbatoffs Mutter, der Gräfin Panin. Er lag vierzig Kilometer von Moskau entfernt an der Straße von Smolensk nach Warschau, dicht bei Borodino. Das im Tudorstil erbaute Gutshaus mit seinen fünfundzwanzig Gästezimmern lag hoch über dem Fluß Moskowa und war von einem englischen Park sowie einem zweitausendfünfhundert Hektar großen landwirtschaftlich genutzten Gelände umgeben. Damals wurden dort achtzig kleine Häuser mit Gärten für die Arbeitskräfte und das übrige Personal gebaut. Eine Kuh, die jedem zustand, wurde vom Gutshof versorgt und gemolken. Die Bauern erhielten auch nützliche Ratschläge, denn nach Beendigung der Grundschule wollten viele junge Leute in die Moskauer Fabriken gehen. Sie bekamen großzügige Empfehlungsschreiben, und man ermunterte sie, ihr Glück zu versuchen; aber sie wußten, daß sie, falls sie nach Hause zurückkehren wollten, ein Dach über dem Kopf und Arbeit bekämen. Viele machten von diesem Angebot tatsächlich Gebrauch.

In Wassiljewskoje herrschte ein milderes Klima als in vielen anderen Teilen Rußlands. Steingärten zogen sich an Abhängen und Schluchten bis zum Fluß hinunter. Als begeisterte Gärtnerin wurde Olga nie müde, neue Blumen und Pflanzen einzuführen und die Gartenanlagen zu verschönern, aber im Umgang mit Tieren fühlte sie sich am glücklichsten. Im Park wimmelte es von Rehen und anderem Wild; zwei Hundemeuten wurden für die Jagd ausgebildet. Ihr Hauptinteresse galt jedoch den Gestüten in Wassiljewskoje und in dem weiter südlich gelegenen, «kleinrussischen»[3] Gut Mariewka, wo Araberpferde gezüchtet wurden. Olga schrieb drei Bücher über die Pferdezucht. Sie und ihr Ehemann erlernten fließend die arabische Sprache, da sie zum Aufbau des Gestüts weite Reisen durch die Länder des Nahen Ostens unternahmen.

Im Jahr 1889 wurde noch ein weiteres Gestüt für Araberpferde in Südrußland von der Familie Stroganoff gegründet, das Weltruhm erlangen sollte, das heutige staatseigene Gestüt Tersk. Graf Sergej folgte dem Rat seiner Schwester und seines Schwagers und suchte sich für dieses Gestüt einen besonders schönen und romantisch gelegenen Ort aus, der anschaulich von Lermontoff im Roman «Held unserer Zeit» beschrieben ist.

In einer Senke zwischen den bläulich-violett schimmernden Bergen, nach denen der Kurort Pjatigorsk (fünf Berge) benannt war, lag das Gestüt in den nördlichen Ausläufern des Kaukasus, nahe der Provinz Kabardà, wo die berühmten Kosakenpferde gezüchtet wurden. Jedes Jahr kaufte man etwa vierzig dieser wilden, trittsicheren kabardinischen Pferde an, um sie auf dem Gut Mariewka für die Jagd zuzureiten.

Alexander der Große hatte den Kaukasus einmal «das Pferdegebirge» genannt; seine gewaltige Gebirgskette mit schneebedeckten Gipfeln begrenzt den Horizont im Süden von Pjatigorsk. Als höchster Berg erhebt sich dort der 5600 Meter hohe Elbrus, dessen gespaltene Spitze der Legende nach die Arche Noahs auf ihrer gefahrvollen Fahrt zum Gipfel des Ararat im benachbarten Armenien rammte. Die Weidegründe auf den steilen Berghängen von Kabardà eigneten sich besonders gut für die Aufzucht von Fohlen und Jungpferden, denn das Gelände für dieses Gestüt war wegen der klimatischen Bedingungen und der Bodenbeschaffenheit dem des nördlichen Arabien ähnlich. Hier herrschte trockenes, kontinentales Klima mit langen, heißen Sommern, und der feste, steinige Untergrund sorgte für Tierfutter von hoher Qualität. Diese Voraussetzungen galten als wesentlich für die Erhaltung der typisch arabischen Vererbungsmerkmale. Die Stroganoffs stellten den Araber über das englische Vollblut, das zur damaligen Zeit besonders hoch geschätzt wurde. Die edle Haltung des Arabers, seine Ausdauer und Kraft schienen unvergleichlich zu sein. Außerdem trat er wesentlich sicherer in rauhem und unwegsamem Gelände auf und konnte steile Abhänge viel besser bewältigen. Diese Fähigkeiten hatten Vollblutaraber über Hunderte von Jahren auf ihre Nachkommenschaft vererbt.

Für die Stroganoffs war das Beste gerade gut genug. Auf den Rat ihres Freundes, des Scheichs Nasr-ibn-Abdullah, der sie in Wassiljewskoje besuchte, kauften sie für ihr Gestüt die hervorragendsten Hengste und Zuchtstuten. Die einzigen reinrassigen Araberpferde kamen von den Beduinenstämmen Anasa und Schammar in den syrischen und arabischen Wüstengebieten. Die beiden Hauptlinien, die Kehilan und die etwas kleineren, sogar noch schöneren Siglawi, stammen von den Ahouaj ab und lassen sich bis auf die Zeit von Mohammed zurückverfolgen. Die Kehilan werden so genannt, weil sie um Augen und Nüstern «kohl»schwarz gezeichnet sind. Eine Kreuzung von Kehilan und Siglawi verbindet die guten Eigenschaften beider Linien.

Graf Sergej begann die Arbeit auf seinem Gestüt mit zwei in Damaskus gekauften Hengsten: dem dunklen Kehilan-

Fuchs «Emir-el-Arab», dem Siglawi-Grauschimmel «Bottam-al-kreish» von den Beni-Sokr-Beduinen östlich von Palästina und mit neun Zuchtstuten, die er von den Anasa-Beduinen in Syrien und der nordarabischen Wüste erworben hatte. Dann kaufte er in Deïra am Euphrat den Kehilan-Hengst «Ajouz» und den zweijährigen «Mnaeghi Lagra» von den Homussa-Beduinen. Beide Hengste wurden mit Kabarda-Stuten gekreuzt.

Im Jahr 1891 übergab ihm Nasr-ibn-Abdullah zwei weitere Hengste: die Grauschimmel «Scherrak» und «Tamri» aus dem Nordteil des Nezhd, dem Hochland in Nordarabien.

Gegen Ende des Jahrhunderts zählte der Araberteil des Gestüts neunundsechzig Pferde, darunter neun Hengste und einundzwanzig Zuchtstuten. Die Stallburschen kamen hauptsächlich aus England und Irland[4]. Man sparte keine Mühe, um in enger Zusammenarbeit mit anderen europäischen Arabergestüten die besten Zuchtergebnisse zu erzielen.

Ohne Rücksicht auf Schwierigkeiten oder Strapazen durchritt Graf Sergej in Begleitung seiner Schwester und seines Schwagers die syrische Wüste von Beirut bis zum Euphrat; sie besuchten nicht nur Arabien, sondern auch Indien, Ceylon, Burma, Java und Sumatra. Nach diesen anstrengenden Reisen stellte Ägypten einen angenehmen Erholungsaufenthalt dar. Wegen ihrer Abneigung gegen die verfügbaren Hotels kauften sie mehrere große runde Zelte und kampierten sehr bequem am Fuß der Pyramiden. Ein solches Zelt wurde später im Park von Wassiljewskoje als Teepavillon aufgestellt. Die Kinder erinnerten sich noch lange an seine lebhaft gemusterte zinnober- und burgunderrote Innenseite, an die Teppiche auf dem Boden und die riesigen Kissen, die als Sitzgelegenheiten dienten.

Luxor war damals für Touristen von Rang in Mode gekommen. Es gab noch keine sportliche Reisegarderobe, so ritten die Damen mit ihren Federhüten und weißen gerüschten Kleidern unter winzigen Sonnenschirmen und die Männer mit Strohhüten und Leinenschuhen auf Kamelen durch die Wüste. Sie stürzten sich mit leidenschaftlichem Interesse auf die erst kurz vorher durchgeführten archäologischen Ausgrabungen. In Assuan freundeten sich Olga und ihr Mann mit Lord Kitchener an, der ihnen voll Stolz den tropischen Garten vorführte, den er gerade auf einer Insel im Nil, in der Nähe von Assuan, anlegte.

Anschließend verbrachten die Scherbatoffs einige Monate in England zum Ankauf von Zuchtvieh, das die auf ihren Gütern und in der gesamten Region vorhandenen Rinderrassen verbessern sollte, und Olga sammelte neue Pflanzen und Sämlinge für ihre Gärten. Aber vor allem wollten sie Einblick in andere bekannte Gestüte gewinnen und englische Windhunde erwerben, um ihre eigene Zucht zu verbessern.

Als am 26. 1. 1904 der Japanische Krieg ausbrach, wurde Fürst Scherbatoff zum Leiter des Roten Kreuzes in Tschita, dreihundert Kilometer östlich des Baikalsees, ernannt, während sein Schwager und enger Freund Fürst Boris Wassiltschikoff[5] Vorsitzender des Roten Kreuzes in Charbin wurde. Sie gewannen viele gute Freunde unter den reichen Kaufleuten Sibiriens, die aus politischen Gründen dorthin verschickt worden waren, aber jetzt, nach Verbüßung ihrer Strafen, jede beliebige Tätigkeit ausüben konnten. Viele von ihnen erwarben ein beträchtliches Vermögen. Die Dekabristen von 1830 hatten in Sibirien eine bedeutsame Rolle gespielt, da sie das Schulwesen in den Städten, wo sie sich niedergelassen hatten, förderten und zum Mittelpunkt des gesellschaftlichen und politischen Lebens machten. Diese Zustände dauerten an bis zur Revolution.

Die Reise in die Verbannung war sicher anfangs schrecklich, aber später wurde die Staatskontrolle lässig gehandhabt – auch bei Verbannten, deren Zeit noch nicht abgelaufen war[6]. Die jeweiligen Gouverneure luden gern gebildete «politische» Gefangene zum Kartenspielen ein. Stalin ist später fünfmal aus Sibirien geflohen, und Lenins Ehefrau klagte, daß sie von ihrer Dienerschaft verlassen worden sei und die Hausarbeit nur mit der Hilfe ihrer Schwiegermutter durchführen müsse.

Die einspurige Transsibirische Eisenbahn verzögerte den Nachschub an die fernöstliche Front, aber die Verhältnisse besserten sich allmählich nach der russischen Niederlage in der Seeschlacht von Tsuschima. Der von Großbritannien zwischen Japan und Rußland ausgehandelte Friedensvertrag kam, wie man damals glaubte, vorzeitig zustande. Rußland erholte sich innerhalb eines Jahres finanziell von den Kriegsfolgen, während dies in Japan noch bis zum Jahr 1911 dauerte. Materiell gesehen, wirkte sich der Krieg auf Rußland nur wenig aus, aber die Streiks in der Arbeiterschaft gaben Anlaß zu großer Sorge. Unter den Bauern und Industriearbeitern der Scherbatoff-Stroganoff im Uralgebiet herrschte jedoch keine Unzufriedenheit, weil dort viele tausend Stahlarbeiter seit 1900 auf der Grundlage einer Gewinnbeteiligung tätig waren. Dort gab es außerdem keinen Mangel an Lebensmitteln oder anderen Gütern. Die Unruhen entwickelten sich hauptsächlich in den Großstädten, wo sich die Aufwiegelung durch Agitatoren stärker auswirken konnte.

Fürst Alexander Scherbatoff

Der Fürst war ein gelehrter Wirtschaftsfachmann. Bei seiner Rückkehr aus dem Fernen Osten wurde er Präsident der Handelskammer. Er bereitete eine gewagte und tiefgreifende Wirtschaftsreform und Pläne für den Bau der zweiten Transsibirischen Eisenbahn vor. Außerdem rief er die erste nationale Landwirtschaftsgesellschaft ins Leben, die in allen Dörfern und speziell im Süden des Landes Zweigstellen unterhielt. Auch gründete und organisierte er Genossenschaften und Sparkassen, die den Bauern zum niedrigen Zinssatz von drei Prozent Kredite einräumten, was diesen ermöglichte, Saatgut und Vieh zu kaufen und ihre Häuser zu bauen. Er kümmerte sich außerdem um alle Angelegenheiten, die seinen Besitz und die persönlichen Probleme der Landwirte und Bauern betrafen, und half ihnen beim Aufbau ihres

Viehbestandes, indem er die Aufzucht von Kurzhornrindern förderte.

Als Leiter der großen, jährlich einmal stattfindenden Landwirtschaftsmesse von Rostoff am Don, dem Zentrum des Donkosakengebiets, freute er sich, wenn die jungen Kurzhornrinder[7] der Bauern vor seinen eigenen prämiert wurden. Aus Dankbarkeit für alles, was er für sie getan hatte, wurde er zum Ehrenkosaken ernannt.

Natürlich setzte er sich vorbehaltlos für die Stolypinsche Agrarreform ein, durch die anstelle der Dorfgemeinschaften, die das umliegende Land fast jedes Jahr neu verteilten, eine riesige Klasse von Kleinbauern geschaffen werden sollte.

Er und seine Kollegen bezahlten die Hälfte der Reisekosten für Gruppen von Landwirten und Bauern, die nach England und Südamerika zur weiteren Ausbildung fahren wollten. Die andere Hälfte wurde, wenn nötig, von der Landwirtschaftsbank vorgestreckt. Jeder Bauer nimmt gern an, was er umsonst bekommen kann; wenn er auch nur die halbe Reise selbst bezahlen mußte, stieg sein Interesse.

Die Güter wurden von Tagelöhnern bewirtschaftet. Landwirtschaftliche Maschinen verwendete man selten, und die Feldarbeiten wurden von einhundertachtzig Ochsengespannen ausgeführt, die auch wegen des anfallenden Düngers wichtig waren. Im Frühjahr wurden sie angekauft und im Herbst wieder verkauft.

«Mariewka», das Scherbatoffsche Gut im Süden bei Woronezh, entwickelte sich zu einer Art landwirtschaftlicher Hochschule. Auf etwa fünfundzwanzigtausend Hektar erzeugte es in der Fruchtfolge vierzehn Ernten. Der Viehbestand zählte zehntausend Schafe und fünfzehnhundert Rinder, abgesehen von dem Arabergestüt mit über dreihundert Pferden. Das jährliche Nettoeinkommen des Gutes lag bei dreihunderttausend Rubel oder einhundertfünfzigtausend Dollar. Das gesamte Vieh, Schafe und Schweine, stammte aus England, der Inspektor, Iwan Iwanowitsch Mitzich, war ein hervorragender Agronom deutscher Abstammung.

Neun Bauernhöfe oder «Khutors» lagen am Rand des Gutes. Jeder dieser Höfe war bis zu zweitausend Hektar groß und wurde selbständig bewirtschaftet, erhielt aber vom Hauptgut jede erforderliche Unterstützung, wie beispielsweise landwirtschaftliches Gerät, fachliche Beratung und Saatgut zur Überbrückung.

Die Regierung hatte sich zu einem großangelegten Entwicklungsprojekt in besonders fruchtbaren Gegenden des zentralasiatischen Rußland (nicht Sibirien) entschlossen. Trotz guten Zuredens und der Bereitstellung von Transportmitteln, Unterkünften und günstigen Kreditmöglichkeiten war es schwierig, die Bauern zur Ansiedlung zu bewegen, denn sie fürchteten die Risiken der Selbständigkeit. Um die Regierung bei diesem außerordentlich nützlichen Vorhaben zu unterstützen, erwogen die Scherbatoffs, ein größeres Stück Land in Zentralasien anzukaufen. Sie wollten es selbst bewirtschaften und hofften, die Bauern in der Nachbarschaft dadurch nachzuziehen.

Fürst Scherbatoff war nicht politisch tätig und übte nie ein Regierungsamt aus; er interessierte sich hautpsächlich für die Bauern und das Land. Er und seine Freunde hofften, die bürgerlichen Freiheiten stärken zu können, ohne dadurch die Monarchie zu gefährden. Der Fürst wurde zum Adelsmarschall in seiner Region berufen, eine administrative Stellung, die ihn dreimal wöchentlich nach Moskau führte. Im Oktober 1916 stellte er mit einer Anzahl von Freunden, wie beispielsweise dem Politiker Samarin und dem Präsidenten der Moskauer Bank, Filip Nikolajewitsch Schipoff, eine Delegation zusammen, die den Zaren auf den verhängnisvollen Einfluß Rasputins aufmerksam machen wollte, der dann zwei Monate später ermordet wurde. Sie wurde jedoch völlig ignoriert.

Beim Ausbruch des Ersten Weltkriegs wurde Scherbatoff wieder zum Leiter des Roten Kreuzes ernannt, während Olga den Betrieb und die Ausrüstung zweier Rotkreuzzüge übernahm, die mit je dreißig Wagen zwischen Moskau und Warschau hin und her fuhren. Diese Züge legten achtzigtausend Kilometer zurück. Alle Kosten wurden von Olga und ihrem Bruder übernommen; dieser kam auch für ein Feldlazarett auf, das sechshundert Verwundete gleichzeitig versorgen konnte. In den Zügen und im Lazarett wurden insgesamt neunzigtausend Verwundete betreut.

Oleg, Ellen und Gerghi

Olga Alexandrowna brachte drei Kinder zur Welt. Oleg, der Älteste, wurde 1881 geboren. Ein unwissender Priester behauptete fälschlicherweise, es gäbe keinen Heiligen dieses Namens, deshalb wurde das Kind auf den Namen Alexander getauft, aber immer Oleg genannt. Ihm folgte eine Schwester, Ellen, und viel später Gerghi (Georg), der sechzehn Jahre jünger war als sein Bruder. Während ihre Eltern im Winter in ferne Länder reisten, wurden die Kinder an verschiedene Mitglieder der Familie «ausgeliehen», beispielsweise an ihren Onkel Fürst Boris Wassiltschikoff, Schwager, Kollege und Freund ihres Vaters, oder an die Schwester ihrer Mutter, Missy Jagmin, die das Erdgeschoß des Palais Stroganoff in St. Petersburg bewohnte.

Bei dem großen Altersunterschied zwischen ihnen hätten die Kinder während der langen Abwesenheit ihrer Eltern eine einsame Kindheit verleben müssen, wenn diese Onkel und Tanten sowie sorgfältig ausgewählte Gouvernanten und Lehrer sie nicht so liebevoll umsorgt hätten. Olga war nicht mütterlich veranlagt. «Kinder sollen nicht verwöhnt werden» lautete ihr Grundsatz. Die Kinderzimmer lagen in karg möblierten Dachkammern, das «schlechte» Essen galt bei den englischen «Nannies», die mit anderen Kindern zu Besuch waren, als ungenießbar. Man machte von den Kindern nicht viel Aufhebens; sie mußten, ohne mit der Wimper zu zucken, schon im frühesten Kindesalter Araberpferde besteigen; sie durften sich nie über irgend etwas beschweren, aber sie genossen eine Freiheit und Unabhängigkeit, um die sie andere Kinder beneidet hätten.

Während der Abwesenheit seiner Eltern wurde der kleine Oleg zunächst der Obhut des Dorfschulmeisters anvertraut, der «fortschrittlich» eingestellt war und ihn zum Stiefelputzen einsetzte. Als Gäste kamen, um die bekannten Ställe von Wassiljewskoje zu besuchen, wurden sie vom englischen Stallmeister, Mr. William, herumgeführt. Andächtig bewunderten sie die wunderschönen Pferde, die von Stalljungen in makelloser Livree gebürstet und gepflegt wurden. Sie betrachteten das auf Hochglanz polierte Sattelzeug und stolperten dann über einen zerzausten kleinen Jungen mit eingedrücktem Strohhut, zerschlissenen Sandalen und einem Engelsgesicht, der unter den Hufen der Pferde furchtlos hervorkrabbelte. Erstaunt über den Kontrast, erkundigten sie sich, wer der Kleine sei, und erfuhren: «Der Knjazék» (der kleine Prinz), Erbe des sagenhaften Vermögens.

Abgesehen von den Schulferien, verbrachte Oleg viel Zeit in Petersburg, denn er hatte sich zur Marinelaufbahn entschlossen.

Die Geburt seines jüngeren Bruders Gerghi (Georg) im Jahr 1897 in London war mit allerlei Unannehmlichkeiten verbunden. Seine Taufpaten, Graf Sergej Alexandrowitsch (Bruder seiner Mutter) und Tante Missy Jagmin (deren ältere Schwester) mußten zur Taufe die lange Reise von St. Petersburg bis nach England unternehmen. Dann übernahm eine rundliche bretonische Kinderschwester die Sorge um den Jungen. Entsetzt und zugleich fasziniert beobachteten Gerghis kleine Freunde später, wie diese nicht nur Frösche sammelte, sondern sie auch aufaß. Sie wurde dann durch eine sehr nachgiebige englische «Nannie» ersetzt, die von Olga – sie hielt von Gefühlsduselei nicht viel – häufig in sarkastischem Ton gefragt wurde: «Und wie geht es unserem kostbaren Söhnchen heute?» Obwohl die Nannie eigentlich nur ein paar Monate bleiben sollte, lebte sie, wie auch in anderen russischen Familien üblich, in einer nicht näher definierten Stellung bis zur Revolution weiter bei ihnen.

Als er sieben Jahre alt war, wurde Gerghi einem «Djadka» anvertraut, einem Seemann namens Kotoff, der in der Schlacht von Tsuschima verwundet worden war, als er gerade neben Oleg stand; Oleg nahm ihn zur Genesung mit nach Hause. Halb Kammerdiener, halb Kinderschwester, trug Kotoff voll Stolz bei jeder sich bietenden Gelegenheit sein Georgskreuz und wurde schließlich zu einem Faktotum der Familie.

Als ihre Eltern zur Zeit des japanischen Krieges in Sibirien waren, wohnte Ellen bei den Jagmins, die sich im Kaukasus aufhielten, während Gerghi nach Jalta auf die Krim geschickt wurde, wo ihn die Schwester seines Vaters, Gräfin Lina Tolstoy, unter ihre Fittiche nahm. Nachmittags fuhren sie häufig in einem der typischen, aus Korbgeflecht hergestellten leichten Wagen mit Fransen am Sonnendach, um ihre Freunde zu besuchen. Auf diese Weise lernte Gerghi die meisten Villen an der Küste kennen.

Nach seiner Rückkehr aus dem Fernen Osten wurde Fürst Boris (Boria) Wassiltschikoff 1906 zum Landwirtschaftsminister ernannt; Gerghi sollte mit seinem Erzieher bei ihm in St. Petersburg wohnen. Der Knabe bekam prompt die Windpocken, zur damaligen Zeit eine gefährliche Krankheit. Sein Onkel konnte den täglichen Besucherstrom nicht mehr bei sich empfangen und mußte in ein anderes Haus umziehen, bis die Quarantänezeit vorüber war. Inzwischen kehrten die Jagmins mit Ellen aus dem Süden zurück und zogen ins Palais Stroganoff ein. Von diesem Zeitpunkt an verbrachten die Kinder die Wintermonate bei ihnen, während ihre Eltern in der Welt herumfuhren.

Ihrem Alter entsprechend und ohne zwingenden Grund, bei Hof zu erscheinen, legten weder die Scherbatoffs noch die Jagmins viel Wert auf Teilnahme an den größeren gesellschaftlichen Ereignissen der Hauptstadt. Unter Alexander I.

und in der Jugend Nikolaus' I. waren die Hofbälle lustig, beschwingt und auch prunkvoll gewesen. Später kamen sie in den Ruf, pompös und steif zu sein. Die Gäste langweilten sich, wenn sie sich auch geehrt fühlten, dabei zu sein. Im hohen Ornat, mit Orden und Diademen geschmückt, versammelten sie sich in den riesigen Räumen. Sie unterhielten sich leise, bis sich die Doppeltüren zu den inneren Appartements öffneten und die kaiserlichen Hoheiten erschienen. Die Eingeladenen wurden einzeln vorgestellt oder begrüßt. Der Kaiser und die Kaiserin eröffneten den Ball mit dem Ehrengast. Die Großfürstinnen schickten einen Adjutanten zu dem Kavalier ihrer Wahl, um ihn zum Tanz aufzufordern, ein für beide Teile peinlicher Brauch. Um Mitternacht zog sich die kaiserliche Familie zurück, und die Gäste wurden etwas munterer. Die Privatbälle in den schönen, blumengeschmückten Privatpalästen waren aber berühmt für ihre lebhafte und fröhliche Stimmung.

In der guten Gesellschaft gab es kaum Skandalgeschichten. Wenn Affären bekannt wurden, kommentierte man sie mit Vorbehalt, denn sonst wäre ein Duell unweigerlich die Folge gewesen. Katharina II. hatte zwar versucht, diese barbarische Sitte abzuschaffen, aber bis zur Revolution verlangten sogar die Regimentskommandeure Genugtuung, wenn sie einen ihrer Offiziere für beleidigt hielten.

In den großen Häusern empfing die Gastgeberin nachmittags oder abends in ihrem Salon, umringt von Vertrauten oder auch von platonischen Anbetern. Selten, aber doch irgendwann einmal, entflammte eine große Leidenschaft. Die Liebenden flohen dann ins romantische Italien, nach Neapel oder Sorrento. Die plötzliche Abwesenheit wurde in der Gesellschaft vertuscht. Aber es reisten auch lungenkranke Jugendliche in den sonnigen Süden, begleitet von besorgten Eltern oder Verwandten. Plötzlich, auf der Promenade, im Theater oder am Gipfel des Vesuv begegnete man den Verliebten. Bestürztes Schweigen. Die Herren grüßten kühl; die Damen täuschten übermäßige Bewunderung für die grandiose Landschaft vor und versteckten sich hinter ihren Sonnenschirmen. Nun war jede Möglichkeit zur Umkehr versperrt. Zu Hause verzieh man ihnen den Skandal nie.

Unter der Leitung Missy Jagmins wurde das Stroganoff-Haus im großen Stil geführt. Ihr Freundeskreis umfaßte alle Altersgruppen, und sie brachte Kindern und Erwachsenen dieselbe aufmerksame Zuneigung entgegen. Sie lud aber immer lieber Gäste zu sich ein, als selbst auszugehen, was nur selten vorkam.

Das Haus wurde beherrscht von dem Majordomus Alexander, einem großen, mächtigen und majestätischen Mann, der Ellen und Gerghi erhebliche Achtung einflößte. Aber unter allen sie umgebenden Menschen war ihnen ihre «Tante Missy» die Liebste. Ihre Neffen verbrachten die Zeit, die nicht vom Schulunterricht in Anspruch genommen war, gern bei ihr, sie waren immer in ihrem Salon willkommen. Sie pflegte gegen Mittag zu erscheinen, wenn ihre Gäste zum Lunch eintrafen. Nachmittags fuhr sie aus, um die Kaiserinmutter (die Schwester der Königin Alexandra von England) und ein paar intime Freundinnen zu besuchen. Das Diner war gewöhnlich ein glanzvolles Ereignis, aber die Kinder waren am glücklichsten, wenn die Gäste mit Onkel Jagmin ins Theater fuhren, denn vor ihrer Rückkehr und dem folgenden Ritual des abendlichen Tees kümmerte sich «Tante Missy» um ihre Neffen.

Mit Efeu und Klematis überwachsene Spaliere bildeten grüne Lauben, die das sanfte, schräg einfallende Licht aufzulösen schienen. Tulpen, Mimosen und Flieder aus den Treibhäusern vermittelten die Illusion, der Frühling sei schon da. In der Hand hielt Missy eine schlanke, dunkle Zigarette in einem langen Halter, die sie weniger rauchte als in der Luft schwenkte, um ihre Worte zu betonen. Sie wanderte umher im langen Salon, und die Rüschen ihres Seidenkleides raschelten leise, wenn sie an den kleinen Tischen, die mit Fabergés-Kostbarkeiten bedeckt waren, vorbeistreifte. Die Zeit verlor jegliche Bedeutung, wenn sie laut vor sich hin träumend von der Vergangenheit erzählte; von den großen Bällen, den

Empfängen und bedeutenden Veranstaltungen. Sie erinnerte sich noch ihres Großvaters, des Grafen Sergej Grigorjewitsch Stroganoff, der zur Regierungszeit Katharinas II. geboren wurde und bei Borodino kämpfte. Dieser empfand seinerseits eine tiefe Zuneigung zu seinem Schwiegervater, Paul Alexandrowitsch, den er auf seiner letzten Kreuzfahrt begleitet hatte und der in seiner Jugend in die Wirren der Französischen Revolution hineingeraten war. Dessen Vater wiederum war kaum acht Jahre nach der Herrschaft Peters des Großen geboren worden.

Die Kinder hörten wie gebannt zu. Es schien ihnen, als reichten sich die Jahrhunderte die Hand und als habe alles sich erst gestern abgespielt. Botniansky hatte unter diesem Dach seine ersten Konzerte aufgeführt. Die Dichter Derzhawin, Puschkin sowie die Maler Lampi, Lewitzky, Borowikowsky und Kiprensky waren häufige Gäste gewesen. In dem alten Haus vermeinte man noch den Nachhall der Leidenschaften und der glänzenden Empfänge zu spüren, aber auch die Zeiten des Unglücks und der stillen, einsamen Stunden der Menschen, die früher hier gelebt hatten. Manchmal kam es den Kindern so vor, als könnten ihre Vorfahren, gerade von einer Ausfahrt oder einer längeren Reise zurückgekehrt, jeden Augenblick die Empfangshalle betreten – Hut, Stock die schwere «Schuba» (Pelzmantel) oder eine zobelgefütterte Pelisse ablegen und sich in dem Haus wieder zurechtfinden, denn seit damals hatte sich hier kaum etwas verändert.

Trotz des Theaters, des Balletts und der Konzerte, die in dem von Gräfin Panin als Arbeiterklub errichteten «Narodny Dom» (Haus des Volkes) stattfanden, und sogar trotz der Reitturniere liebte Gerghi damals St. Petersburg nicht. Die hohen Häuser und Straßenschluchten engten ihn ein; er sehnte sich zurück aufs Land. Wenn er aber auf dem Moika-Kanal auf Schlittschuhen dahinglitt zu den Klängen eines Orchesters, das mehrere Nachmittage in der Woche spielte, oder gelegentlich nach Wybity oder Gatschina eingeladen wurde, halfen ihm diese Ablenkungen, die langen Stunden des Studiums zu überstehen.

Die Stroganoffschen Kinder waren auf dem Landsitz ihres Onkels «Boria» Wassiltschikoff («Wybity»), dreihundert Kilometer südwestlich von Petersburg bei Soltzy, stets willkommene Gäste. Neben der Familie Galitzin, dem Minister der kaiserlichen Apanagen, Fürst Viktor Kotschubey und den Scheremeteffs versammelte sich dort des öfteren junge Leute um das kinderlose Ehepaar, das ein offenes Haus führte.

Der weltbekannte Physiker Fürst «Bobby» Galitzin war hier häufig zu Gast. Seine Mutter war ein Findling gewesen, den seine Großeltern vor ihrer Tür entdeckt und adoptiert hatten. Galitzin hatte in Heidelberg studiert, die Marineakademie absolviert und war dann Astronom und Chef des Observatoriums von Pulkowo geworden. Er erfand den ersten Seismographen. Überhaupt war er eine anregende Persönlichkeit, ein begeisterter Erzähler und bemerkenswerter Pianist.

Vor der Abreise zu diesen Besuchen bekam Gerghi jedesmal detaillierte Anweisungen, wem er ein Trinkgeld zu geben habe, sowie die Visitenkarte seines Vaters für den Fall, daß er in Schwierigkeiten geraten sollte.

Kaiserliche Jagd in Gatschina

Fürst Dimitri Galitzin, Olgas Vetter zweiten Grades und allgemein beliebter Nachbar von Wassiljewskoje, war Jagdherr in Gatschina, wo die Kaiserinmutter, Maria Fjodorowna, im Sommer zu residieren pflegte.

Die Galitzins waren eine große Familie und führten ein gastfreies Haus für jung und alt. Sie und ihre Gäste wurden in gutgeheizten und gemütlich eingerichteten Holzhäusern untergebracht; an den Wochenenden fielen dort Scharen junger Leute ein, die häufig in den Badewannen schlafen mußten. Gerghi erhielt gewöhnlich ein kleines Zimmer im Haupthaus zugewiesen. Nachts flackerte die «lampada», eine kleine, an einer Kette hängende Lampe, vor der Ikone in einer Ecke des Raums, die allen russischen Kindern Trost spendete.

Die Jugend fuhr Ski oder Ski-Jöring hinter schnellen Araberpferden; sie schlängelten sich zeitweise zwischen Schlitten und anderen Fahrzeugen hindurch, wenn sie durch die Straßen der kleinen Ortschaft Gatschina rasten. Dieses spezielle Vergnügen fand jedoch wenig Anklang bei den Erwachsenen.

Der kaiserliche Wildpark, wo die Jagden stattfanden, lag sieben Kilometer außerhalb von Gatschina; dort wimmelte es von Fasanen, Hasen, Füchsen und Rebhühnern. In der Tiefe der ausgedehnten Fichtenwälder wurde im Frühjahr der seltene Auerhahn gejagt. Eine besondere Art von Hunden, die so groß wie Bernhardiner waren und «medeljany» hießen, wurde ausschließlich für die Bärenjagd verwendet.

Einer dieser Hunde war Gerghi versprochen worden. Die Revolution war bereits in vollem Gang, als ein kaiserlicher Jäger in Uniform mit allen Abzeichen es zum Haus der Stroganoffs brachte. Das riesige Tier muß Respekt erregt haben, denn sie wurden von der randalierenden Menge nicht belästigt.

Großfürst Nikolai Nikolajewitsch, der Vetter ersten Grades Alexanders III. und Oberbefehlshaber des Heeres, war häufig in Gatschina zu Gast. Im Juli 1916 erklärte er, daß bis zum April 1917 eine Armee von fünf Millionen Mann bereitstehen werde für einen zwei Jahre dauernden Krieg auf einer dreitausend Kilometer langen Front. Die Deutschen hatten von dieser optimistischen Äußerung vielleicht Wind bekommen und entschlossen sich deshalb, Rußland unter Ausnutzung der Revolution noch vorher zu bezwingen.

Nach allgemeiner Auffassung besaß der Großfürst, obwohl kein militärisches Genie, ein hohes Maß an gesundem Menschenverstand. Seine ungezwungene Art machte ihn bei den Soldaten außerordentlich beliebt.

Die Familie der Romanoffs bestand aus lauter Riesen, aber nach Alexander III. waren sie von kleinem Wuchs. Zar Nikolaus II. fühlte sich in jeder Beziehung überschattet von seinen überragenden Onkeln. Wenn er mit seinem Gefolge an den

Jagden teilnahm, gab er sich bescheiden, natürlich und gelöst; er wirkte dann wie ein Gutsnachbar und nicht wie ein autokratischer Herrscher.

Nach der Bahnfahrt von Zarskoje Selo wurde er meistens im Schlitten zum Haus der Galitzin oder zu seinem Stand gefahren. Er war ein vorzüglicher Schütze, achtete aber darauf, das Wild nicht waidwund zu schießen, wodurch sich seine Strecke verringerte; sein Onkel, Großfürst Nikolai Nikolajewitsch, ballerte auf alles, was ihm vor die Flinte kam. Nach drei oder vier Stunden Jagd wurde ein Picknicklunch serviert, bei dem sich alle Teilnehmer zwanglos miteinander unterhielten. Der Zar wurde mit «Gosudar» angeredet – einem vertrauteren Ausdruck als «Kaiserliche Majestät».

Er war sich seiner eigenen Mängel durchaus bewußt, wurde jedoch von der Zarin und ihrer Umgebung angestachelt, eine Stärke zu zeigen, die seinem Wesen fremd war. Es mutet fast wie eine Trotzreaktion an, wenn er oft darauf bestand, sich ohne Begleitung in seiner Hauptstadt zu bewegen. Die auf seinem Weg postierten Polizisten bekreuzigten sich jedesmal erleichtert, wenn er wohlbehalten wieder aus ihrer Sichtweite verschwunden war.

Einmal wurden Oleg und Gerghi, die sich zu Fuß auf dem Weg zum Winterpalais befanden, von einer gewöhnlichen Droschke überholt, in der als einziger Passagier ein Oberst in Uniform saß. Zum Erstaunen seines jüngeren Bruders blieb Oleg plötzlich wie angewurzelt stehen, die Hand an der Mütze. Es war der Zar, der allein, ohne jegliche Eskorte, nach Hause fuhr.

Erziehung der Geschwister

Ellen, die neun Jahre jünger war als Oleg und stets Schwierigkeiten mit ihrer dominierenden Mutter hatte, besaß zu ihrem Glück in Elisaweta Alexandrowna Brianzewa eine Gouvernante, die nicht nur schön und kultiviert, sondern eine

Zuflucht für die Kinder war – auch für den sieben Jahre jüngeren Gerghi. Beide Kinder liebten sie innig und flüchteten sich häufig zu Tee und Warenje (Konfitüre) in ihr Zimmer, wo sie ihnen vorlas. Fast beiläufig vermittelte sie den Kindern ein tiefes und mystisches Verständnis für den orthodoxen Glauben.

Zu gegebener Zeit wurde Olegs Seemann, der «Djadka», durch einen Hauslehrer ersetzt: Georgi Nikanorowitsch Maloff, der erst kurz vorher das Universitätsstudium beendet hatte. Er war ein junger Mann mit romantischen Neigungen, der sich bald über beide Ohren in Elisaweta Alexandrowna verliebte. Sie war fast zehn Jahre älter als er und interessierte sich infolgedessen viel mehr für den feschen Kavallerieoffizier Oberst Bendersky, ein Schmuckstück der elitären Höheren Reitschule, der auch seinerseits die unwiderstehliche Gouvernante verehrte.

Die Kinder waren von diesen Liebesstürmen fasziniert und verzehrten dankbar die Konfektschachteln des armen Maloff, die Elisaweta verächtlich wegwarf. Es kam so weit, daß Gerghis Mutter besorgt um die Gesundheit des liebeskranken Jünglings wurde und ihn einige Wochen zur Erholung in den Kaukasus schickte. Bei der Rückkehr war seine Leidenschaft zwar ein wenig gedämpft, aber er blieb seiner Liebe treu. Er wurde später Olgas Sekretär.

Nach 1918 entkam Oberst Bendersky nach China. Georgi Nikanorowitsch und Elisaweta Alexandrowna, um die er sich in den Hunger- und Terrorjahren rührend gekümmert hatte, heirateten schließlich doch. Ein paar Briefe gelangten in den Westen, aber danach war völlige Stille, die nichts Gutes ahnen ließ.

Im Alter von zwölf Jahren konnte Gerghi zwischen dem Schulbesuch in St. Petersburg und dem Privatunterricht während der Sommermonate in Wassiljewskoje wählen, wodurch seine Ferien mit der Jagdsaison in Mariewka zusammenfielen. Er zog die zweite Lösung vor, denn die Kinder hatten alle bereits mit sieben Jahren zu jagen begonnen. Diese Regelung bedeutete jedoch auch intensives Studium während des ganzen Sommers bei mehreren Hauslehrern, weil er die Aufnahmeprüfung am Larinsky-Gymnasium von St. Petersburg machen sollte. Als er beim erstenmal durchfiel, durfte er im Herbst nicht in die Ferien fahren.

Er beabsichtigte, am Polytechnikum der Hauptstadt Metallurgie zu studieren, wie es alle seine Vorfahren getan hatten, um die notwendigen Kenntnisse für die Leitung der im Ural liegenden Stahlwerke zu erwerben; gleichzeitig wollte er Vorlesungen an der Landwirtschaftlichen Universität von Moskau hören.

Aber das Schicksal sollte anders entscheiden.

In späteren Jahren kam es Gerghi so vor, als wären alle goldenen Tage seiner Jugend mit Wassiljewskoje und Mariewka verbunden, sie verliefen in einem genau so steten Rhythmus wie die sich wandelnden Jahreszeiten und hatten ihn fast unverwundbar gemacht für zukünftige Schicksalsschläge, denn nichts konnte ihm diese verzauberten Erinnerungen nehmen.

Die Familie verbrachte den größten Teil des Jahres in Wassiljewskoje. Wenn nach den starken Schneefällen im November der Himmel aufklarte und die Temperaturen auf sechs oder sieben Grad unter Null absanken – es wurde selten kälter als minus fünfzehn Grad –, hängte sich Gerghi eine kurze Flinte über die Schulter, falls er zufällig auf ein Stück Wild stoßen sollte, und unternahm lange Ausflüge auf kurzen, breiten Skiern. Sein Atem stieg wie Dampf in die regungslose Luft empor, die «träumenden» Wälder lagen schweigend da; kein Geräusch durchbrach die Stille außer dem Gleiten der leichten Skier auf der seidigen Schneeschicht oder dem plötzlichen Knacken eines trockenen Astes. Die Zeit schien in der vertrauten Einsamkeit wie abwartend innezuhalten.

Beim Haus und in den umliegenden Dörfern ertönte munteres Geschrei. Ein steiler, dreißig Meter hoher Hang führte hinunter zu einem gefrorenen Teich. Kinder rutschten auf der vereisten Oberfläche mit enormer Geschwindigkeit bergab, wobei die Kleinen aus Sicherheitsgründen in Wäschekörbe gepackt wurden. Die Schneewände um den Teich herum fingen sie wie in einer weichen Umarmung auf. Einige junge Draufgänger rasten sogar auf Schlittschuhen den Berg hinunter. Dann jagten sie sich gegenseitig über den zugefrorenen Fluß. Ein beliebter Zeitvertreib bestand darin, an bestimmten Stellen der Strecke zu warten und dann auf die kleinen Schlitten aufzuspringen, die an Olgas schnelles Dreigespann, die «Troika», angekoppelt waren. Der letzte Mitfahrer am Ende der Schlange landete meistens mit seinem Schlitten auf dem Rücken; alles lachte und purzelte in die watteweichen Schneeverwehungen.

Es dunkelte schon früh, und das warme Haus, das sogar im Winter voll Blumen war, schien auf sie zu warten.

Zum Tee war in der großen Halle gedeckt, wo sich Oleg und später Gerghi auf das riesige schwarze Bärenfell, das einladend vor dem offenen Feuer ausgebreitet lag, hinwarfen.

Abends wurde vierhändig Klavier gespielt, wobei sich Oleg als besonders begabt erwies, oder man veranstaltete an dem großen Tisch verschiedene Spiele, an denen sich auch die Erwachsenen beteiligten, denn es gab keine Trennung der Generationen. Aber die Kinder durften keine schlechten Verlierer sein, und Glücksspiele waren streng verboten. Wie in vielen russischen Häusern üblich, wurden die Klassiker laut vorgelesen, sogar nach einem langen Jagdtag. Dem Jüngsten las man Märchen vor – jene urwüchsigen, geheimnisvollen und oftmals von Gewalttaten berichtenden russischen Märchen, in denen die Tapferen und die Unschuldigen unweigerlich den bösen Zauberer, den «Koldun», besiegten. Im entscheidenden Augenblick kam unerwartet Hilfe von einem buckligen Pferd, einem redenden Fisch oder einem Feuervogel, der sich glücklicherweise gerade in einem Baum über dem verzweifelten Helden niedergelassen hatte, denn die Zauberkraft der Natur stand ihm stets zur Seite.

Die Weihnachtszeit brach mit fieberhaften Vorbereitungen

an, Christbäume, die traditionellen nordischen «Elka», wurden, mit Geschenken behängt, in allen umliegenden Dörfern, Schulen und Waisenhäusern aufgestellt. Die Glöckchen am Pferdegeschirr bimmelten, und Olgas Peitsche knallte, als sie stehend auf der Kutscherbank eines großen, flachen, mit einer dicken Strohschicht und einem Teppich bedeckten Bauernschlittens, ihre Troika über die flachen Wiesen trieb. Unter Bärenfellen zusammengekauert saßen die Kinder und Hausgäste lachend hinter ihr und genossen jeden Augenblick der Ausfahrt durch die klirrend kalte Winternacht, während sie sich den blinkenden Lichtern ferner Dörfchen näherten.

Bei der Schneeschmelze ergossen sich Wasserfluten über die Straßen und verwandelten sie in gurgelnde Moraste. Die Furt über den anschwellenden Fluß konnte dann nicht mehr benutzt werden; man mußte vorsichtig mit dem Boot ans andere Ufer gelangen. Die Sonnenwärme trocknete den Schlamm bald auf, aber die Wagen versanken immer noch in den tiefen Furchen, die die Winterfröste zurückgelassen hatten, so daß man über Stoppelfelder an ihnen vorbeifahren mußte, wobei die Pferde angestrengt keuchten und heftig ausschlugen. Fast über Nacht, wie in einem jähen Aufbruch neuer Lebenshoffnung, bedeckte sich die Erde mit wilden Blumen; aus trockenen Zweigen sprossen junge Triebe. Bei Einbruch der Dunkelheit begannen die Nachtigallen ihren drei Wochen dauernden Chor unter den blühenden Fliederbüschen, und die Frösche quakten eine endlose Litanei an den Teichen der Dörfer.

Auf einmal sah man überall Fohlen, Kälber, Lämmer, Ferkel und sogar Babys. Bald erklangen die Osterglocken in jeder Kirche. Eine hölzerne Rutschbahn wurde auf dem Rasen zum Eierrollen aufgebaut. Zur Entlastung des Personals waren die Tische im Inneren des Hauses mit «Passcha» und «Kulitsch», bunten Eiern und einer Vielzahl von Gerichten und Delikatessen, Wein und Wodka beladen. Gäste strömten von überall herein, und man fuhr wiederum zu den Nachbarn auf Besuch.

Trotz ihrer Schwerhörigkeit hatte Olga ein Balalaika-Orchester aus fünfundzwanzig Instrumenten gegründet, in dem sie die Mandoline und Gerghi die Donra spielte. Der bekannte Dirigent Wladimir Trofimowitsch Nasonoff wurde von dem großen Virtuosen Andrejeff selbst empfohlen. Er reiste durch ganz Rußland, um Volkslieder zu sammeln und in Noten festzuhalten. Die unhandliche Baß-Balalaika wurde von einem hünenhaften, über zwei Meter großen Bauern gezupft. Er schwang ab und zu das riesige, dreieckige Instrument über seinen Kopf und zeigte dabei ein breites, glückliches Grinsen; wenn er sich aber darauf vorbereitete, einen tiefen Ton anzuschlagen, wurde seine Anspannung so groß, daß eine tiefe Röte sein Gesicht überzog, und er nahm auf einmal einen bedrohlichen Ausdruck an. Fürst Scherbatoff war der einzige Zuhörer, wenn das Orchester zu Hause spielte.

Außerdem gab es zwei beliebte Fußball- und Hockey-Mannschaften sowie eine Pfadfindergruppe, mit der Gerghi viel unternahm.

Während Olga ihre wilden Pferde im Gelände zuritt, verließen die Kinder im Sommer vor dem Frühstück das Haus zu langen Ausritten mit Mr. William, dem Stallmeister. Nach der kühlen Nacht prickelte die Luft wie Champagner, huschende Vögel durchschossen die Felder und Forste, und der Wald vibrierte von dem aufdringlichen Summen der Insekten.

Schon im frühesten Kindesalter wurde allen das Reiten beigebracht. Vor den Augen seiner unnachgiebigen Mutter setzte man den kleinen Gerghi auf den prächtigen, arabischen Grauschimmel «Kunak» (Kumpel). Auf höchst unkumpelhafte Art und Weise wurde er sofort abgeworfen. Fest entschlossen, es nicht noch einmal dazu kommen zu lassen, ließ er sich beim ersten unheilverkündenden Zucken von Kunaks Ohren wie eine Kugel von selbst in das Sägemehl der Reitbahn rollen. Seine Mutter mußte schließlich nachgeben, er durfte fortan ein frommes Shetlandpony reiten, auf dem er sich so sicher wie auf einem Schaukelpferd fühlte.

Im Spätsommer, wenn die jungen Jagdhunde herangewachsen waren und abgerichtet werden mußten, wurden die Tiere gegen fünf Uhr nachmittags, wenn die Hitze etwas nachgelassen hatte, ins freie Gelände mitgenommen. Manchmal verliefen sie sich und mußten dann im dunkelnden Wald gesucht werden. Eines Abends, verfolgt von dem Geläut der ganzen Meute, brach ein prachtvoller Elch aus dem Gehölz. Er hatte den Kopf zurückgeworfen, um sich mit den Schaufeln nicht in den niedrigeren Ästen zu verfangen. Es war ein ungewöhnlicher, atemberaubender Anblick.

Die untergehende Sonne verwandelte das Türkis des Himmels in Gold, dann in Rosa, schließlich kam das Dunkelblau der Nacht. Alle Geräusche – das Gebell eines Hundes, das Lied eines Sängers – drangen weit übers Land. Jede sich bewegende Kreatur zeichnete sich scharf gegen den unendlichen Himmel ab. Der «prostor», die von den Russen so geliebte Weite, erzeugte ein Gefühl unsäglichen Friedens.

Wenn vom Fluß her die Herbstnebel aufzogen und der Geruch nach brennendem Reisig über die Wiesen stieg, wurde das Pilzesammeln zu einem Ritual. Ältere Damen trugen mit Zacken versehene Stöcke in der Hand, damit sie sich nicht zu bücken brauchten. Böse Zungen behaupteten, man hätte kleine Fähnchen an die Pilze gesteckt, um ihnen bei der Suche zu helfen – aber das kann auch üble Nachrede gewesen sein. Mit einem fanatischen Leuchten in den Augen machten sich die Jüngeren zu ihren bevorzugten und geheimgehaltenen Fundstellen auf den Weg. Viele Stunden später sammelten sie sich, wenn auch widerwillig, auf den Klang des von Fürst Scherbatoff geblasenen Jagdhorns wieder, das alle zu den wartenden Wagen zurückrief.

Anfang September «migrierte» die Familie auf ihr großes Gut Mariewka im Süden. Für die Kinder schien der Umzug das aufregendste Ereignis des Jahres, denn es war, als setze sich ein Zirkus in Marsch. Obwohl die Fahrt vierundzwanzig Stunden dauerte, reisten sie dritter Klasse, mit einem riesigen

Haufen Gepäck, einschließlich Haustieren (Hunden und Papageien). Auch ein großes, unhandliches Grammophon mit gewundenem Schalltrichter und die Musikinstrumente des Balalaika-Orchesters waren immer dabei. Gouvernante, Hauslehrer und Diener bestiegen den Zug. Schließlich wurden beide Hundemeuten – einhundertfünfzig Windhunde und achtzig Jagdhunde – sowie über zwanzig Pferde aufgeladen. Die Eltern fuhren erster Klasse.

Zuerst nahm man einen Zug nach Moskau, mußte dann die ganze Stadt in Droschken bis zum Bahnhof Rjasan-Rostoff durchqueren, wo für die neunhundert Kilometer lange Strecke bis zu ihrem Bestimmungsbahnhof ein anderer Zug bestiegen wurde. Von dort ritten die Reisenden entweder auf ihren Pferden oder legten die letzten siebzig Kilometer nach Mariewka im Wagen zurück. Die Rückfahrt im November verlief wesentlich anstrengender, denn dann hatte sich die schwarze Erde in einen schweren, klebrigen Morast verwandelt, so daß die Fahrt zum Bahnhof mindestens vier Stunden länger dauerte. Während sie sich mühsam den Weg durch den zähen Untergrund bahnten, galoppierte Olga auf ihrem prachtvollen Araber an ihnen vorbei.

Gerghi kam einmal im Frühling nach Mariewka und wurde von dem plötzlichen Aufbrechen einer schier unglaublichen Fruchtbarkeit überwältigt. Soweit das Auge reichte, war aus der wogenden Steppe ein dichter Teppich verschiedenster Blumen geworden, unter denen eine kurze rot-gelbe Tulpe dominierte. Gärten und Obstplantagen, die in voller Blüte standen, beherbergten Nachtigallen und andere Singvögel, die miteinander wetteiferten. Die Steppe war ein Rastplatz für Zugvögel, die in Wellen über das Farbenmeer hinwegzogen. Störche, seltene Trappen und schwarze Schwäne schwärmten umher. Es war ein berauschender Ausbruch von Energie und Lebensfreude.

In den Tälern nisteten die Dörfer mit ihren sahneweißen, strohgedeckten Häuschen, die eine breite Hauptstraße säumten. Hinter ihnen lagen die Obstbäume und Gärten. Auf den flachen Hügeln drehten sich Windmühlen. Das wellige Land der «Schwarzerde» (tschernosem) erstreckte sich ohne Felsgestein bis zum Horizont. Es war ein ideales Reitgelände.

Im Herbst, nach dem Einbringen der Ernte, begann die eigentliche Jagdsaison. Außer dem Arabergestüt mit seinen etwa dreihundert Pferden standen vierzig ungezähmte Kabardiner-Pferde aus dem Kaukasus im Reitstall. Man ritt sie gewöhnlich dadurch zu, daß man sie in vollem Galopp einen Steilhang hinauftrieb. Obwohl Fürst Scherbatoff die Jagdleidenschaft seiner Frau nicht teilte, bot sich ihm dadurch die willkommene Gelegenheit, über sein ganzes Gut zu reiten und mit den Bauern und Inspektoren zu sprechen.

Der Tag begann bei Sonnenaufgang. Am Abend vorher waren die Lagerplätze der Wölfe durch Nachahmung ihres Geheuls, auf das die jungen Wölfe mit einem hundeähnlichen Gebell Antwort gaben, eingekreist worden. Am nächsten Morgen drangen über hundert Treiber in das Unterholz ein und erzeugten mit Klappern und Metallplatten lautes Getöse.

Die berittenen Jäger warteten in einiger Entfernung; sie hielten drei Windhunde mit der linken Hand an einer langen Leine. Die Spannung nahm zu; man konnte nicht wissen, woher der erste Wolf ausbrechen würde. Die Pferde wurden unruhig. Die Hunde ließ man erst los, wenn der Wolf auf gleicher Höhe lief. Da ihr Geruchssinn wenig ausgeprägt war, mußten sie ihn auf Sicht verfolgen, aber auch dann würde es Stunden dauern, ihn zu ermüden. Wenn der alte Wolf schließlich gestellt worden war, machte man ihm mit einem langen Messer den Garaus, aber die jungen Tiere wurden lebend eingefangen. Olga ritt ihre schnellen Araber, und ihr Leibjäger stürzte sich in vollem Galopp auf die Beute, was als besonders sportlich galt. Ein kurzer, mit zwei Schnüren versehener Stock wurde dem Wolf in den Rachen gestoßen, die Schnüre hinter seinem Genick fest verknüpft und die Vorder- und Hinterbeine zusammengebunden. Erst dann war er unschädlich. Es galt als zu gefährlich, alte Wölfe lebend zu fangen, denn sie konnten sowohl Menschen wie Hunde töten. Unter den Jagden waren Wolfsjagden die Ausnahme, und eine Beute von drei oder vier jungen Tieren galt als zufriedenstellend. Auf dem Gut Mariewka wurde nur eine einzige Wolfsfamilie geschützt und gefüttert. Das übliche Wild waren Füchse und Hasen.

Wenn bei der Fuchsjagd die Jagdhunde durch die Treiber in den Bau hineingelassen wurden, blieben die Windhunde draußen, sie wurden von den berittenen Jägern erst dann losgelassen, wenn der Fuchs herausgebrochen war. Beim Bergabreiten im vollen Galopp verwickelten sich leicht die Leinen. Im Alter von fünfzehn Jahren war Gerghi einmal nur knapp einem Unglück entgangen, als ein Hase zu seiner Rechten absprang. Seine linksgeführten Windhunde stürzten quer hinüber auf die andere Seite, was verhängnisvolle Folgen hatte. Ein Hund kam ums Leben; das Pferd schlug einen Purzelbaum, und Gerghi landete kopfüber in dem weichen Erdreich. Er hatte zunächst die Besinnung verloren, kam aber rasch wieder auf die Beine; er blutete im Gesicht. «Hast du dich verletzt?» rief seine Mutter. «Nitschewo, nur ein paar Kratzer», und die Jagd ging weiter. Doch weder Gerghi noch sein Pferd waren an diesem Tag zu besonderen Leistungen fähig.

Um ihr Fell nicht zu zerstören, wurden Füchse mit einem Schlag des Steigbügels über die Nasenspitze erlegt. Ein junger unerfahrener Stallbursche, der seinen angeblich toten Fuchs an den Sattel gebunden hatte, stieg mit einem plötzlichen Aufschrei hoch: Das betäubte Tier war zu sich gekommen und hatte ihn in gerechter Rache an einer empfindlichen Stelle – zur höhnischen Freude seiner Kameraden – gebissen.

Die Jagdgesellschaft zog in einer Karawane von einem Dorf zum anderen – mit achtzig Pferden, Mobiliar, Dienerschaft, Hunden und was sonst noch nötig war, denn sie kampierten in leeren, saubergefegten Häusern. Nach der Jagd servierte man wie üblich Tee; die Hunde wurden abgerieben und fachkundig behandelt, falls sie sich verletzt hatten. Wie in Wassiljewskoje las man nach dem Abendessen vor oder spielte Karten, während das Grammophon Arien mit Caruso oder Adelina Patti wiedergab, denen Olga und Ellen besonders zugetan waren.

Im Jahr 1905 kam Gerghis Onkel Sergej Alexandrowitsch Stroganoff nach Mariewka, um die Jagden mitzumachen. Er war fast taub, und der kleine Gerghi setzte sich auf einen Heuschober, um ihn über den Fortgang der Jagd auf dem laufenden zu halten. Er wurde durch den Eisenbahnerstreik aufgehalten, aber es gelang ihm, einen Lokomotivführer zu bestechen, der ihn nach Rostoff mitnahm, wo er an Bord seiner Jacht «Sarjà» (Morgenröte) ging und ohne Zwischenfälle nach Frankreich zurückfuhr. Nach Ansicht der Familie war es ihm zu verdanken, daß der Streik ein Ende fand.

Russisch-Japanischer Krieg

Als der Russisch-Japanische Krieg im Jahr 1904 ausbrach, stellte Graf Sergej, der selbst Marineoffizier gewesen war, der Regierung ein schnelles Transportschiff, «Russ», das er in England hatte bauen lassen, zur Verfügung. Es begleitete die baltische Flotte in den Fernen Osten und wurde in der Schlacht von Tsuschima versenkt.

Das Streben nach politischen Reformen war nicht mehr das Privileg einer aristokratisch geprägten Kultur, sondern zum Anliegen einer neuen Intelligenz und verschiedener Nationalitätengruppen innerhalb des Reiches geworden. Diese waren jedoch auf Führungsaufgaben oder Verwaltungserfordernisse nicht vorbereitet; ihre Theorien standen meistens in krassem Gegensatz zur Wirklichkeit. Das Ringen um Einfluß und die Zunahme der Korruption verdammte auch integre Männer zu Machtlosigkeit oder Passivität. «Politik» wurde zu einem anrüchigen Begriff. Bald sollten die politischen Reformen in die Hände obskurer Agitatoren unter der Arbeiterschaft und von Berufsrevolutionären fallen. Dreißig Jahre nach der Bauernbefreiung war Rußland noch nicht zu einem Einheitsstaat geworden. In dem Vakuum, das zwischen einer schwächlichen Zentralregierung und der passiven Bauernschicht entstanden war, wühlte eine termitenähnliche Zersetzung, die sich wie ein Krebsgeschwür ausbreitete. Diese Entwicklung erschütterte die Grundfesten des Landes; sie beeinträchtigte die Kriegsanstrengungen, sabotierte die Schiffe und unterminierte die Moral der Besatzungen. Eine verantwortungslose Presse beschrieb im Detail in einer Reihe bösartiger und tendenziöser Artikel die bestehenden Schwächen der russischen Flotte, was sich für die Japaner und ihren fähigen Befehlshaber Admiral Togo als wertvoll erweisen sollte. Die Kampagne zielte darauf ab, die Führungsqualitäten des russischen Flottenbefehlshabers Admiral Rozhdestwensky, der zu den heldenhaftesten und tüchtigsten Gestalten der Seekriegführung gehörte, in Frage zu stellen. Mit Unterstützung durch zweifelhafte internationale Geschäftsinteressen und ihrer Handlanger in Petersburg gelang es, eine sogenannte «freie öffentliche Meinung» zu mobilisieren, bis Befehle und Gegenbefehle chaotisch aufeinanderfolgten. Die epische, einzigartige Fahrt der baltischen Flotte mit ihren vierzig Schiffen und zwölftausend Besatzungsmitgliedern um die halbe Welt wurde dadurch unendlich erschwert. Nur eine Führerpersönlichkeit von unbeugsamer Entschlossenheit konnte eine solche Tat vollbringen. Rozhdestwensky überstand einen neun Tage wütenden Orkan bei Kap Hoorn, nervenaufreibende Wochen auf Madagaskar, wo er unter jedem Vorwand aufgehalten wurde, um schließlich seinem Gegner bei Tsuschima entgegenzutreten.

Die Kreuzer «Rurik», «Gromowoy» und «Rossija», auf denen Oleg zu den jüngeren Offizieren gehörte, waren nach Port Arthur ausgelaufen, um zum dortigen Geschwader zu stoßen[8]. Sie wurden in der Enge von Tsuschima von ihnen weit überlegenen Kräften angegriffen. Die Seeschlacht wütete fünf Stunden lang, und Oleg blieb an Deck, um die Funktionen ausgefallener älterer Offiziere zu übernehmen. Wie durch ein Wunder kam er unversehrt davon.

Die ganze «rote» Subversion war vergessen; auf den russischen Schiffen kämpften Offiziere und Mannschaften heldenmütig, oft bis zum letzten Mann; von den zwölftausend Mann der Besatzungen kamen fünftausend ums Leben. Verwundet und bewußtlos wurde Rozhdestwensky vom Deck seines sinkenden Flaggschiffs buchstäblich heruntergeworfen auf das Deck des kleinen Kreuzers «Buiny», der in der aufgewühlten See während der Schlacht diese Rettungsaktion riskierte.

Die Kaiserlich Baltische Flotte war vernichtet. Die Japaner gaben erst viel später ihre eigenen schweren Verluste zu, aber diese veranlaßten sie doch, dem Frieden von Portsmouth zuzustimmen, der durch britische Vermittlung zustande kam.

Rozhdestwensky erholte sich langsam und kehrte nach Hause zurück in der Erwartung, Spott, Enttäuschung und Kritik ausgesetzt zu sein, aber die Nation, die um ihre gefährdete Flotte gebangt hatte, ließ sich nicht irreführen: Trotz aller revolutionären Propaganda wurde der Admiral vom Volk wie ein Held empfangen. Dieser Beifall galt allen heimkehrenden Offizieren und Mannschaften.

Auch Oleg wurde mit Triumphbogen und Ansprachen von Delegationen begrüßt. Für den siebenjährigen Gerghi, der sich krampfhaft bemüht hatte, sich die Schiffsnamen vom Geschwader seines Bruders zu merken und sie immer wieder mit seinen Vorfahren, den Warägerfürsten Rurik, Truvor und Sineus durcheinanderbrachte, schien sein großer, gutaussehender Bruder ein Held aus alten Zeiten zu sein.

Trotz seines außerordentlich liebenswürdigen und verbindlichen Wesens besaß Oleg einen starken Charakter; er konnte sich als einziger seiner Geschwister dem vorherrschenden Einfluß seiner Mutter entziehen. Das Verständnis für die Ziele seines Vaters hatte sich in ihm gefestigt, und er nahm sich vor, alle Vorhaben, die sein Vater verfolgte, zu unterstützen. Doch er befand sich noch im aktiven Dienst und meldete sich schon bald wieder in Kronstadt.

Wenn er sich in Petersburg auf Urlaub befand, wohnte er im Haus Stroganoff (in der Familie wurde es nie «Palais» genannt). In dem Haus gingen angeblich Gespenster um, und Oleg hatte trotz seiner auf See bewiesenen Tapferkeit stets ein ungutes Gefühl, wenn er nach Bällen oder Empfängen nach

Hause zurückkehrte. Seine Freunde neckten ihn und meinten, er laufe lieber bis zum Morgengrauen in der Stadt herum, als mit dem «roten Männlein» in der Galerie oder der grauen Dame auf den Treppenstufen zusammenzustoßen. Aber die Zigeunernächte der Hauptstadt reizten Oleg nicht mehr, denn er hatte sich in ein entzückendes Mädchen verliebt, in die Prinzessin Sonia Wassiltschikoff.

Olegs Heirat

Die Trauung fand in der Admiralitätskirche von St. Petersburg statt. Ein kleiner Vetter übernahm die wichtige Rolle des «Ikonenknaben». Er würde diesen Tag nie wieder vergessen.

Voller Stolz schritt er vor dem Brautpaar einher, die Ikone, mit der die Braut von ihrem Vater vor dem Verlassen des Hauses gesegnet worden war, fest an die Brust gedrückt. Sonia war ein hochgewachsenes, dunkelhaariges und reizendes Mädchen von großer Anmut. Sie hatte sechzehn Heiratsanträge abgelehnt, bevor sie sich ein für allemal in ihren gutaussehenden Vetter dritten Grades verliebte, in den schneidigen jungen Marineoffizier, der Tsuschima überlebt hatte. Es spielte für sie keine Rolle, daß er zufällig auch Erbe des größten Vermögens in Rußland war – eine Tatsache, über die in der Familie nie gesprochen wurde. Ihr strahlender Liebreiz hinterließ bei allen Anwesenden einen nachhaltigen Eindruck. Aber auch Oleg war nicht nur allgemein beliebt; er besaß auch großen Einfluß auf seine Zeitgenossen, die sich an ihn später mit liebevoller Hochachtung erinnerten, als habe jeder einzelne mit ihm in einer besonderen persönlichen Beziehung gestanden.

Hinter diesem auffällig schönen Paar schritten in zwei langen Reihen die «Schaffer» oder Brautführer, die den beiden die goldenen Kronen über den Häuptern hielten; auf Olegs Seite waren es hauptsächlich Marineoffiziere. Hinter Sonia gingen ihre drei hochgewachsenen und gutaussehenden Brüder, mehrere junge Großfürsten und eine Anzahl der von ihr sanft abgewiesenen Verehrer in Galauniform einher. Ältere und bedeutendere Mitglieder der kaiserlichen Familie, wie beispielsweise Großfürst Wladimir Alexandrowitsch, standen bei den Eltern, denn Sonia war als Hofdame berechtigt, die diamantene «chiffre», die Initialen der Zarin, zu tragen. In der Kirche drängte sich alles, was in der Hauptstadt Rang und Namen hatte, zusammen. Der prächtigen Trauungszeremonie folgte ein großer Empfang im Hause Stroganoff, wo, wie ein Gast später bemerkte, besonders der Charme und die Bescheidenheit des schönen Paares auffiel, da sowohl die Braut als auch der Bräutigam mit unnachahmlicher Liebenswürdigkeit und Anmut mit jedem Gast sprachen – gleichgültig, ob es ein Freund aus der Kindheit, ein Großfürst oder ein altes Faktotum der Familie war.

Das junge Paar zog in eine ziemlich finstere Wohnung im Erdgeschoß des Stroganoff-Hauses, denn die Haupträume waren für die Öffentlichkeit zugänglich. Durch einen kaiserlichen Ukas wurde der Name Stroganoff dem Familiennamen Scherbatoff hinzugefügt; Olegs ältester Sohn sollte wieder den Namen Graf Stroganoff führen und den Familienbesitz erben. Die Glocken der Hauskirche hielt man bereit, ein Freudengeläut anzustimmen, falls ein Erbe geboren würde, aber leider: «Nach viermaligem Anlauf ist es bei uns Schwestern geblieben», meinte die Tochter Xenia später bedauernd. Trotz dieser wiederholten Enttäuschungen führten ihre Eltern eine ungetrübt glückliche Ehe.

Oleg hatte unter dem Einfluß des frommen Mönchs Vater Johann von Kronstadt gestanden. Er ließ keine Frühmesse aus. Einmal fragte ihn ein Priester, was er auf dem Herzen habe, weil er so häufig die Kirche besuche. Oleg antwortete lächelnd: «Ich bin der glücklichste Mensch, und dafür danke ich Gott.»

Das junge Paar und seine größer werdende Familie verbrachte jedes Jahr einige Monate bei Sonias Eltern auf Jurburg in Litauen. Abends spielte Oleg häufig auf dem Klavier vierhändig mit seiner lebhaften jungen Schwägerin Dilka, die

Sonias ältesten Bruder Lary geheiratet hatte. Sie brachte die ganze Familie mit ihren Erzählungen zum Lachen und war ein besonders beliebtes Mitglied des Kreises geworden. Von Litauen zogen sie dann nach Süden auf das Land, wo Oleg, der nach seiner Heirat aus der Marine ausgeschieden war, die Güter seiner Familie[9] sowie ein Besitztum, das Gerghi von seinem Onkel erben sollte, verwaltete. Dieses war berühmt wegen seines aus über siebzig Pferden bestehenden Traberstalls, aber es sollte Gerghi nicht vergönnt sein, es jemals zu besuchen. Seine Schwägerin Sonia erzählte ihm, Haus und Park seien zwar schön, aber auf dem ganzen Gelände wimmele es von schwarzen Schlangen. Da Gerghi Schlangen verabscheute, wirkte sich diese Auskunft auf ihn irgendwie trostreich aus.

Während eines Besuches bei seinen Eltern in Wassiljewskoje wurde Sonia, die ein Kind erwartete, von einem Ziegenbock angefallen, der Olegs Mutter gehörte; diese amüsierte sich über die Ängste, die dieses aggressive Tier bei manchen Besuchern auslöste. Aber Oleg packte es bei den Hörnern und verdrosch es gehörig. Bei der Rückkehr teilte er seiner Mutter in kühlem Tone mit, er würde mit jedem ihrer Tiere auf dieselbe Art und Weise verfahren, falls noch einmal eines außer Kontrolle geraten sollte.

Sonia, die in ihrer poetischen und geheimnisvollen Art wie die Heldin eines russischen Märchens wirkte, hatte mit ihrer Schwiegermutter wenig Gemeinsamkeiten. Ihr gegenseitiges Verhältnis blieb vorsichtig höflich, wurde aber nie herzlich.

Erster Weltkrieg und Revolution

Obwohl während des letzten Jahrzehnts vor dem Ersten Weltkrieg der allgemeine Wohlstand zunahm und auf vielen Gebieten, etwa in der Wirtschaft, Industrie, im Schulwesen und in der Kunst beachtliche Aufbauarbeit geleistet wurde, schien die politische Unsicherheit zuzunehmen.

Eine Autokratie ohne einen Autokraten an der Spitze kann

sich entweder in Richtung auf einen gesteuerten Liberalismus entwickeln oder auseinanderbrechen. Beide Tendenzen wetteiferten während der Herrschaft des letzten Zaren miteinander.

Minister Witte berichtete, die Zarin Alexandra Fjodorowna habe im Jahr 1911 sein Beileid zur Ermordung Stolypins mit den Worten abgetan: «Er hat den Zaren in den Schatten gestellt.»

Es erwies sich als immer schwieriger, Mitarbeiter zu finden, die Nikolaus II. *nicht* in den Schatten stellten, und infolgedessen wurden die Beamten, die auf die höchsten Posten im Reich berufen wurden, immer mittelmäßiger, serviler und korrupter.

Der katastrophale Ausgang des japanischen Krieges hatte dem Prestige des zaristischen Regimes einen schweren Schlag versetzt. Doch wurden die bestehenden Zustände noch eine Zeitlang, wenn auch mit Mühe, aufrechterhalten, denn die Zeit für den endgültigen Umsturz war noch nicht reif, obwohl die Fratze der Revolution sich sporadisch zeigte. Erst der Erste Weltkrieg ebnete ihr den Weg und ermöglichte ihr, das russische Volk im Namen des Klassenkampfes systematisch zu dezimieren und zehn Jahrhunderte russischer Geschichte auszulöschen.

Gerghi hatte im Herbst 1913 beim Aufenthalt in Mariewka einen schrecklichen Alptraum. Er träumte, er sitze mit seiner ganzen Familie im Wohnzimmer von Wladimirowka, einem Nachbargut, von dem sie gerade zurückgekehrt waren. Die großen Fenster gingen auf den Garten hinaus; dahinter lagen die weißgetünchten, strohgedeckten Bauernhäuser und die wogenden Felder, die sich bis zu den fernen, blauschimmernden Bergen erstreckten. Es war spät am Nachmittag, und über dem Horizont ballte sich drohend und unheilverkündend eine schwarze Wolke, die ihm wie die Verkörperung alles Bösen vorkam. Sie verdunkelte allmählich den klaren Abendhimmel und drang dann wie finsterer Nebel durch die offenen Fenster in den Raum. Zuerst wurde die Schwester seiner Mutter, Missy Jagmin, eingehüllt; dann sein Bruder Oleg und schließlich sein Vater. Alles war in Finsternis getaucht, und er hatte das Gefühl, als bereite sich etwas unglaublich Schreckliches und Böses vor.

Gerghi, der sonst nicht unter Zwangsvorstellungen litt, war so erregt, daß er seiner Schwester davon erzählte und erklärte, er wolle nicht nach Wladimirowka zurückkehren.

Er sollte es nie wiedersehen.

Seine Tante Missy starb eine Woche nach Kriegsausbruch. Sein Bruder Oleg folgte ihr im April 1915 nach; er hatte sich eine virulente Typhusinfektion zugezogen. Er war vierunddreißig Jahre alt und hinterließ seine junge Frau Sonia mit vier kleinen Töchtern. Sie hatte ihn über alle Maßen geliebt und konnte seinen Tod nie verwinden.

Fürst Scherbatoff zog sich beim Begräbnis seines ältesten Sohnes eine Lungenentzündung zu und starb zwei Wochen später.

Bei Kriegsausbruch waren die meisten Gutsbesitzer und Bauern eingezogen worden; viele fielen bereits in den ersten großen Schlachten. Als die Bolschewisten 1917 die Macht übernahmen, wurden die Gefängnisse geöffnet und Verbrecher und Sträflinge, die von Anfang an den Kommunisten als «sozial nahestehend» galten – eine überwiegende Anzahl von ihnen wurde zu «Kommissaren» des neuen Regimes –, ergossen sich über das Land, und zogen Deserteure und allerlei Gesindel an sich. Dieses oft pathologisch-kriminelle Element sollte sich fortan auch in der obersten Führung der Partei behaupten. Nach Lenins Lehrsatz: «Alles zerstören, um Platz für eine neue, kommunistische Welt zu schaffen», wurden in Wladimirowka – wie auch anderswo – die Häuser niedergebrannt, die landwirtschaftlichen Geräte zerstört und alles Vieh – Schweine, Schafe, Rinder und Pferde – vernichtet[10]. Vierzig Jahre intensiver Anstrengungen, eine blühende und autonome Landwirtschaft aufzubauen, wurden mutwillig zugrunde gerichtet. In den dreißiger Jahren sollten über zwanzig Millionen Bauern[11] (Kulaken), einschließlich

Frauen und Kindern, einem systematischen Massaker zum Opfer fallen.

Sowjetische Sympathisanten im Westen erklärten hierzu: «Das Sowjetregime hat die soziale Frage in Rußland gelöst.»

Es war aber erst der Beginn einer «planmäßigen Vernichtung des wirtschaftlichen und geistigen Lebens des Landes» (Lenin).

Der Erste Weltkrieg brach aus, bevor Gerghi das Petersburger Polytechnikum beenden konnte, wo er nur ein Jahr studiert hatte. Er trat 1916 in die Kaiserlich-Russische Marine ein.

Er konnte sich später noch gut an einen Studienfreund namens Borstin erinnern, der damals sagte: «Bald werden in Rußland große Unruhen entstehen. Es könnte zu einem regelrechten Umsturz kommen.»

Einige von Olegs Freunden waren während des Ersten Weltkriegs im Generalstab eingesetzt. Einer von ihnen, ein Hauptmann, leitete die Abteilung für Auslandsbeziehungen, die über Marineattachés und per Chiffrierung Verbindungen zwischen Rußland und anderen Ländern knüpfte und überwachte.

Nach zwei Monaten Dienst als Matrose wurde Gerghi wegen seiner Sprachkenntnisse in dieses Büro versetzt; für kurze Zeit wurde er an die britische Militärmission unter General Poole ausgeliehen.

Die Deutschen hatten zwei russische Codes geknackt. Ein aus zwanzig Mann bestehendes Komitee, zu dem auch Gerghi gehörte, arbeitete in der Admiralität Tag und Nacht unter Bewachung, um diese Codes zu ersetzen. Es war eine schwierige und anstrengende Tätigkeit, die nicht jeder aushielt.

Als die Bolschewisten am 26. Oktober (7. November) 1917 die Macht ergriffen, befanden sich noch vier Mitglieder des ursprünglichen Komitees im Büro. Eine Woche darauf wurden sie unter Kapitän Egoroff in den Marinegeneralstab zurückberufen. Kapitän Cromme, der britische Marineattaché, der kurz darauf in der britischen Botschaft ermordet wurde, und Kapitän Gallo, der französische Marineattaché, baten das zusammengeschrumpfte Team von Egoroff dringend, für die Dauer des Krieges die Arbeit fortzusetzen, um zu verhindern, daß die Codes in die Hände der Bolschewisten fielen.

Trotzky, der im März 1918 Kriegskommissar geworden war, verfügte über kein ausgebildetes Personal; so kam er gelegentlich in Egoroffs Büro, um Mitteilungen an die Deutschen abzusetzen, aber er erkundigte sich nie danach, wie die Arbeit bewerkstelligt wurde. Er war brüsk und herrisch im Auftreten – ein glänzender Redner, aber vollkommen rücksichtslos. Einstweilen blieben die Chiffrierungsunterlagen in der Hand von Offizieren, denen die Alliierten vertrauen konnten. Es gelang der Entschlüsselungsgruppe, den als einfachen Soldaten verkleideten General Judenitsch unter Trotzkys Nase auf dem Weg über das Nordmeer über die Grenze zu schmuggeln. Judenitsch befehligte später die Weiße Bürgerkriegsarmee im Baltikum.

Am 11. März 1918 zog die bolschewistische Regierung nach Moskau um und belegte das Gymnasium, das zehn Häuserblocks vom Kreml entfernt lag. Es war ein auf einem Boulevard gelegenes, schönes Gebäude. Egoroffs Komitee setzte seine Arbeit in einer Moskauer Seitenstraße fort; gegenüber stand ein Haus, das einem der Moskauer Großkaufleute, Chrestownikoff, gehört hatte und von der Geheimpolizei der Tscheka übernommen worden war. Dahinter lag ein Garten; die Beamten, die in dem Büro Nachtdienst hatten, waren zutiefst entsetzt über das, was sich in diesem Garten während der Nacht abspielte. Die Tscheka ließ Lastwagenmotoren laufen, um die Todesschreie und das Schießen zu übertönen. Die Morde fanden ohne Unterbrechung statt, sowohl vor als auch nach dem Attentat auf Lenin im April 1918, als die Tscheka die Gelegenheit ergriff, eine Schreckensherrschaft aufzurichten, die nie mehr aufhören sollte. Vierzigtausend Personen wurden beim kleinsten Verdacht festgenommen. Bei einer Verhaftung wurden alle anderen männlichen Hausbewohner ebenfalls mitgenommen. Diese Praxis dehnte sich bald auch auf Frauen, Kinder und Priester aus. Mit nur wenigen Ausnahmen wurden alle Verhafteten hingerichtet.

Solschenizyn meinte später: «Wenn Shakespeares große Verbrecher nur ein Dutzend Leichen hinterließen, so war es, weil ihnen eine Ideologie fehlte.»

Lenin kam mehrere Male zu Besuch in Gerghis Büro. Auch Stalin erschien später ab und zu. Aber sie zogen den Chiffrierdienst nicht in ihre subversive Kampagne hinein, die gegen die Armeen der Deutschen und Alliierten gerichtet war und zu Meutereien in der deutschen und französischen Marine führen sollte.

Während der Revolution von 1905 und zunächst auch im Jahr 1917 gab es keine Unruhen auf den Besitzungen der Stroganoffs im Ural; das war vielleicht auf die Gewinnbeteiligung der Arbeiterschaft, die seit 1902 in Kraft war, zurückzuführen.

Die neu eingesetzten Lastwagen und Telefone standen den Revolutionären auf einmal zur Verfügung und versetzten sie in die Lage, ihre Fühler über ganz Rußland auszustrecken und jede organisierte Gegenwehr im Keim zu ersticken.

Turgenieff hatte schon 1847 gesagt: «Der Fatalismus lastet auf Rußland ebenso schwer wie der Despotismus.» Es sollte noch einige Jahre dauern, bis das ganze Land erkannt hatte, unter welche Herrschaft es auch durch seine Passivität geraten war.

Die kleinen Landwirte und Bauern von Wassiljewskoje, deren Lebensbedingungen zu verbessern Fürst Scherbatoff sich so sehr bemüht hatte, gedachten seiner mit Dankbarkeit. Obwohl Grund und Boden offiziell beschlagnahmt waren, versuchten sie Gerghi zu überreden, bei ihnen zu bleiben. Inzwischen waren siebzehn von sechsundzwanzig Grundbesitzern aus der Nachbarschaft ermordet worden. Gerghi wußte nur zu gut, daß er oben auf der Liste stand, auch wenn ihm seine Tätigkeit in Moskau einen gewissen Schutz bot. Seine Fahrten nach Hause wurden immer riskanter; sogar die Vorortzüge wurden nach ihm durchsucht. Ein Landwirt aus der Nachbarschaft stieß ihn einmal hastig durch die gegenüberliegende Wagentür aufs offene Feld und flüsterte ihm zu, unbedingt im Getreide flach auf dem Boden liegenzubleiben, bis der Zug den kleinen Bahnhof, wo die Bolschewisten bereits warteten, um ihn zu verhaften, wieder verlassen hatte. Man führte ihn zu einer entfernt gelegenen Hütte, wo er und seine treuen Begleiter die ganze Nacht hindurch um eine trübe Petroleumlampe herumsaßen, auf der Lauer nach dem Geräusch nahender Schritte. Gerghi bestieg dann den Morgenzug von hinten, als dieser langsam den Bahnhof verließ.

In Moskau wußten die führenden Bolschewisten, wer er war, und es schien nur eine Frage der Zeit zu sein, bis auch er an die Reihe kommen würde. Im Herbst 1918 war seine Lage unerträglich geworden, aber er wartete noch voller Spannung, bis er Gewißheit hatte, daß seine Mutter und Schwester aus Petersburg nach Dänemark entkommen waren; erst dann bereitete er seine eigene Flucht in den Süden vor.

Die Geschichten vom Entkommen um Haaresbreite sind sich vielleicht alle ähnlich. Doch was für diejenigen, die nie eine solche Erfahrung gemacht haben, als Wiederholung erscheinen mag, hinterläßt eine bleibende Narbe in der Seele jedes Menschen, der wie ein Stück Wild gejagt worden ist.

Gerghis Flucht wurde durch die sich verschlechternde Ernährungslage ermöglicht, denn alle Regierungsstellen, einschließlich seines Komitees, schickten kleine Abordnungen in den Süden, um Lebensmittel zu requirieren. Die Ukraine war von den Deutschen besetzt, und Gerghi, ein Luft- und zwei Marineoffiziere sowie ein Matrose wurden nach Woronezh entsandt. Der Matrose war für sie eine gute Tarnung, da die meisten von ihnen zu den Roten übergelaufen waren.

Gerghi nahm zwei Entschlüsselungsbücher mit. Er erinnerte sich später an zwei große, mit 96 und 97 numerierte Bände, in denen Wörter in Zahlen umgesetzt waren. Unterwegs verbrannte er sie irgendwo, aber sie waren der Anlaß für eine Verfolgungsjagd, die sofort einsetzte.

In Woronezh nahm er Verbindung mit dem früheren Inspektor von Mariewka auf, der in die Stadt umgezogen war. Dieser beschaffte ihnen einen Führer, der schon mehrmals durch die deutschen Linien geschlüpft war. Zuerst jedoch bestiegen sie einen Zug, um die hundertsechzig Kilometer in südlicher Richtung durch die ukrainische Steppe zu bewältigen. Sie versteckten sich tagsüber in Bauernhütten und legten die restliche Entfernung durch das Niemandsland in Mondnächten auf einem Bauernwagen zurück. Sie hatten die Uniform ausgezogen und Zivilkleider angelegt, obwohl im Falle ihrer Verhaftung diese eine zusätzliche Gefahr bedeuteten.

Ihr Weg führte sie in die Nähe von Mariewka. Bei seinem letzten Besuch war es Gerghi mit seinen drei Windhunden gelungen, mit bloßen Händen einen drei Jahre alten Wolf zu fangen; für einen achtzehnjährigen Jäger war das eine beachtliche Leistung. Bei der holprigen Fahrt unter dem hellen, sternenübersäten Himmel meinte Gerghi, das Gebell der Jagdhunde zu vernehmen, und verspürte wieder die wilde Erregung jener waghalsigen Ritte; aber kein Geräusch unterbrach die unendliche Stille der Steppe außer dem Knarren der Karrenräder. Die freudige Aufregung der Jagd hatte sich in bleierne Bedrücktheit verwandelt, denn nun waren er und seine Freunde die Beute.

Schließlich schlief er vor bodenloser Erschöpfung ein und schnellte erst um vier Uhr morgens plötzlich hoch, als deutsche Worte um ihn herum ertönten. Zutiefst erleichtert, wußten sie sich in Sicherheit. Gerghi setzte die Fahrt nach Charkoff fort, wo er Freunde hatte, und gelangte von dort auf die Krim, was sich als ein glücklicher Entschluß erweisen sollte, denn Charkoff fiel bald danach an die Roten, worauf sofort überall nach ihm gefahndet wurde. Seine Reise hatte über einen Monat in Anspruch genommen.

Die große Mehrheit der Krimbevölkerung war antibolschewistisch eingestellt. Viele flüchteten später aus der Ukraine, als diese wieder von den Roten besetzt wurde, und versuchten dann, irgendeine Beförderungsmöglichkeit in andere Teile Rußlands zu finden.

Gerghi hoffte auch, die Besitzungen seiner Familie im Ural zu erreichen, kam aber nicht über Rostoff hinaus. Wäre es ihm gelungen, hätte er sich in eine Mausefalle begeben. Statt dessen trat er wieder in die Marine ein.

Gerghi in Jalta

Gerghi kannte Jalta gut aus der Zeit, die er dort während des japanischen Krieges mit seiner Tante verbracht hatte. Die Villen waren alle bewohnt, denn die Krim galt zunächst noch als ein sicheres Zufluchtsgebiet, bis die Unruhen vorüber waren. Er besuchte häufig seine an der Küste wohnenden Verwandten und versprach, sie zu warnen, falls Gefahr im Verzuge sei.

In den Jahren vor dem Krieg hatte die Kaiserlich-Russische Regierung in großem Maßstab ein langfristiges Entwicklungsprojekt für das Riesenreich in Angriff genommen. Dabei spielte auch die Zukunft der umliegenden «Kolonien» eine Rolle, wobei der grausame Emir von Buchara ein heikles Problem darstellte, der es wegen seiner Missetaten zweifellos verdient hätte, abgesetzt zu werden. Ein Konflikt mit dem Emir hätte jedoch zu Schwierigkeiten mit dem benachbarten Afghanistan führen und eine lange Verwicklung, wie es der Kaukasuskrieg gewesen war, auslösen können, was unter allen Umständen zu vermeiden war. Rußland war nach all den Schwierigkeiten, denen Rozhdestwensky bei der Versorgung seiner Flotte auf seiner langen Fahrt in den Fernen Osten begegnet war, an einem Zugang zum Persischen Golf interessiert, aber man hielt es für klüger, noch zu warten, bis die unvermeidliche Schwächung des englischen Einflusses in Indien eintrat; Persien war stets zu Verhandlungen bereit, während ein feindlich gesonnenes Afghanistan im Hintergrund jeden künftigen Marinestützpunkt nur gefährden konnte.

Als Ergebnis dieser Überlegungen wurde der tobende Emir mit Gold überschüttet und schließlich dazu gebracht, sich in einer luxuriösen Villa an der Krimküste niederzulassen, wo ihm seine Nachbarn gelegentlich sogar Besuche abstatteten.

In dem Wirrwarr der nachfolgenden Ereignisse konnte Gerghi nicht mehr feststellen, was aus ihm geworden war.

Das Hauptquartier der Marine der Weißen Armee war in dem früheren Gouverneurspalast untergebracht worden. Hoch oben auf einem kleinen Hügel gelegen, beherrschte das Gebäude die Stadt Sewastopol, die sich über steile Hänge bis in das Tal erstreckte und die Zufahrtsstraßen zur Stadt, den Malakoff-Kurgan sowie die Bucht von Balaklawa im Norden und die Straße zum Baidari-Tor und Jalta im Osten überblickte.

Als er eines Vormittags allein in seinem Büro saß, schreckte Gerghi auf, weil er vom französischen Flaggschiff «Jean Bart» drei Schüsse hörte, mit denen alle Mann an Bord zurückgerufen wurden. Eine Stunde später ertönte Artilleriefeuer vom Malakoff-Hügel und aus Balaklawa. Patrouillen der französischen Marine erschienen in den Straßen von Sewastopol, die Franzosen räumten ihr Hauptquartier auf dem Hauptplatz gegenüber dem «Grafen-Pier» – so benannt nach dem berühmten Graf Totleben, dem heroischen Verteidiger von Sewastopol während des Krimkriegs. Den Landeplatz bildete eine hübsche Arkade mit zwei Reihen weißer Säulen, von denen eine Marmortreppe zum Wasser hinunterführte.

Die Bolschewisten setzten inzwischen ihren Vormarsch fort; ihr Artilleriefeuer wurde nur schwach von den Geschützen der französischen Kriegsschiffe, die in der Bucht vor Anker lagen, erwidert. Aber die Briten brachten unbekümmert zwei Geschütze ihres einzigen Kreuzers «Calypso» an Land und schleppten sie an die Front.

Die westlichen Alliierten hatten dem Oberkommando der weißrussischen Streitkräfte Unterstützung an Land und auf See zugesichert. Zwischen dem Schwarzen Meer im Süden und einer langgestreckten, tiefen Bucht im Westen gelegen, war Sewastopol sowohl Kriegshafen als auch Festung; seine Verteidigung war von entscheidender Bedeutung, wenn die Krim gehalten werden sollte. Aber im April 1919 brach die halbherzige Unterstützung der Alliierten sowohl unter dem Druck ihrer Regierungen als auch unter dem Einfluß der kommunistischen Propaganda zusammen. Die Besatzung des französischen Kriegsschiffes «Mirabeau» meuterte unter Führung des Matrosen Marty, der später kommunistischer Abgeordneter im französischen Parlament wurde.

Unter Druck der Alliierten gab Admiral Sablin dem Rest der russischen Flotte den Befehl, Anker zu lichten und nach Noworossisk im Süden auszulaufen, während die Franzosen Vorbereitungen trafen, Sewastopol den Bolschewisten zu übergeben. Sie zogen es vor, dies ohne die Weiße Armee als Zeugen zu tun.

Vor Sablins Abfahrt hatten einige Offiziere der baltischen Flotte gehört, daß sich General Judenitsch vorbereite, im Norden eine neue Front aufzubauen, um auf Petrograd zu marschieren. Sie baten um die Genehmigung, mit der dreihundert Tonnen großen Jacht «Lukull» durch die Dardanellen und das Mittelmeer in die Ostsee fahren zu dürfen. Vorerst blieben sie jedoch noch an Ort und Stelle, um Sewastopol bis zum bitteren Ende zu verteidigen. Während ihrer letzten Stunden dort standen sie unter äußerster Spannung, denn die Franzosen verhandelten hinter ihrem Rücken mit der Roten Armee.

Vor dem Auslaufen der Jacht nahmen die russischen Offiziere noch an dem Karfreitagsgottesdienst in der Kathedrale teil – ihr letzter Gottesdienst auf russischem Boden.

Der französische Admiral Amette hatte die «Lukull» zum Niederholen der Andreasflagge zu veranlassen versucht, was die Besatzung jedoch ablehnte. Als letzte Geste guten Willens sicherte er dem Schiff eine sichere Durchfahrt durch die Dardanellen ins Mittelmeer und von dort in die Ostsee zu. Die «Lukull» hißte die größte verfügbare Andreasflagge und lief aus der Bucht von Sewastopol aus. Ihre Besatzung war an Deck angetreten und nahm bei der Passage den Salut der französischen Kriegsschiffe entgegen. Es war das letzte kaiserlich-russische Schiff, das die Küste der Krim verließ.

Für die Russen bedeutet Ostern ein Symbol der Hoffnung und der Freude, aber an jenem 19. April 1919 war die Osternacht stürmisch und düster. Das Schiff war überfüllt, und die jüngeren Offiziere hatten keine andere Wahl, als sich an Deck niederzulassen – unter ihnen auch Gerghi. Die Wellen schlugen über Bord, und als das Schiff zu schlingern begann, wurde er seekrank. Einer der Offiziere hatte eine riesige Dogge mit an Bord gebracht, die wohl den Duft von Gerghis Windhunden witterte, denn bald kauerte sie dicht an seiner Seite. Gerghi blickte auf und sah, wie große Tränen an den Wangen des Tieres niederrannen. In seinem tiefen Unglück klammerte er sich an den Hund.

Sie zogen an Konstantinopel vorbei und erreichten den Hafen Piräus, wo die «Lukull» liegenblieb. Sie war nicht mehr fahrtüchtig. Die Schiffsreise hatte ein Ende gefunden, und jeder war auf sich selbst gestellt. Gerghi hatte nicht die Absicht gehabt, Rußland zu verlassen, und diese Entwicklung traf ihn ins Herz.

Emigration

Gerghis Onkel, Graf Sergej Alexandrowitsch Stroganoff, der einer der reichsten Männer in Rußland gewesen war, besaß noch ein Haus in Èze an der Französischen Riviera und eine Wohnung in Paris. Aber auf Wunsch Nikolaus' II. hatten alle im Ausland lebenden Russen im Jahr 1915 ihre Devisenreserven nach Rußland zurückgebracht, der Zar ging dabei selbst mit gutem Beispiel voran. Inzwischen waren Gräfin Olga und ihre Tochter Ellen in England angelangt. Nach einem kurzen

Besuch bei seinem Onkel fuhr Gerghi zu ihnen. Darauf besuchte er drei Jahre lang die Universität Oxford, um sein Studium zu beenden.

Seine Jugend, seine unbekümmerte Art und die Gabe, dauerhafte Freundschaften zu schließen, halfen ihm dabei, die Schwierigkeiten der Emigration zu meistern und die Veränderungen in seinen Lebensumständen zu ertragen. Er fühlte sich auch in der Fremde überall zu Hause. Viele seiner Landsleute, die sich in derselben Lage befanden, waren nicht so glücklich veranlagt wie er. In Zukunft sollte es auch Gerghi schwerfallen, seine Freiheit aufzugeben.

Er lebte einige Jahre in Paris, entschloß sich aber dann endgültig, in die Vereinigten Staaten zu übersiedeln. Die Weite des Landes und die Herzenswärme der Bewohner, denen er begegnete, sagten ihm mehr zu als die übervölkerten westeuropäischen Länder, wo Emigranten bestenfalls geduldet, aber nicht ohne weiteres integriert wurden.

Jahrelang glaubten alle Russen, ihre Rückkehr in die Heimat stehe unmittelbar bevor. Sie saßen gewissermaßen «auf gepackten Koffern». Die Französische Revolution schien ihnen ein ermunterndes Beispiel zu sein, aber Stalin sollte systematisch dafür sorgen, daß es keinen zweiten Bonaparte geben würde.

Im Zweiten Weltkrieg

Der Zweite Weltkrieg brachte für die Sowjets eine entscheidende Krise. Wenn Hitler und Rosenberg nicht eine so irrsinnige Politik betrieben hätten, wäre es um den Kommunismus schlecht bestellt gewesen. Als das russische Volk jedoch entdeckte, daß es die eine Unterdrückung nur gegen eine andere ausgetauscht hatte, erhob es sich wie so oft vorher im Verlauf der russischen Geschichte, um den fremden Eindringling zu verjagen.

Es sollte Gerghi beschieden sein, die kommenden Ereignisse unmittelbar mitzuerleben. Während er noch auf die weitere Entwicklung in den Vereinigten Staaten wartete, waren einige seiner Verwandten bereits in den Krieg gezogen. Seine Mutter lebte in Paris, seine Schwester in England. Als Deutschland 1941 den Vereinigten Staaten den Krieg erklärte, versuchte Gerghi sofort, in die amerikanische Marine einzutreten. Seine Einbürgerungspapiere, die er beantragt hatte, als der Krieg in Europa ausbrach, waren noch nicht zurückgekommen.

Mr. Aldrich, dessen Schwester mit John D. Rockefeller, einem Marineoffizier, verheiratet war, empfahl Gerghi Scherbatoff an Admiral Jacobs, den Personalchef der amerikanischen Marine. Man konnte dort einen Mann seiner Herkunft mit seinen Russischkenntnissen gut gebrauchen, aber seine Einbürgerungspapiere blieben vorläufig unauffindbar. Gerghi meldete sich trotzdem freiwillig, um, wie er sagte, «den ganzen Betrieb kennenzulernen, denn es handelte sich schließlich um eine andere Marine». Drei Monate darauf, im Dezember 1942, war er Leutnant zur See und amerikanischer Staatsbürger. Nach einem zweimonatigen Lehrgang in Fort Schuyler bestand er sein Examen in New York und wurde der Marinestation in Philadelphia zugeteilt. Er wohnte bei Freunden, den Wideners, und meldete sich einen Monat lang jeden Vormittag bei seiner Dienststelle. Plötzlich wurde er nach Washington geschickt – «unter Dringlichkeitsstufe eins, was wiederum bezeichnend für jede Marine war», wie er philosophisch bemerkte.

In Washington wurden «Sprachgruppen», bestehend aus fünfzehn Mann und sieben Offizieren, für den Fall künftiger amerikanischer Landungen aufgestellt. Gerghi übernahm in Camp Crowder die Leitung einer russischen Gruppe der Fernmeldetruppen. Hier lagen fünfundsiebzigtausend Soldaten; die Temperatur stieg über vierzig Grad, und es war kein Baum in Sicht. Drei Monate danach, im Oktober, war er mit seinen Leuten auf dem Weg nach England.

Diese Gruppen operierten «streng geheim» und unterstanden unmittelbar Admiral King. Sie durften sich nicht länger als achtundvierzig Stunden ohne seine Genehmigung voneinander trennen und auch kein anderes Kommando übernehmen.

Der Oberbefehlshaber aller Marinestreitkräfte in Europa, Admiral Stark, hieß sie herzlich willkommen, denn sie waren die einzige russisch sprechende Gruppe in Heer und Marine, und sie hatten es mit einer zahlenmäßig starken sowjetischen Militärmission unter Admiral Kharlamoff, dem späteren Marineminister, zu tun.

Anfang 1944 wurden die Sowjets nach Woolaconde Bay an der Irischen See eingeladen, wo sie die Ausbildung der Alliierten für die Landung in Frankreich beobachten sollten. Die Leitung hatte der Marineattaché Kapitän Miller, später Admiral Miller und Presseoffizier der Marine.

Es war Gerghis erste Begegnung mit Sowjetrussen. Seine Beziehung zu dem Admiral war zunächst durch höfliche Zurückhaltung gekennzeichnet, denn die Vergangenheit lastete auf beiden; aber die gemeinsame Muttersprache, der richtige Ton, den Gerghi sofort fand, und seine ungezwungene Art überbrückten die Kluft. Der sowjetische Admiral brachte Gerghi trotz seines höheren Dienstgrads bald Achtung und Vertrauen entgegen. Einmal fragte Kharlamoff unvermittelt, ob es für ihn eine Möglichkeit gebe, mit seiner Familie in London zu telefonieren. «Wenn es einen Luftangriff gibt, möchte ich, daß sie die Stadt verläßt», sagte er. Er wurde mit seinen Familienangehörigen direkt verbunden. In derselben Nacht fand tatsächlich ein schwerer Luftangriff statt. Dies wiederholte sich mehrere Male, und Gerghi konnte nur vermuten, daß die sowjetische Botschaft, mit der er in Verbindung stand, vorher davon erfahren hatte. Die Sowjets leiteten diese Informationen nie an ihre britischen Alliierten weiter; ihnen dagegen wurden zu ihrer Überraschung alle Einzelheiten hinsichtlich der von ihnen erbetenen Waffen unverzüglich zugänglich gemacht.

Im März 1944 übergab Präsident Roosevelt der sowjetischen Nordseeflotte, die nur aus Zerstörern bestand, einen 1921 gebauten, modernisierten Kreuzer, die «Milwaukee».

Das Schiff war mit den modernsten Radareinrichtungen ausgerüstet. Gerghi begleitete den Kreuzer und verbrachte mit dem sowjetischen Marinekontingent einen Monat in Rußland. Sie wurden von der britischen Home Fleet eskortiert, denn die «Tirpitz» lag in den norwegischen Fjorden auf der Lauer, bis sie von britischen Flugzeugen versenkt wurde.

Ende März erreichten sie Murmansk. Achtundvierzig Stunden nach ihrer Ankunft wurden fünfundzwanzig US-Offiziere und zweihundertfünfzig Mann gegen dieselbe Anzahl von Russen ausgewechselt. Die russischen Seeleute waren von den heißen Duschbädern begeistert und benutzten sie immer wieder.

Gerghi trat auf als Vertreter des amerikanischen Kommandanten, der das Schiff führte. Der neue Sowjetkommandant, ein Konteradmiral, zeigte sich beeindruckt von dem Geschenk, ebenso alle höheren Marineoffiziere aus Moskau und Leningrad, die an Bord kamen und den ganzen Tag auf dem Schiff verbrachten.

Bei Sonnenuntergang, gegen fünf Uhr nachmittags, gingen Amerikaner und Russen von Bord und ließen nur die eigentliche Besatzung zurück. Gerghi konnte mit den russischen Offizieren freimütige Gespräche in ihren Kajüten führen, denn man wußte, daß es keine Abhöreinrichtungen gab. Die sowjetische Marine war von Stalins Säuberung nicht so schwer betroffen worden wie die Rote Armee[12]. Während dieser Gespräche und durch seine späteren Verbindungen gewann Gerghi den Eindruck, daß achtundneunzig Prozent der Marineoffiziere reine Militärs und keineswegs Kommunisten waren. Sie kämpften für Rußland und nicht für das Regime. In Murmansk wie auch später in Jalta und im Fernen Osten pflegten sie zu sagen: «Holen wir uns einen Wodka. Er kostet zwar zehn Rubel, aber mit einem kommunistischen Ausweis kostet er nur fünf. Das ist das einzige, wofür der Ausweis gut ist!» Sie wußten, daß Gerghis Bruder auf der «Rossija» bei Tsuschima mitgekämpft hatte, und wiederholten immer wieder: «Wir haben viel von Ihrer

Familie gehört, und wir sind ebensowenig Kommunisten wie Sie. Wir kämpfen für unsere Heimat.»

Sie verabscheuten die NKWD-Armee und sagten, deren Mitglieder hätten sich während jedes deutschen Angriffs in die dritte Grabenlinie zurückgezogen. Die höhere Führung der Sowjetarmee und des Stabes sei vor dem Ausbruch des Krieges völlig vernichtet worden, deshalb habe Stalin beim Angriff der Deutschen so große Schwierigkeiten gehabt. Nach ihren Worten wurden auch über hunderttausend Unteroffiziere, Feldwebel nicht eingerechnet, bei den Säuberungen getötet.

Die «Milwaukee» wurde in «Murmansk» umbenannt. Ihr Kommandant, der russische Konteradmiral, ein Mann in den Sechzigern, verhielt sich äußerst korrekt Gerghi gegenüber, blieb aber kühl. Eine Woche vor der Übergabe des Schiffs sagte er zu ihm: «Würden Sie zu einem Drink mit in meine Kajüte kommen?» Nach einigen Drinks fragte er:

«Scherbatoff! Fürst?»

«Ja.»

«Wo haben Sie in Rußland gelebt?»

«In der Nähe von Woronezh.»

«Ich wurde in Rossoscha geboren.»

«Das liegt vierzig Kilometer von unserem Gut entfernt», sagte Gerghi.

«Ich habe viel über Ihren Vater und Ihre Familie gehört; es war eine großartige Familie, die sehr viel für die Bauern getan hat. Alle hatten dort großen Respekt vor Ihnen. Was ist aus Ihnen allen geworden?» Gerghi antwortete: «Mein Vater starb 1915, meine Mutter und Schwester sind geflohen.» Der Admiral sagte: «Es freut mich, daß Sie entkommen sind.» Dann fügte er hinzu: «Ich möchte Ihnen folgendes versichern. Es ist viel geschehen, was nicht hätte geschehen dürfen und wofür wir nicht verantwortlich sind.» Dann zeigte er sich wieder so zurückhaltend wie vorher. Aber es war ein bewegendes Gespräch und noch dazu damals sehr riskant, obwohl der Admiral natürlich wußte, daß Gerghi ihn nicht verraten würde. Noch Ende April lagen zwei Meter Schnee, und man konnte keine Landausflüge unternehmen; es gab keine Bäume und kein Buschwerk. Nichts.

Das US-Personal kehrte auf kleinen britischen Zerstörern nach England zurück.

Der Tag der Invasion rückte näher. Gerghis Gruppe wurde nach Plymouth verlegt, wo sie während der Invasion in tiefen Erdbunkern hauste; dann kehrte sie in ihr Stabsquartier nach London zurück.

Die Invasion mußte wegen schlechten Wetters um vierundzwanzig Stunden verschoben werden. Mitten in der Nacht kam ein Funkspruch von einem kleinen Boot, das sich weit draußen auf See befand: «Habe Treffpunkt verfehlt, setze Operation allein fort.» Man schickte einen Zerstörer hinaus, um das Boot aufzuhalten, denn es hätte den ganzen Operationsplan verraten können.

General Lord, Stabschef bei General Eisenhower im ETOUSA (European Theater of Operations), flog mit dem ersten alliierten Flugzeug am 25. August nach Paris, Gerghi begleitete ihn. Sie wollten eigentlich in Chartres landen und im Jeep nach Paris weiterfahren, aber ein Kurier erschien und sagte: «Orly hat gerade aufgemacht.»

Sie flogen nach Orly und fuhren dann in Jeeps nach Paris, wurden aber unterwegs ständig von begeisterten Menschenmengen, die jeden küßten, aufgehalten.

Im Jahr 1815, einhundertdreißig Jahre zuvor, hatte sein Urgroßvater, Graf Sergej Grigorjewitsch Stroganoff, zu den ersten gehört, die nach den napoleonischen Kriegen an der Spitze einer siegreichen Armee in Paris eingerückt waren. Für Gerghi wiederholte sich die Geschichte auf eine seltsame und dramatische Weise.

Als Mitarbeiter General Lords in Paris behandelte man ihn als Freund. Das Hotel «George V» wurde den Generalen, das «Prince de Galles» den Obersten und das «Royal Monceau» der Marine zugewiesen.

Gerghi erhielt ein Appartement neben dem von General Lord im «George V». In einer Zimmerflucht eines anderen Stockwerks fanden Konferenzen statt, denn alle paar Wochen kamen Generale verschiedener Verbände nach Paris, um die militärische Lage zu besprechen.

Gerghi besaß als einziger Offizier den Schlüssel zu diesem Konferenzzimmer, wo er allen Besprechungen beiwohnte, wie geheim sie auch sein mochten.

Zur damaligen Zeit verfügte nur die Marine über eine russisch sprechende Einheit. In der Armee gab es eine solche Gruppe nicht.

Einmal oder zweimal in der Woche begleitete Gerghi General Lord zu «SHAEF» nach Versailles zum Vortrag bei General Eisenhower. Er erhielt dann den Auftrag, eine Gruppe aus fünfundsiebzig Mannschaften und fünfundzwanzig Offizieren, die alle Russisch sprachen, aufzustellen. Die Mehrzahl der in Frage kommenden Männer befand sich jedoch entweder an der Front oder im Nachrichtendienst des CIC. Einige russisch sprechende Soldaten waren nicht einmal amerikanische Staatsbürger, denn in Frankreich lebende Weißrussen waren ohne weitere Formalitäten eingezogen worden. Man konnte, ohne amerikanischer Staatsbürger zu sein, zwar in die Armee eintreten, nicht aber in die Marine.

Auf der Suche nach geeigneten Leuten fuhr er zunächst nach Vittel, um mit General Devers, dem Befehlshaber der 12. Heeresgruppe, zu sprechen. Von dort folgte er der Grenze in nördlicher Richtung durch Elsaß-Lothringen.

Gegen Ende November erhielt er in Namur die Nachricht, daß die Deutschen durchgebrochen seien, obwohl man im amerikanischen Hauptquartier noch nichts davon wußte. Verpflegung war nicht zu bekommen. Man konnte ihnen nur ein zwischen Lüttich und Spa gelegenes Restaurant bieten, damit sie ihre Rationen wieder ergänzten; dabei erfuhren sie, daß die Deutschen in Bastogne eingerückt seien und daß sich die amerikanischen Verbände auf dem Rückzug befänden. Alle jungen Belgier waren auf der Flucht, weil sie fürchteten, von den Deutschen eingezogen zu werden.

Die Schwierigkeiten hatten begonnen, als die Alliierten irrtümlicherweise glaubten, Antwerpen werde fallen. Da sich die US-Truppen im Oktober 1944 an der belgischen Grenze, praktisch außerhalb Frankreichs, befanden, erstreckte sich die Nachschublinie über fünfhundert Kilometer. General Lord markierte die Straßenverbindung dort in zwei Farben – die jeweils die Hinfahrt und Rückfahrt bezeichneten. Weiterer Verkehr war nicht zugelassen, nicht einmal Fahrräder. Die Lastwagen fuhren in Abständen von zwanzig Metern in einer fünfhundert Kilometer langen Kolonne und beförderten alle vierundzwanzig Stunden über achtzehntausend Tonnen an Nachschubgütern, nicht behindert durch die deutsche Luftwaffe, die nicht mehr viele Maschinen hatte.

Gerghi versuchte immer noch, seine Leute zusammenzubringen, aber die Obersten beim G-2 unterbrachen ihn: «Vergessen Sie es: wir haben dafür keine Zeit.»

Dann setzte er sich nach Aachen in Marsch, das sich noch in amerikanischer Hand befand. In dem Restaurant, wo er die Nacht zugebracht hatte, rüsteten sich einige sechzehnjährige Jugendliche, um mit Taschenlampen in den Wäldern nach Deutschen zu suchen. Statt nach Aachen fuhr er dann weiter nach Eupen. In der Rocktasche eines gefallenen deutschen Offiziers fand man dort den ganzen Operationsplan für die Ardennenoffensive, einschließlich zahlreicher Einzelangaben: So sollten Jeeps mit amerikanischen Abzeichen eingesetzt und mit englisch sprechendem Personal bemannt werden. Als Erkennungszeichen sollten sie, wenn sie aufeinanderstießen, ihre Stahlhelme hochheben.

Gerghi hütete sich, in den nächsten drei Tagen die Hand an seinen Helm zu heben. Er fuhr dann weiter nach Maastricht in Holland, wo er beim G-2 Bericht erstattete.

Gerghi trug Marineuniform, einen grauen Stahlhelm und Stiefel englischen Fabrikats. Die Wachposten hielten ihn für einen Deutschen und jagten ihm gewaltigen Schrecken ein. Als er den Obersten meldete, er komme aus Spa, betrachteten diese ihn prüfend und sagten: «Spa ist heute früh von deutschen Panzern besetzt worden.» Gerghi wiederholte hartnäkkig: «Ich bin um zwölf Uhr von dort abgefahren und habe keine deutschen Panzer gesehen.» Die Lage war vollkommen unübersichtlich geworden. Er fuhr dann wieder zurück über Lüttich und Namur in Richtung Verdun, wo sich ein großes deutsches Kriegsgefangenenlager befand.

Der Lagerkommandant lud ihn zum Abendessen ein und öffnete eine Flasche Champagner; als sie sich aber hinsetzten, klingelte das Telefon, und ein Höllenlärm brach los. «Dafür ist jetzt keine Zeit mehr!» rief der Lagerkommandant. Er hatte fünftausend deutsche Kriegsgefangene in seinem Lager, und deutsche Fallschirmjäger wurden im selben Augenblick in der Umgegend abgesetzt.

Zur gleichen Zeit landeten fünfundsiebzig deutsche Fallschirmjäger von Paris, in der Nähe des Bahnhofs St. Lazare, wo Eisenhowers Sonderzug stand, den sie sprengen sollten. Als Gerghi drei oder vier Tage später im Jeep nach Paris kam, fand er es schwerer, sein Hotel zu erreichen, als zum Stab an die Front zu gelangen.

Trotzdem war es ihm während seiner Irrfahrten gelungen, einhundert Mann zusammenzubringen. Ein Dolmetscherlehrgang konnte in Neuilly unter General Conrad, dem G-2 General Lords, als Schnellkurs abgehalten werden. Der Lehrgang wurde von einem Weißrussen, Graf Schuwaloff geleitet, dessen Vorfahr einst die Universität Moskau gegründet hatte. Nun war er amerikanischer Staatsbürger und Major in der 82. Fallschirmjägerdivision.

Die Konferenz von Jalta

«Homo homini lupus»

Anfang Januar 1945 erhielt das aus etwa dreiundzwanzig Personen bestehende «U.S. Navy Communications and Liaison Russian-speaking Team» den streng geheimen Befehl, sich bei Admiral Hewith, dem Befehlshaber der Mittelmeerflotte, in Neapel zu melden. Gerghi Scherbatoff-Stroganoff und seine Mitarbeiter wurden in Admiral Kirks Maschine hingeflogen und begleiteten von dort aus Admiral Hewith auf seinem Kreuzer nach Palermo. Nach ihrer Ankunft wurden sie ohne weitere Vorwarnung auf die «Catoctin» verlegt, die «mit unbekanntem Ziel» auslaufen sollte. Auf hoher See erfuhren sie, daß sie sich auf dem Weg zur Konferenz der «Großen Drei» befanden, die in Jalta auf der Krim stattfinden sollte.

Die Nachricht wirkte niederschmetternd auf Gerghi. Er empfand einen unüberwindlichen Drang, allein zu sein. Stundenlang stand er an Bord und starrte hinunter auf das sprudelnde Kielwasser, während das Schiff durch die blauen Wellen Kurs auf das Schwarze Meer nahm. Eine Flut von Erinnerungen aus den Jahren 1918 und 1919, die er so lange aus seinen Gedanken verbannt hatte, wurde jetzt plötzlich wieder wach.

Er entsann sich des Landlebens, das er so geliebt hatte; er dachte an den Tod seines Bruders und Vaters im Jahr 1915; an seine Dienstzeit in der Kaiserlich-Russischen Marine, an Moskau während der Revolution und die erbarmungslosen Repressalien, besonders nach dem Attentatsversuch auf Lenin, an seine abenteuerliche Flucht und die endgültige Abreise – damals auch mit «unbekanntem Ziel».

In seinem persönlichen Schicksal schien es ein Gleichgewicht zwischen Gut und Böse zu geben. Er kehrte als Offizier der stärksten Marine der Welt und als Mitglied der Delegation des amerikanischen Präsidenten zurück.

Die «Catoctin» war während des Krieges speziell für Landungsoperationen gebaut worden: mit einer Besatzung von dreihundert Mann, begleitet von vier Minensuchern und einem «Liberty»-Schiff. Als erste amerikanische Kriegsschiffe seit fünfundzwanzig Jahren passierten sie den Bosporus.

An einem stürmischen und nebligen Januarmorgen begegneten sie mehreren sowjetischen Zerstörern, die sie nach entsprechendem Zeremoniell in den Hafen von Sewastopol geleiteten. Es war, als habe sich die verriegelte Grenze, der

Vorhang, der 1919 niedergegangen war, um einen Spalt geöffnet, um ihnen an der Krimküste für die Dauer von ein paar Wochen einen Stützpunkt einzuräumen.

Es hatte sich herumgesprochen, daß Gerghi die Krim von früher her kannte; Offiziere und Mannschaften drängten sich um ihn und überhäuften ihn mit Fragen.

Als sie sich der Küste näherten, wurden sie durch Salutschüsse der Küstenbatterien begrüßt. Die «Catoctin» wollte den Salut erwidern, besaß jedoch nur scharfe Munition. Die an Bord gekommenen Sowjetoffiziere erklärten unverblümt: «Macht nichts! Feuern Sie drauflos, und wenn Sie etwas treffen – nitschewo!»

Trotz dieser freundlich gemeinten Ermunterung richtete die «Catoctin» ihre Geschütze nach Süden und feuerte auf die offene See hinaus. Man konnte deutlich die schweren Zerstörungen in Sewastopol erkennen, die durch die deutsche Belagerung von anderthalb Jahren entstanden waren. Die Sowjetoffiziere bestätigten fast mit Stolz, daß in einer Stadt von über zweihunderttausend Einwohnern nur sieben Gebäude stehengeblieben seien.

Am nächsten Morgen machte das Beiboot der «Catoctin» an der «Grafskaja Pristan», der Grafen-Pier, fest. Einen Augenblick hatte Gerghi den Eindruck, als habe sich nichts verändert. Die weiße Kolonnade stand noch da, und die russischen Matrosen trugen dieselbe Uniform mit der Aufschrift «Schwarzmeerflotte» auf den Mützenbändern. Aber die Stadt selbst war ebenso verwüstet wie so viele andere europäische Hafenstädte.

Der Küstenstreifen stand unter dem Befehl des sowjetischen Admirals Oktjabrsky – sein Name klang wie ein Pseudonym aus der Zeit der Oktoberrevolution.

Er selbst war damals krank, alle Fragen mußten mit seinem Vertreter, dem Stabschef für politische Angelegenheiten, erörtert werden.

Obwohl die eigentliche Konferenz in Liwadia bei Jalta stattfinden sollte, führte die US-Flotte bei der Gelegenheit eine ausgedehnte Landungsoperation durch, die nicht auf Jalta beschränkt blieb, sondern sich über ein Gebiet von hundertsechzig Kilometern entlang der Küste erstreckte. Die Marineeinheiten waren zehn Tage vor dem Präsidenten eingetroffen und sollten fünf Wochen bleiben. Die Konferenz selbst dauerte zehn Tage und ging am 10. Februar 1945 zu Ende. Über zweitausend Mann mit vollständiger Ausrüstung wurden an Land gebracht; hierzu gehörten Funkgeräte, Lastwagen und Jeeps, PX-Waren mit Luxusgegenständen wie Radioapparaten und Armbanduhren, Instandsetzungsmaterial, große Mengen Lebensmittel, ganze Schlafzimmer und Büroeinrichtungen, medizinisches Gerät für drei kleine Krankenhäuser, die in Liwadia, Sewastopol und auf dem Flugplatz Saki – siebzig Kilometer nordöstlich von Sewastopol – errichtet werden sollten; außerdem einhundert Telefonmasten. An Bord der «Catoctin» befand sich eine große Sende- und Empfangsstation, so daß Besprechungen auf dem Schiff durchgeführt und übermittelt werden konnten.

Der sowjetische Stabschef, mit dem jedes Problem besprochen werden mußte, auch der Schutz der Maschinen, die den Präsidenten und sein Gefolge über das Schwarze Meer transportieren sollten, ging auf jeden amerikanischen Wunsch ein. Das Ausmaß des amerikanischen Einsatzes übertraf alle Erwartungen. Die sowjetischen Behörden standen sprachlos angesichts der Effizienz der Landeoperation.

Wenn irgendeine Arbeit erledigt werden mußte, wurde sie sofort, und zwar ohne Rücksicht auf den Dienstgrad der Beteiligten, in Angriff genommen. Umfang und Ausmaß der Ausrüstung und Versorgung, die der US-Flotte zur Verfügung standen, imponierte den Sowjets maßlos. Ratlos, wie sie all dies unter Kontrolle halten sollten, gaben sie einfach auf.

Mehrere hundert russische Matrosen sollten den Amerikanern beim Entladen helfen, nachdem das Liberty-Schiff im Hafenbecken vor Anker gegangen war. Das Gerät wurde dann auf deutsche Schwimmpanzer umgeladen, auf der Pier gestapelt und mit Lastwagen und Jeeps über eine holprige Bergstraße nach Jalta transportiert, da der dortige kleine

Hafen nur Platz für einen einzigen Zerstörer bot. Dieser sollte dort liegenbleiben, um Wäscherei und Duschbäder für diejenigen Mitglieder der amerikanischen Delegation sicherzustellen, denen an der Küste keine Bademöglichkeit zur Verfügung stand.

Der Flugplatz Saki, wo die wichtigsten Mitglieder der alliierten Delegation landen sollten, besaß keine Unterkünfte für das Luftwaffenpersonal und keine Wartungs- und Instandsetzungseinrichtungen. All dies schoß, wie von Zauberhand geschaffen, plötzlich aus dem Boden.

Binnen einer Woche legte die US-Marine ihre eigene Telefonleitung über siebzig Kilometer kurvenreicher Bergstraßen von Liwadia nach Sewastopol und errichtete eine Funkstation auf dem hohen felsigen Gipfel des Aï-Petri, der Jalta überragte. Dadurch wurde die direkte Fernschreibverbindung mit Moskau, London, Paris, Washington via Oran und Sidney in Australien sichergestellt. Die Sowjets, die so etwas zuerst für unmöglich erklärt hatten, waren tief beeindruckt.

Von jetzt an erhielten die Amerikaner freie Hand in allem, was sie verlangten. Jede Zurückhaltung und Furcht vor Repressalien bei Verbrüderung oder Freundschaft mit Ausländern schien vergessen; der echt russische Wesenszug von Gastfreundschaft und Herzlichkeit zeigte sich wieder wie in alten Zeiten. Es gab unzählige Gelegenheiten zu persönlichen Kontakten und Gesprächen.

Gerghi merkte erneut, daß das ursprüngliche Mißtrauen, das sein Name hervorrief, bald dahinschwand. Er gehörte nicht nur zu der allen gemeinsamen russischen Vergangenheit, er vertrat auch eine Marinetradition, auf die alle stolz waren, aber erst seit kurzem durften sie ihrer wieder in Ehren gedenken. Die Marineoffiziere der Schwarzmeer-Flotte zeigten Gerghi die Denkmäler der russischen Admirale Korniloff und Nachimoff, der Helden des Krimkriegs aus dem letzten Jahrhundert; andächtig sprachen sie die Namen des Grafen Totleben, des Prinzen Viktor Wassiltschikoff und anderer berühmter Verteidiger von Sewastopol aus. Die Straßen der zerstörten Stadt waren von der sowjetischen Marine, die, wie

Gerghi betonte, einen sehr sauberen Eindruck machte, von allen Trümmern geräumt worden.

Von einem hohen NKWD-Mann namens Ermoloff erhielt Gerghi die Genehmigung, mit seinem Jeep über den ganzen Südteil der Krimhalbinsel zu fahren; er war überwältigt von den Veränderungen in dieser früher so reizvollen und blühenden Region. Trotz geringer Kriegseinwirkungen machte dieser südwestliche Streifen des Landes einen trüben und armseligen Eindruck.

Vor der Revolution hatte die Bevölkerung der Krim hauptsächlich aus Tataren bestanden – Nachfahren jener Krimtataren, die sich hier zu Zeiten Dschingis-Khans angesiedelt hatten. Die zaristische Regierung hatte ihre Minderheitsrechte geachtet und jede Einmischung in ihr Brauchtum und in die Ausübung der islamischen Religion vermieden. Die blitzsauberen weißen Häuser und malerischen Moscheen hatten der ganzen Region mit ihren gepflegten Weinbergen und der üppigen, subtropischen Vegetation einen besonderen Charakter verliehen.

Verschwunden waren nun die weißen Dörfchen unter den zum Himmel weisenden Fingern der Minarette, von denen aus der Muezzin die Gläubigen zum Gebet rief. Die kleinen Häuser sahen schäbig und ungepflegt aus, die Türen hingen schief in den Angeln, die Fenster waren mit Pappe geflickt, und in den verwahrlosten Gärten und Weinbergen streunten einige herrenlose Ziegen umher.

Die Bewohner, die einen unglücklichen und niedergeschlagenen Eindruck machten, erinnerten Gerghi an das «weiße Gesindel» in den amerikanischen Südstaaten. Keine Spur von dörflicher Aktivität war zu entdecken und kein Tatar zu sehen.

Als er die Russen fragte, wo die Ortsbewohner denn seien, wurde ihm gesagt, sie hätten den Wunsch geäußert, mit anderen Tataren am Ural und in Sibirien zusammenzuleben. Bald jedoch sollte er erfahren, daß sie wie Vieh unter grausamsten Bedingungen deportiert worden waren.

Dies war ein Hinweis auf eine noch weitgehend unbekannte Wirklichkeit.

Vom Fuße steiler, rötlicher Granitfelsen zogen sich terrassenartig wie über riesige Treppenstufen herrliche botanische Gärten bis zum Meer hinab. Über unfruchtbarem Gestein und Gestrüpp waren sie angelegt worden von dem Gründer Odessas, dem Herzog von Richelieu, vom Großfürsten Michael Nikolajewitsch und von dem tüchtigen Stadthalter des Kaukasus, Fürst Worontzoff. Vor der Revolution standen sie jedermann offen. Nur zwei oder drei dieser botanischen Gärten sind heute noch zugänglich.

Blühende Rhododendren, fedrige Mimosen und Teppiche von Iris, Vorhänge aus hell-lila Glyzinien und Wasserlilien spiegelten sich unter riesigen Zedern in stillen Teichen. Die seltenen Bäume umrahmten atemberaubend schöne Ausblicke auf das blauschwarze Meer.

Die Straße ins Innere wand sich an steilen, üppig grünen Tälern hinauf, vorbei an gurgelnden Bächen, Obstgärten und Weinbergen. Sie führte nach Bachtschissarai, der einstigen Hauptstadt der Krimtataren-Khane aus dem Geschlecht der Girey[13]. Überragt von schlanken Minaretten und behängt mit durchbrochenen Balkonen, erstreckte sich ihr Märchenpalast inmitten geheimnisvoller, eingefriedeter Gärten. Durch eine endlose Folge mit Fliesen ausgelegter, getäfelter und goldverzierter Räume zog ein Duft von Moder, Staub und Rosenöl. Wie in Puschkins reizvoller Ballade, tropften aus derselben Fontäne ewige Tränen. Katharina II. hatte auf ihrer berühmten Reise in den Süden, die von Potemkin so meisterhaft organisiert worden war, unter einer Zimmerdecke geschlafen, von der unzählige kleine Spiegel auf sie herabblinkten. Weiße und blaue Meilensteine bezeichneten noch immer den Weg, den sie damals genommen hatte.

Ein so überwältigend schöner Rahmen, der von Krieg und Verwahrlosung nur wenig gezeichnet war, sollte – so konnte man hoffen – die Hauptbeteiligten bei der bevorstehenden Konferenz zu Besinnung und Milde anregen. Aber die Dämonen, die den Hitler-Krieg und die Nazi-Ideologie entfesselt hatten, hatten die Atmosphäre vergiftet.

Die amerikanische Delegation quartierte sich in der ehemaligen Sommerresidenz des Zaren in Liwadia, acht Kilometer westlich von Jalta, ein. Der im späten 19. Jahrhundert aus weißem Marmor und Stuck errichtete Bau lag in einem weitläufigen, subtropischen Park. Ursprünglich als Villa geplant, ließen ihn die riesigen Räume als Luxusausgabe eines Rivierahotels erscheinen. Die Amerikaner fanden das Gebäude in einem verwahrlosten und verschmutzten Zustand vor. Die US-Marine ging sofort an die Arbeit und richtete die Gemächer des Präsidenten im ehemaligen Arbeitszimmer und der Bibliothek des Zaren Nikolaus' II. her; von dort bestand ein direkter Zugang zum Ballsaal, wo mit Rücksicht auf Roosevelts Behinderung und auf die Größe des Gebäudes die meisten Sitzungen abgehalten werden sollten. Der amerikanische Präsident wurde von seiner Tochter, Mrs. Boettiger, begleitet.

Admiral King und General Marshall bezogen die oberen Gemächer der Zarin, zu denen man vom Garten über eine Privattreppe gelangen konnte. Diese Tatsache gab Anlaß zu anrüchigen Witzeleien über die Beziehung der Zarin zu Rasputin.

Wegen der Größe der Delegation waren die Quartiere ungemein beengt, so daß Admirale und Generale sich oft zu zweit in einem Raum und ohne eigenes Badezimmer einrichten mußten. Die jüngeren Mitglieder der US-Vertretung wohnten im «Dworni» (Hof – Flügel), wie er noch hieß, der auch das «PX», wo buchstäblich alles zu kaufen war, und die Versorgungsbüros beherbergte.

Aber die mühevollste Aufgabe, die vor der US-Marine lag, war der Feldzug gegen das Ungeziefer, das auch den stärksten und sonst wirkungsvollsten Maßnahmen zu widerstehen schien, bis man darauf kam, daß die russischen Putzfrauen, die zum Saubermachen und Waschen eingestellt worden waren, täglich für ein neues Kontingent von Wanzen sorgten, sobald sie das Gebäude betraten. Ihre Tätigkeit wurde dann auch von der US-Marine übernommen.

Mr. Churchill, seine Tochter Mrs. Sarah Oliver und die britische Delegation zogen in das Palais Worontzoff[14] in Alupka, das sechs Kilometer hinter Liwadia lag. Das notwendige Mobiliar war eiligst herangeschafft worden, aber die Briten litten gleichfalls unter Raumnot und Ungeziefer.

Wenn Gerghi in den Jahren 1918 und 1919 Urlaub von Sewastopol, wo die Kaiserlich-Russische Schwarzmeerflotte stationiert war, nahm, hatte er oft in Alupka gewohnt, um seine Verwandten zu besuchen. Er erinnerte sich noch genau daran, wie die liebevollen jungen Mütter Photo-Schnappschüsse ihrer Kinder machten und ihn baten, kleine Neffen und Nichten einen Augenblick festzuhalten, während sie rittlings auf den Löwen saßen, die die breite, zur See hinabführende Treppe flankierten. Süße Bündel von Spitzenkleidchen unter weichen Sonnenhüten oder rundliche kleine Buben in Matrosenanzügen warfen sich lachend unter den aufmerksamen Blicken ihrer englischen «Nannies» in die Arme des jungen Seemanns. Trotz aller unterschwelligen Ängste in jenen sorgenvollen Zeiten schien die regelmäßige Tageseinteilung der Kinder eine Normalität und Kontinuität zu sichern, an die die Erwachsenen nicht mehr mit ganzem Herzen glauben konnten. Gerghis letzte Nachricht aus Sewastopol zerstörte damals ihre Hoffnung, die endgültige Katastrophe könne noch abgewendet werden.

Nun fand er sich am selben Ort wieder. Wenn er hinter dem Stuhl seines Admirals stand und Stalin über den Tisch hinweg ansah, war ihm zumute, als habe er mehrere unzusammenhängende Leben gelebt und sei jetzt zu einem früheren, absurd gewordenen Dasein zurückgekehrt.

Stalin hatte Suk-Su, die ehemalige Villa der Familie Jussupoff, zu seiner Residenz gewählt. Sie lag fünf Kilometer weiter westlich an der Küste. Bei seinen Fahrten nach Jalta standen an der zwölf Kilometer langen Strecke, die er zurückzulegen hatte, alle hundert Meter NKWD-Wachen mit dem Rücken zur Straße, auf welcher zu dieser Zeit kein anderer Verkehr zugelassen war. Sogar die Leiter der anderen Delegationen mußten manchmal mehrere Stunden warten, bis sie in ihre eigenen Quartiere zurückfahren konnten. Es wurde damals gewitzelt, sollte ein Jeep sich einmal auf dieser Straße befinden, könne er seinen Weg zwischen der doppelten Reihe der abgewendeten Wachen unbehelligt fortsetzen. Stalin hatte Angst, ein Flugzeug zu besteigen, und man vermutete, daß in den seltenen Fällen, wenn er mit der Bahn fuhr, diese Wachposten die Strecke auf die gleiche Weise säumten.

Kellner, Lebensmittel und Mobiliar waren eigens aus Moskau herangeschafft worden. Die Russen hatten zunächst Schwierigkeiten, sich den angelsächsischen Gewohnheiten anzupassen; so standen zum Frühstück Wein und «Sakuski» auf dem Tisch.

Für die amerikanischen Offiziere und Mannschaften gab die sowjetische Führung mehrere Abend- und Mittagessen und arrangierte sonstige Veranstaltungen, die sowohl an Land wie auch an Bord ihrer Schiffe stattfanden. Der «Schwarzmeerchor», der aus über einhundert Sängern bestand, gab ein prachtvolles Konzert. Die Gastfreundschaft wurde von den Amerikanern jeden Ranges ebenso freigebig erwidert; sie standen jetzt vor einer neuen Herausforderung: beim Trinken mit den Russen mitzuhalten. Angeblich waren nur große Gläser vorhanden. Entsprechende Mengen Wodka und Cognac, warmer Champagner oder Krimwein wurden bei jedem Toast ausgetrunken. Die Folgen waren verheerend. Gerghi fiel ein nützliches Mittel aus seiner Zeit in der Kaiserlich-Russischen Marine ein: Er riet seinen amerikanischen Kollegen, kurz vor solchen Gelagen einen Klumpen Butter herunterzuschlucken. Dann konnten sie auch die härteste Zecherei ohne besondere Wirkung durchhalten und ernteten zunehmende Hochachtung ihrer sowjetischen Verbündeten.

Amerikanische Filme waren sehr gefragt und wurden großzügig an die sowjetische Marine verteilt. Deren Schiffe machten jeden Morgen längsseits der «Catoctin» fest und warteten, bis sie an der Reihe waren. Amerikanische und sowjetische Matrosen wanderten – oder taumelten – Arm in Arm durch die Straßen von Sewastopol und sangen johlend «Tipperary», die neue «Internationale».

Die russischen Mädchen zeigten eine deutliche Vorliebe für die Amerikaner mit ihren längeren Haaren und ihrem Zugang zu PX-Läden, in denen von Armbanduhren bis zu Zahnstochern alles zu bekommen war.

Am Ende der Konferenz erließ der amerikanische Präsident einen Befehl, demzufolge die Russen alles, was sie sich wünschten, für einen Rubel pro Tag kaufen konnten; Generale und Admirale standen wie alle anderen geduldig in der Schlange. Die Geheimpolizei, das NKWD, schien zu sehr mit der Bewachung Stalins beschäftigt zu sein, um sich um etwas anderes zu kümmern.

Die psychologische Wirkung dieser ausschweifenden Verbrüderung sollte noch lange nach der Konferenz anhalten. Wenn Jalta später einmal irgendwo erwähnt wurde, zeigten sich auch die argwöhnischsten Sowjetoffiziere plötzlich freundlich, sowohl in Europa wie im Fernen Osten.

Merkwürdigerweise bestand damals kein Kontakt und keine Fernmeldeverbindung mit dem amerikanischen Stützpunkt in Poltawa in der Ukraine.

Vor dem Hintergrund dieser berauschenden Stimmung und unter dem sardonischen Glanz des aufmerksamen Blicks von Stalin fanden in schicksalhafter Folge die Sitzungen einer Konferenz statt, die über die Zukunft Mittel- und Osteuropas entscheiden sollte.

Der rote Diktator trug stolz den unverdienten und selbstverliehenen Titel eines Feldmarschalls; er umgab sich bei offiziellen Anlässen mit Militärberatern, deren Leibesumfang im richtigen Verhältnis zu den Sternen auf ihren breiten Schulterstücken zu stehen schien. Sie hatten jedoch die Säuberungen noch nicht vergessen, die zehn Jahre zuvor ihre

Ränge dezimiert hatten, und wußten genau, daß Stalin noch immer der kaukasische Gebirgsbandit Dschugaschwili war, traditionsgemäß an gnadenlose Blutrache gewöhnt. Als er von der Woge der Revolution zur absoluten Macht hinaufgespült wurde, schlug er das ganze Land zusammen, als hätte er einen Stammesfeind von einst vor sich. Er schwächte die Armee, als er sie am dringendsten brauchte. Im Jahr 1939 wurde er fast von Panik erfaßt. Der damalige deutsche Botschafter, Graf von Schulenburg, der später, nach der gegen Hitler gerichteten Verschwörung vom 20. Juli erhängt wurde, erzählte, daß «Stalin peinlichst bemüht war, jede Bedingung und sogar jede Bitte der deutschen Regierung zu erfüllen, so sehr habe er den Krieg gefürchtet».

Bei der Unterzeichnung des deutsch-sowjetischen Paktes von 1939 hatten Pawloff, derselbe Dolmetscher wie jetzt in Jalta, und auch Molotoff neben ihm gestanden. Nachdem sein Händedruck mit Ribbentrop pflichtgemäß photographiert worden war, forderte Stalin den deutschen Pressephotographen durch ein Zeichen auf, noch eine weitere Aufnahme, und zwar von den NKWD- und Gestapovertretern gemeinsam, zu machen. Der Gedanke belustigte ihn offenbar, denn er wußte, daß es zwischen beiden keinen Unterschied gab.

Als die deutschen Truppen in die Sowjetunion einmarschierten, liefen zum erstenmal in der Geschichte des Landes russische Soldaten zum Gegner über und ergaben sich zu Hunderttausenden. Die fürchterliche Behandlung, der sie ausgesetzt wurden, führte, wenn auch verspätet, zum Aufwallen des nationalen Widerstandes. Diese tiefen seelischen Konflikte wurden Gerghi bei mehreren Gelegenheiten von Sowjetoffizieren vorsichtig angedeutet.

Die sowjetischen Armeen hatten die deutsche Grenze überschritten, sie rückten zügig vor, und dennoch war die amerikanische und englische Verhandlungsposition besser, als sie einsahen – oder einsehen wollten.

Einige Monate zuvor (am 18. September 1944) hatte sich

Churchill über Roosevelt beklagt: «Ich glaube nicht, daß sich der Präsident länger als vier Stunden am Tag auf den Krieg konzentriert, was wirklich nicht ausreicht, wenn man Oberster Kriegsherr ist.» [15]

In der Tat schienen die Würfel schon vorher gefallen zu sein. Harry Hopkins, einer der Berater des Präsidenten in Jalta, war krebskrank und durch sein Leiden verbittert; sein Haß auf Deutschland veranlaßte ihn, Morgenthaus kurzsichtige Rachepläne zu unterstützten; Alger Hiss wurde später als Sowjetagent entlarvt, und der US-Botschafter in Moskau, Harriman, erklärte überraschenderweise: «Stalin sei an der Weltrevolution nicht mehr interessiert.»

Die Engländer hatten das Hauptgewicht der Luftangriffe tragen müssen und gaben sich jetzt mit nichts anderem zufrieden als mit der völligen Vernichtung des Gegners um jeden Preis.

Wenn man bedenkt, welchen Einfluß die britischen Berater Philby, Burgess, Maclean, Blunt und andere auf Anthony Edens Außenpolitik ausübten, könnte man seine Ansichten vielleicht einer Prüfung unterziehen, denn jede Entscheidung, die Eden traf, kam Stalin zugute.

Roosevelt war ein schwerkranker Mann und dem Tode nahe. Seine Liebenswürdigkeit und sein Charme hatten immer die ihm innewohnende Schwäche verschleiert. Er besaß nur noch die Kraft, zwei Ziele zu verfolgen: die Gründung der Vereinten Nationen, wobei er den Sowjets drei Stimmen gegenüber einer amerikanischen Stimme zugestand, und er drängte auf Rußlands Unterstützung gegen das effektiv schon besiegte Japan im Tausch gegen die Kurilen und den eisfreien chinesischen Hafen Dairen.

Er glaubte, «Onkel Joe» mit Charme gewinnen zu können, wie es ihm so oft mit anderen gelungen war, und Stalin dadurch zu veranlassen, Freiheit und Demokratie zu unterstützen. «Wir waren alle wie eine einzige Familie», schrieb er jubelnd in einem Brief nach Hause. Er schien

Stalin sogar mehr zu vertrauen als Churchill und tauschte mit ihm Scherze und kleine Nebenbemerkungen aus, die gegen den englischen Verbündeten gerichtet waren. Churchill wehrte sich mit den derben Späßen eines Schuljungen und wetteiferte mit Roosevelt um Stalins Gunst. Sein halbherziges Eintreten für die polnische Exilregierung und sein Bestehen auf kontrollierten Wahlen ließen nach, während er auf die «inopportune Erwähnung» des sowjetischen Massakers von Katyn hinwies, «das Hitler nur geholfen habe». Aber im Februar 1945 war Hitler schon nicht mehr zu helfen.

Gerghi erzählte, daß «Churchills Widerstand vielleicht auch durch die russischen Trinkgewohnheiten untergraben wurde, denn er brachte plötzlich einen Toast aus ‹auf die proletarischen Massen aller Völker› und schob Stalin über den Tisch kleine Zettel zu, auf denen er die proportionale Aufteilung von Ost- und Zentraleuropa vorschlug... Sie teilten Europa so einfach auf, als schnitten sie einen Kuchen in Stücke, und schoben Streichhölzer auf der Landkarte hin und her, während Worte wie Demokratie und Freiheit über die feuchtfröhliche Versammlung flatterten. Es war zum Erschauern».

Die Prozedur schien Stalin zu belustigen; er zeichnete das englische Papier mit einem ausladenden Schnörkel ab. Churchill schrieb später stolz: «Die ganze Sache dauerte nicht länger, als sie nachzuerzählen.»

Am nächsten Tag verlangte Stalin ein höheres Maß an Einfluß in Bulgarien und Ungarn, was ihm sofort zugestanden wurde. Wegen Schlesien entstand eine gewisse Unsicherheit, aber Stalin erklärte, «Schlesien sei sowieso bald menschenleer»[16].

Einen Monat zuvor hatte Churchill an seine Frau geschrieben: «Mein Herz trauert bei den Berichten von den Massen deutscher Frauen und Kinder, die überall in siebzig Kilometer langen Flüchtlingsströmen über alle Straßen vor den heranrückenden Feinden in den Westen fliehen. Aber ich bin überzeugt, daß sie es verdient haben.»[17]

Trotz dieser Überzeugung kamen ihm verspätete Skrupel, und er fragte sich, ob er nicht zu leichtfertig über Millionen von Menschen verfügt habe. Er meinte zu Stalin:

«Wäre es nicht ratsam, diese Zettel zu verbrennen?»

«Behalten Sie sie!» antwortete Stalin höhnisch, und Churchill schrieb an seine Frau nach Hause:

«Ich hatte sehr nette Gespräche mit dem alten Bären. Je öfter ich ihn sehe, desto besser gefällt er mir.» [18]

Diese verhängnisvollen Zettel wurden von demselben Churchill geschrieben, der 1937 in seinem brillanten Essay über Trotzky den kommunistischen Virus wie unter dem Mikroskop seziert hatte: Er schrieb damals: «Jede Tat des guten Willens, der Toleranz, der Versöhnung, Barmherzigkeit oder des Großmuts auf seiten von Regierungen oder Staatsmännern wird zu deren Untergang eingesetzt ... Die Demokratie ist nur ein Werkzeug, das einmal verwendet und hinterher weggeworfen wird; Freiheit ist lediglich eine sentimentale Torheit, unwürdig eines logisch denkenden Menschen ... Alles dies ist mit Blut in die Geschichte mehrerer mächtiger Nationen eingeschrieben ... So sieht der kommunistische Glaube und seine Zielsetzung aus. Wer vorgewarnt ist, wappnet sich rechtzeitig!» Mit seinen Konzessionen erreichte Churchill keinerlei Vorteile für sein Land, keine Beschleunigung im Vorgehen gegen Hitler, kein Entgegenkommen von seiten Roosevelts.

Gerghi berichtete später: «Die Sowjets hatten nie erwartet, so viel so leicht zu erreichen. Sie waren auf ein mühseliges Feilschen eingestellt und bekamen alles umsonst.»

Er verstand jede Andeutung, jedes Zeichen, das geflüsterte, kaum hörbare Wort «eschtchó» (mehr), wenn sie immer höhere Forderungen stellten, die sofort erfüllt wurden. Er hätte am liebsten herausgeschrien «Gnade für Europa!», aber es gab niemanden, der es verteidigt hätte ... Kein Franzose, kein Pole. Trotzdem verbrachten die «Großen Drei» die meiste Zeit mit Diskussionen über das Schicksal Polens, dessentwegen England in den Krieg eingetreten war, während sich die militärischen und diplomatischen Berater hauptsächlich allein unterhielten.

Die polnische Exilregierung wurde abgeschrieben, Polen im Osten amputiert und nach Deutschland in westlicher Richtung vorgeschoben. Deutschland sollte in «Zonen» unter alliierter Kontrolle aufgeteilt und das vergessene Frankreich allein von Amerika und England entschädigt werden. Geheimklauseln wurden eingebaut, die das Schicksal aller Russen in alliierter Hand besiegelten – gleichgültig ob Kriegsgefangene, Kosaken, die den Kommunisten, denen sie seit der Revolution Widerstand geleistet hatten, entkommen waren, Flüchtlinge aus dem Ersten Weltkrieg oder Truppen, die unter General Wlassow gegen Stalin gekämpft hatten. Über dreieinhalb Millionen Menschen wurden gewaltsam repatriiert, zwanzig Prozent von ihnen sofort hingerichtet. Zehn oder zwanzig Jahre Sklavenarbeit für deutsche Kriegsgefangene – in den meisten Fällen kam das einem Todesurteil gleich –, wurden leichten Herzens zugestanden: «Um den durch die deutsche Invasion angerichteten Schaden wiedergutzumachen.»

Beneš beeilte sich, die Tschechoslowakei den Sowjets zu öffnen, und Roosevelt stoppte den Vormarsch der US-Armeen, damit die Sowjets Prag und Berlin als erste erreichen konnten. Thüringen wurde dann im Tausch gegen den verspäteten Einzug der Westalliierten in Berlin der sowjetischen Zone zugeschlagen.

Gerghis tiefe Kenntnis der wahren Interessen des russischen Reiches ließ ihn vor Abmachungen auf der Hut sein, die oberflächlich betrachtet vielleicht vorteilhaft aussehen mochten. «Auf lange Sicht kann Rußland den Haß, den es gesät hat, nicht verdauen. Der einzige wirkliche Gewinn ist vielleicht der Hafen Dairen, obwohl auch hier eventuell künftige Konflikte mit China gesät worden sind», meinte er.

Am Ende überkamen Churchill doch einige Zweifel, und er schlug vor, «den Russen weiter ostwärts die Hand zu reichen», was Roosevelt unwirsch mit der Bemerkung abtat, «damit zeige man Mißtrauen gegenüber einem Freund und Verbündeten».

Nach den napoleonischen Kriegen hatte sich Metternich 1815 auf dem Wiener Kongreß vor allem darum bemüht, Rußland und England zur Wiederherstellung eines Kräftegleichgewichts in Europa zu bewegen und auf Rache und Zerschlagung des besiegten Frankreich zu verzichten.

Die Vereinbarungen von Jalta, durch die Tagesereignisse bestimmt, entbehrten jeder Konzeption für die Zukunft, aber es bestand noch keine endgültige Einigkeit über die Teilung Europas und der Welt in zwei Einflußsphären, ebensowenig über die endgültige Teilung Deutschlands. Es war zwar nicht bestätigt worden, daß «Polen in das Sowjetsystem eingegliedert werden sollte», aber nichtsdestoweniger waren Osteuropa und Millionen hilfloser Menschen der Sowjetherrschaft überantwortet worden. Durch den Verzicht auf jegliche alliierte Kontrolle polnischer Wahlen und die Anerkennung von Stalins sogenannter «Lublin-Regierung» hatten die Westmächte, wie Churchill es später ausdrückte, «Polen endgültig im sowjetischen Machtbereich begraben».

Als Gegengabe flitzte plötzlich eine Handvoll Goldfische im Teich des Palastes von Alupka herum, denn Churchill hatte ihr Fehlen bemerkt; und ein US-Admiral, der für seinen morgendlichen Tee vergeblich um eine Scheibe Zitrone gebeten hatte, stolperte vor seiner Schlafzimmertür über einen hochgewachsenen, mit Früchten beladenen Zitronenbaum.

Die letzte Sitzung der Konferenz wurde an einem Sonntag abgehalten; sie zog sich bis in den späten Nachmittag hin, um das von Stalin gewünschte Treffen am Montag zu ersetzen, das mit dem Terminplan des Präsidenten kollidiert hätte.

Roosevelt war sichtlich erschöpft, als er die «Catoctin» erreichte, wo er übernachten wollte. Gerghi und die ganze Besatzung standen an Deck, um ihn bei seiner Ankunft zu begrüßen. Eine Delegation sowjetischer Admirale war erschienen, um sich von ihm zu verabschieden, aber er fühlte sich zu krank, um ihr mehr als ein kurzes Grußwort zu übermitteln. Er sagte zu Gerghi:

«Bitte George, versichern Sie ihnen, daß ich alles, was sie geleistet haben, voll zu würdigen weiß, aber ich bin sehr, sehr müde und zu erschöpft, um mich mit ihnen zu unterhalten oder Fragen zu beantworten.»

Auf dem Weg nach Saki stattete er am nächsten Tag Sewastopol einen kurzen Besuch ab und war von der Zerstörung des Ortes stark beeindruckt. Dann flog er weiter zur «Quincy» ins Mittelmeer.

Jedes amerikanische Ausrüstungsstück, einschließlich der PX-Vorräte, Funkstationen und Schiffe, wurde den Sowjets als Geschenk hinterlassen. Zum Abschluß beglückwünschte sich Churchill: «Nie zuvor haben so wenige Personen Entscheidungen mit so weitreichenden Konsequenzen für die Zukunft so vieler Menschen getroffen.»

Vier Jahre später wurde ein sowjetischer Verbindungsoffizier der Marine, Boris Burkowsky, der bei einem der Jalta-Empfänge mit Kathleen Harriman, Tochter des US-Botschafters in Moskau, getanzt hatte, zu fünfundzwanzig Jahren Zwangsarbeit in Sibirien verurteilt.

Es ist anzunehmen, daß sein Fall nicht der einzige war[19].

EPILOG

Bei seiner Rückkehr nach London entging Gerghi nur knapp dem Einschlag einer V-Rakete, die wenige Meter vor seinem Hotelfenster explodierte: Er hatte sich eine Stunde vorher plötzlich entschlossen, seine Schwester auf dem Lande zu besuchen.

Zum Fregattenkapitän der US-Marine befördert, wurde er kurz darauf nach Dairen in der Nähe von Port Arthur entsandt, um amerikanische Kriegsgefangene zu sammeln und eine Bestätigung der Vereinbarungen von Jalta zu überbringen, die Dairen und die Kurilen an die Sowjets übergaben. Die sowjetischen Generäle konnten kaum glauben, daß sie diese Konzessionen erhalten sollten. Gerghi wurde Zeuge eines Telefonats mit Marschall Malinowsky, in dessen Verlauf General Kosloff, der Haltung angenommen hatte, während er mit seinem Chef sprach, in bezug auf Gerghi sagte: «Er spricht russisch so gut wie ich, es kann also kein Irrtum vorliegen.»

Er war zu denselben Gewässern zurückgekehrt, in denen sein Bruder Oleg vierzig Jahre vorher an der verhängnisvollen Schlacht von Tsuschima teilgenommen hatte.

Später setzte sich Gerghi für die Veteranenorganisation «Waffen der Freundschaft» ein, die unter den alliierten Streitkräften tätig war und zeitweise sogar vom sowjetischen Reisebüro «Intourist» gefördert wurde. Vor allem versuchte er, amerikanischen Politikern und einflußreichen Persönlichkeiten klarzumachen, daß man zwischen «sowjetisch» und «russisch» unterscheiden müsse.

Es war aber schon zu spät, um die russischen Kriegsgefangenen zu retten, die Stalin in Jalta übergeben worden waren, um in sibirischen Lagern umzukommen oder dahinzusiechen.

Als letzter Sproß einer großen Familie und Erbe eines märchenhaften Vermögens, das nie mißbräuchlich verwendet worden war, sondern sechs Jahrhunderte hindurch den Interessen seiner Heimat gedient hatte, starb Gerghi Scherbatoff-Stroganoff am 13. Dezember 1976 bei einem Autounfall in Connecticut.

Die Küchenchefs der großen Häuser Petersburgs hatten einen Klub gegründet, in dem sie sich zusammenfanden und Preise für neue kulinarische Kreationen verliehen. Bei einer solchen Gelegenheit stellte der Koch des Hauses Stroganoff ein Gericht vor, das als «Bœuf Stroganoff» Berühmtheit erlangen sollte. Graf Sergej Alexandrowitsch gab später das Rezept an den Chefkoch des «Maxim» in Paris weiter.

Außerhalb Rußlands hat man häufig den Eindruck, daß die Familie nur wegen dieses Gerichts bekannt geworden ist, was in der Tat einen traurigen Beweis für die Nichtigkeit allen menschlichen Strebens darstellt.

ANHANG

STAMMBAUM DER STROGANOFFS

- **Spiridon**
  - Kosma Spiridonowitsch 1381–1445
    - Luka Kusmitsch 1424–1478
      - Fjodor Lukitsch
        - **Anika Fjodorowitsch** 1488–1570 (Brüder: Stepan, Ossip, Wladimir)
          - **Jakoff**
            - **Maxim**
              - Iwan
                - Danilo
              - Maxim
                - Iwan
                - Maxim
              - Wladimir
          - **Grigori**
            - **Nikita**
          - **Semjon**
            - Andrej 1581–1649
              - Dimitrij
                - Baron Grigorij 1656–1715
                  - Alexander
                  - Baron Sergej
                    - **Graf Alexander Sergejewitsch** 1733–1811
                      - **Graf Paul Alexandrowitsch** 1772–1817 ⚭ Sophie Wladimirowna Galitzyn
                        - **Alexander** 1797–1815
                        - **Nathalie** ⚭ **Baron Sergej Grigorjewitsch** 1794–1882 (dann Graf)
                          - **Alexander**
                            - Sergej Alexandrowitsch ⚭ Prinzessin Eugénie Wassiltschikoff
                            - Marie (Jagmin) (Missy)
                            - **Olga** ⚭ Fürst Alexander Scherbatoff
                              - Oleg 1881–1915 (Alexander)
                              - Helen (Ellen)
                              - **Georg** 1897–1953 (Gerghi) **Scherbatoff-Stroganoff** ⚭ Prinzessin Sonia Wassiltschikoff
                                - Marie (Mara)
                                - Olga
                                - Xenia ⚭ Baron André Wolff-Lüdinghausen
                                  - Hélène
                                - Sophie
                          - Grigori
                          - Nikolaj
                          - Jelisaweta
                          - Paul
                          - Sophie
                        - Adelaide
                        - Elisabeth
                        - Olga
                  - Nikolaj
            - Pjotr
              - Fjodor

VERZEICHNIS
der im Familienbesitz der Stroganoffs befindlichen Reskripte und Ukase der Zaren

1. Erlaß des Großfürsten Wassili Iwanowitsch vom 9. 4. 1517 an Stepan, Ossip und Wladimir, Söhne des Luka, betreffend das Land im Bezirk von Ustjug.
2. Erlaß des Zaren Iwan Wassiljewitsch vom 18. 4. 1552 an Grigori Anikjewitsch Stroganoff bezüglich der Salzsiedereien bei Wyschegodsk.
3. Erlaß des Zaren Iwan Wassiljewitsch vom 2. 1. 1564 an Grigori Anikjewitsch Stroganoff betreffend die Ländereien südlich von Perm entlang der Kama 88 Werst von der Lyswa bis zum Fluß Tschussowaja.
4. Ukas vom 6. 8. 1564 für Anika Stroganoff und seine Kinder betreffend die Siedlungen von Kankor und Kergedan und Salzsiedereien.
5. Erlaß des Zaren Iwan Wassiljewitsch vom 25. 1. 1563 an Jakoff Anikjewitsch Stroganoff betreffend die Ländereien am Fluß Tschussowaja.
6. Ukas der Zaren von 6. 8. 1572, ausgestellt für Jakoff und Grigori Anikjewitsch Stroganoff mit der Ermächtigung, Truppen unter einem von ihnen zu bestimmenden guten Führer gegen die Tscheremissen zu entsenden.
7. Ukas des Zaren mit Anweisungen an den Kommandanten von Solwytschegodsk, Jakoff und Grigori Stroganoff in den Erbstreitigkeiten mit ihrem Bruder Semjon zu unterstützen (27. 6. 1573).
8. Erlaß des Zaren Iwan Wassiljewitsch von 30. 5. 1574 an Jakoff und Grigori Anikjewitsch Stroganoff mit der Bestätigung ihrer Besitzrechte über alles Land hinter dem Stein von Jugur entlang dem Tobel und Irtysch.
9. Ukas des Zaren vom 6. 11. 1582 an Nikita Grigorjewitsch Stroganoff mit dem Befehl, Semjon und Maxim Stroganoff in ihrer Verteidigung der an der Tschussowaja gelegenen Forts gegen den Fürsten von Pelym und die Wogulen zu unterstützen.
10. Ukas des Zaren vom 6. 11. 1582 an den Vizekönig Fürst Eletzky in Perm, Truppen zur Unterstützung von Semjon und Maxim Stroganoff bei der Verteidigung der an der Tschussowaja gelegenen Forts gegen den Fürsten von Pelym zu entsenden.

11. Ukas des Zaren vom 16. 11. 1583 an Maxim Jakowlewitsch und Nikita Grigorjewitsch Stroganoff mit der Weisung, Ermak Timofejewitsch und seine Kameraden unverzüglich nach Perm in Marsch zu setzen, weil sie sich sonst seinen Zorn zuziehen würden.
12. Ukas des Zaren vom 7. 1. 1584 an Simeon Anikjewitsch, Maxim Jakowlewitsch und Nikita Grigorjewistch Stroganoff betreffend Verstärkungen für Fürst Bolschowsky.
13. Ukas des Zaren vom 5. 7. 1592 an Maxim und Nikita Stroganoff, betreffend einhundert Berittene, die gegen die sibirischen Tataren entsandt werden sollen.
14. Ukas des Zaren vom 29. 3. 1610 an Maxim Jakowlewitsch und Nikita Grigorjewitsch Stroganoff über die Auszahlung von 10000 Rubel an die Truppen.
    (Bis zum Jahr 1677 bestätigen sieben weitere kaiserliche Erlasse den Inhalt der vorangegangenen.)

QUELLENVERZEICHNIS

1. Die Stroganoffschen Archive, Eigentum der Familie Stroganoff (unveröffentlicht)
2. Zahlreiche Niederschriften von Fürst Georg Scherbatoff-Stroganoff (unveröffentlicht)
3. Ustrjaloff, N[ikolaj Gerasimovič]: *Imenitye ljudi Stroganovy. (Die Stroganoffs)* Sanktpeterburg 1842
   (Die angesehene Familie Stroganoff; nicht auf deutsch erschienen)
4. *Auktionskatalog* für die Versteigerung der Stroganoff-Sammlung am 13. Mai 1931 in Berlin
5. Semjonow, Juri: *Die Eroberung Sibiriens. Ein Epos menschlicher Leidenschaften. Der Roman eines Landes.* Berlin: Ullstein, 1937
   Andere Darstellungen dieses Autors: *Die Güter der Erde. Vom Haushalt der Menschheit. Eine Wirtschaftsgeographie für Jedermann.* Berlin: Ullstein 1936
   Niedermayer, Oskar v. & Semjonow, Juri: *Sowjet-Russland. Eine geopolitische Problemstellung.* Berlin: Vorwinckel, 1934
6. Vissac, Marc de: *Un Conventionnel du Puy-de-Dôme: Romme le montagnard.* Clermont-Ferrand 1883
7. Schilder, Nikolaj K.: *Imperator Nikolaj I., ego žizn'i carstvovanie.* 2 Bände mit je einem Teilband. S.-Peterburg 1903
   (Nikolaus I., sein Leben und seine Regierung; nicht auf deutsch)
   –: *Imperator Aleksandr pervyi. Ego žizn'i carstvovanie (1777 bis 1825).* 4 Bände. S.-Peterburg 1897–98
   (nicht auf deutsch erschienen)
8. Grunwald, Constantin de: *La Vie de Nicholas I.* Paris 1946
9. Waliszewski, K[asimierz]: *La Russie il y a cent ans. La règne d'Alexandre Ier.* 3 Bände. Paris: Plon-Nourrit, 1923–25
10. Joseph de Maistre, Le soirées de St. Pítersbourg, 2 Bde., 1821
11. Ségur, le Général Cte (Philippe Paul) de: *Histoire et Mémoires.* 7 Bände. Paris: F. Didot, 1873
12. Ligne, Prince Charles Joseph de: *Mémoires.* Paris: H. Champion, 1914
13. Coigny, Aimée de: *Mémoires.* Paris: Calmann-Lévy, 1906
14. Grunwald, Constantin de: *La Campagne de Russie.* Paris 1964
15. Katharina II.: *Memoiren der Kaiserin Katharina II. Von ihr*

selbst geschrieben. Nebst einer Vorrede von A. Herzen. Hannover: Carl Rümpler, 1859
16. Nicolaus (Michajlovič), Großfürst von Rußland: *Le Comte Paul Stroganov.* 3 Bände. Paris: Imperimerie Nationale, 1905
17. Wilmot, Martha: *The Russian Journals of Martha and Catherine Wilmot 1803–1808.* Edited, with an introduction and notes, by the Marchioness of Londonderry ... and H. M. Hyde. London: Macmillan & Co., 1934
18. Custine, Adolphe Marquis de: *La Russie en 1839.* 4 Bände. Paris 1843
19. Platonoff, S[ergej] F[edorovic]: *Geschichte Russlands vom Beginn bis zur Jetztzeit.* Herausgegeben von Friedrich Braun. Leipzig: Quelle & Mayer, 1927
20. Karamsin, Nicolaus: *Geschichte des Russischen Reiches.* 10 Bände. Riga: Hartmann, 1820
21. Billington, James Hadley: *The icon and the axe: an interpretative history of Russian culture.* New York: Knopf, 1966
22. Peter I.
23. Romanoff, Nikita & Payne, Robert: Iwan der Schreckliche: *Leben und Zeit des ersten Zaren, unter dessen Herrschaft das Großrussische Reich entstand und Rußland in die europäische Geschichte eintrat.* München: Scherz, 1980
24. Tolstoy, Nikolai: *Die Verratenen von Jalta.* München, Wien: Langen/Müller 1978
25. Orieux, Jean: *Talleyrand ou Le sphinx incompris.* Paris: Flammarion, 1970
26. –: *Voltaire ou La royauté de l'esprit.* Paris: Flammarion, 1966
27. Lenôtre, Gosselin: *Paris révolutionnaire.* Paris 1895
28. Caulaincourt, Armand Augustin Louis Duc de Vicence: *Mémoires du Général de Caulaincourt Duc de Vicence.* 3 Bände. Paris: Plon, 1933
29. Metternich-Winneburg, Prince Clemens Wenzeslaus Nepomuk Lothar von: *Mémoires, documents et écrits divers, laissés par le prince de* Metternich ... 8 Bände. Paris 1880–84
30. Thiess, Frank: *Tsushima. Der Roman eines Seekrieges.* Berlin, Wien, Leipzig: Zsolnay, 1936
31. Churchill, Rt. Hon. Sir Winston Leonard Spencer: *Great Contemporaries.* London: Thornton Butterworth, 1937
32. Kolendić, Anton: *Posljednji dani kulta ličnosti. Od Staljinove do Berijine smrti.* Rijeka 1980
(Die letzten Tage des Personenkults; nicht auf deutsch)

34. *Mémoires de la Comtesse de Ficquelmont* (unveröffentlicht)
35. Herzen
36. Čarskaja, L[idija] A.: *Gazavat*. Berlin 1929
37. Vigée-Lebrun, Elisabeth Louise: *Die Erinnerungen der Malerin Vigée-Lebrun*. Weimar: Alexander Duncker, 1912
38. Kennan, George Frost: *Memoiren eines Diplomaten*. 2 Bände. München: dtv, 1971
39. Bohlen, Peter v.: *Autobiographie*. Herausgegeben von Joh. Voigt. Königsberg 1842 (2. Auflage)
40. Soames, Mary: *Clementine Churchill. By her daughter*. London: Cassell, 1979
41. *Memoiren des Fürsten I. Wassiltschikoff* (unveröffentlicht)
42. Haxthausen, August Freiherr von: *Studien über die inneren Zustände, das Volksleben und insbesondere die ländlichen Einrichtungen Rußlands*. 3 Bände. Hannover, Berlin 1847–52

ANMERKUNGEN

Einführung

[1] «Kolonisation» bedeutete, «Siedler» in menschenleeren Gebieten anzusiedeln und ihren Schutz zu garantieren.

[2] J. Billington, «Cultural History of Russia».

[3] Anna Jaroslawnas Bibel, in einer «unbekannten heiligen Sprache geschrieben», wurde in Reims bei der Krönung aller französischen Könige verwendet. Als Peter der Große Frankreich im 18. Jahrhundert besuchte, las er fließend aus dem Kirchenslawisch, in dem die Bibel geschrieben war.

[4] Fürst Trubetzkoy, «Einführung in die Geschichte der alten Russischen Literatur».

[5] Der im 12. Jahrhundert begründeten Hanse gehörten in ihrer Blütezeit hundertsechzig See- und Binnenhäfen an; ihre Zahl ging im 17. Jahrhundert auf sechs Städte zurück.

[6] «Tschern» bedeutete «dunkel», es bezeichnete die unterste Schicht der Bevölkerung.

[7] Aus den Archiven der Stroganoffs, erwähnt im Erlaß des Zaren Wassili Iwanowitsch vom Jahr 1517.

I

[1] Die «Pomorzy» waren Einwohner von Nowgorod, Pioniere oder Flüchtlinge, die in den Nordosten, in das Gebiet mit dem Namen «Pomor je» («am Meer») gezogen waren.

[2] Die Bezeichnung Groß-Perm galt nicht für eine Stadt, sondern für eine ganze Region, zu der Ortschaften wie Tscherdin, Solwytschegodsk, Solikamsk, Kajgorod und andere Siedlungen gehörten. Das heutige Perm, genannt Alt-Perm, wurde im 18. Jahrhundert von Katherina II. auf einem Landstrich gegründet, der Jakoff Stroganoff von Iwan IV. geschenkt worden war.

[3] «Bruder Mamekkul» des Kirgisen-Khans Kutschum war in Wirklichkeit sein Familienangehöriger und Erbe Mehemet-Kul.

[4] Eine Gesamtaufstellung des Familienbesitzes wurde von einem «Schriftkundigen» namens Iwan Jachontoff angefertigt. Im Jahr 1526 wurde das Original durch ein Feuer in Nowgorod vernichtet.

[5] Russisches Bibliographisches Lexikon von Smjelonsky-Suworin.

[6] Nach der Chronik der Stroganoffs und Essipoffs. Die Remisoff-Chronik spricht von 6000 Mann, was übertrieben erscheint.

[7] In einem kaiserlichen Erlaß an einen späteren Angehörigen der Familie Stroganoff heißt es: «Eure Vorfahren forderten die Kosaken von der Wolga mit ihrem Ataman Ermak und seinen Freunden auf, ihre Gebiete zu verteidigen.»

[8] In dem Buch «Die Entdeckung und Eroberung Sibiriens» von Eberhard Fischer, herausgegeben in russischer Übersetzung im Jahr 1774 von der Akademie der Wissenschaften in St. Petersburg, vertritt der Verfasser den Standpunkt, daß Ermak Timofejewitsch und seine Männer durch Iwan IV. wegen Räuberei geächtet worden seien und sich nach Sibirien abgesetzt hätten. Dort habe die Familie Stroganoff sie mit allem Notwendigen versorgt. Diese Version ist durch ernst zu nehmende Historiker widerlegt worden.

II

[1] Bei den Völkerschaften im Osten bedeutet der Ausdruck «Bruder» auch «naher Verwandter» oder sogar «Geliebter».

[2] «Murza» ist ein tatarischer Titel, der sich vom arabischen «Emir-Sadeh», von «Emir» oder Fürst herleitet.

[3] Zitiert von Horsey, Agent der Muscovy Co. im 16. Jahrhundert.

[4] Für die einhundertundsieben Kosaken, die in dieser letzten Schlacht fielen, sowie für alle diejenigen, die später beim Fischen erschlagen wurden, fand bis zur Revolution von 1917 jeweils am ersten Fastensonntag in der Kathedrale von Tobolsk ein Gedenkgottesdienst statt.

[5] Sechzehn Kilometer südlich von Tobolsk, auf dem Steilufer des Irtysch, erheben sich die Ruinen dieser Befestigungsanlage über einer Schlucht, durch die ein kleiner Bach, die «Sibirka», fließt.

[6] Kutschum behauptete, von Dschingis-Khan abzustammen. Sibir oder Isker lag sechzehn Kilometer vom heutigen Tobolsk entfernt.

[7] Der Kanal wurde wahrscheinlich lange vor Ermaks Zeit gegraben, aber im Jahr 1744 existierte der Kanal noch und wurde «Teskjal» oder «Ermaks Wasserstraße» genannt. Der Irtysch fließt tatsächlich durch diesen Kanal, während das ursprüngliche Flußbett fast ausgetrocknet ist.

[8] Der Chronist muß hier übertrieben haben. Eine einzige Rüstung hätte genügt, um ihn in die Tiefe zu ziehen. Nach Ermaks Tod wurde die Rüstung den Stroganoffs zurückgebracht. Ermaks

silberne Rüstung, das Geschenk des Zaren Iwan IV., wurde bis 1917 im Stroganoff-Palais auf dem Newsky-Prospekt in St. Petersburg auf einer mit rotem Samt ausgeschlagenen Tafel ausgestellt.

[9] Sibirien ist so groß wie ein Drittel der bewohnten Erde. Entfernung Paris–New York: 4800 km; Entfernung New York–Kalifornien: 4800 km; von Petersburg bis Wladiwostok sind es 19 500 Kilometer.

[10] Auf Veranlassung seines Privatlehrers Romme wurde der Name «Otscher» von einem Nachkommen, dem jungen Grafen Paul Alexandrowitsch Stroganoff, benutzt, während er 1789 als Bibliothekar im «Club des Jacobins» in Paris tätig war.

[11] Die «pomorje», zum größten Teil Flüchtlinge aus Nowgorod, kolonisierten über viele Jahrhunderte den hohen Norden und gelangten bis zur Behringstraße und nach Alaska.

[12] 1613 wurden durch einen polnischen Überfall die Siedlungen der Stroganoffs bei Solwytschegodsk zerstört: «Was sie nicht wegschleppen konnten, verbrannten sie», berichtete der Chronist.

III

[1] Lord James Keith (1696–1758), schottischer Adeliger, diente in Rußland von 1720–1748. Er wurde Militärinstrukteur der russischen Armee und im Jahr 1740 Hetman der Ukraine. Später trat er dann in die Dienste des Königs von Preußen. Er war Großmeister der russischen Freimaurer, deren Bund er gegründet hatte.

[2] Er war von Peter dem Großen für hervorragende, dem Staat geleistete Dienste zum Baron ernannt worden – sehr zum Leidwesen der Familie, die ihren alten Nowgoroder Titel «Erlauchte Herren» vorzog.

[3] Man hat oft gesagt, Katharina II. habe «Petersburg aus Holz erbaut vorgefunden und die Stadt in Stein verwandelt». In Wirklichkeit hatten schon ihre Vorgänger eine Anzahl bedeutender Architekten aus dem Ausland nach Rußland gebracht; diese arbeiteten dann mit russischen Handwerkern eng zusammen. Bartolomeo Rastrelli war der Sohn eines Hammerschmieds und Bildhauers, der von Peter dem Großen nach Rußland geholt worden war. Er erbaute das Winterpalais unter Anna Ioannowna (erstes Drittel des 18. Jahrhunderts) und das Palais Stroganoff.

[4] Baron Friedrich Melchior Grimm, 1723–1807, «Correspondance littéraire».
[5] Nach Voltaires Tod kaufte Katharina II. auch dessen mit vielen Randbemerkungen versehene Privatbibliothek.
[6] Zeichnungen von Huber.
[7] Katharina Petrowna erreichte ein hohes Alter; sie bewahrte sich bis zuletzt ihren Charme und ihre Lebhaftigkeit.
[8] Eine Anzahl ähnlicher Billetts wurde in den Archiven der Stroganoffs aufbewahrt.
[9] Armand du Plessis, Herzog von Richelieu (1766–1822), verbrachte zweiundzwanzig Jahre in Rußland und trug insbesondere zur Entwicklung Südrußlands bei. Unter Ludwig XVIII. löste er Talleyrand als Premierminister ab (1818–1821).
[10] Andrej Nikoforowitsch Woronikhin (1760–1814) war Schüler der Stroganoffschen Schule für Architektur im Ural. Er war Alexander Sergejewitsch' leiblicher Sohn und wurde stets als Mitglied der Familie behandelt.

IV

[1] De Vissac, 1883: «Un Conventionel du Pay du Dôme», Romme le Montagnard.
[2] Siehe Rommes Bemerkungen über Katharina II. in Kap. II.
[3] Fjodor Matwejewitsch Apraxin, 1661–1728, Erster Großadmiral der von Peter I. geschaffenen russischen Flotte.
[4] Iwan Stepanowitsch Kohlius, Generalleutnant und Befehlshaber von Kiew von 1781–1788.
[5] Alexander Suworoff, 1729–1800, Befehlshaber der russischen Streitkräfte unter Katharina II. Er war bei seinen Soldaten ungeheuer beliebt und genoß den Ruf, nie eine Schlacht verloren zu haben. Er schlug Masséna in Norditalien.
[6] Die unverteidigte Bastille, «Symbol der Autokratie», wurde am 14. Juli 1789 gestürmt. Zu der Zeit saßen sieben Häftlinge in der Festung. Der Gouverneur und mehrere seiner Beamten wurden ermordet.
[7] Anne-Josèphe Tervagne wurde 1762 in dem Dorf Marcourt in Luxemburg geboren. In einem Kloster erzogen, zerstritt sie sich mit ihrer Familie und floh nach England; dann kehrte sie nach Frankreich zurück, um sich der Revolution anzuschließen. Ihre zweifelhafte Aktivität im Oktober 1789 löste eine Untersuchung aus. Sie entkam nach Holland, wo sie von den österreichischen

Behörden festgenommen und in der Tiroler Festung Kufstein eingekerkert wurde. Kaiser Leopold wünschte sie zu sehen und entließ sie dann aus der Haft.
Sie kehrte nach Paris zurück, um ihre revolutionäre Tätigkeit mit fanatischem Eifer fortzusetzen. Während der Erstürmung der Tuilerien am 10. August 1792 hielt sie einen Journalisten, Suleau, fest, der sich spöttisch über ihre Moral geäußert hatte, und denunzierte ihn bei der johlenden Menge, die ihn vor ihren Füßen in Stücke riß. Sie schloß sich den Girondins an und wurde von einer Horde Marktfrauen (femmes des Halles) öffentlich ausgepeitscht. Durch diese letzte Demütigung verlor sie den Verstand und starb 1817 in einem Irrenhaus.

8 Gilbert Marquis de Lafayette (1757–1834), General, kämpfte im amerikanischen Unabhängigkeitskrieg. 1789 befehligte er in Paris die Nationalgarde. Er heiratete Adrienne de Noailles (1759–1807).

9 Nikolai Nikolajewitsch Nowossiltzoff (1761–1838). Seine Mutter war eine Kusine ersten Grades Graf A. S. Stroganoffs.

10 Die russischen Archive, Jahrgang 1863, S. 940.

11 Fürst A. A. Czartorysky, 1770–1861. Er lebte nach der dritten Teilung Polens als Geisel in Rußland. Stellvertretender Außenminister, Mitglied des Reichsrats 1805–1832.
Graf V. P. Kotschubey, 1768–1834. Später Fürst. Innenminister, Vorsitzender des Reichsrats.
N. K. Rumjantzeff, 1754–1826. Geheimer Rat, Handelsminister 1801–1807; Außenminister 1807–1810; Vorsitzender des Reichsrats.

12 Von Juli 1798 bis März 1800 bekleidete Laharpe in kleinlichster und geschäftigster Weise das Amt des Diktators der sogenannten «Helvetischen Republik». Rebellion und Aufstand wurden aufs Härteste niedergeschlagen, und er schloß sich den Franzosen gegen die Österreich-russischen Armeen an. Als «aufgeklärter Liberaler» war er zu dem Schluß gekommen, daß «Regierung durch Abstimmung absurd, eine Democratie ihrem Wesen nach obskurantisch war, und daß allein ein eiserner Diktator Fortschritt und Aufklärung gegen den Willen der Mehrheit durchsetzen könne». (Igor Vinogradoff)

13 Peter der Große hatte angeordnet, daß Funktion oder Verdienste einer Person den Vorrang vor Herkunft und Geburt haben müßten. Ihr Rang entsprach ihrem «tschin», d. h. ihrer Funktion im zivilen, militärischen oder sonstigen Bereich.

[14] Später Vizekönig des Kaukasus. Er war Erbauer und Besitzer des Schlosses von Alupka auf der Krim, wo Churchill im Februar 1945 während der Konferenz von Jalta residierte.

[15] Seine «französischen Sympathien» wurde ihm vorgeworfen. In der Tat war er von Napoleons Verwaltungsreformen in Frankreich tief beeindruckt und versuchte, diese zum Teil in Rußland anzuwenden. Um seinen Feinden entgegentreten zu können, bekam er Einblick in Geheimdokumente des Außenministeriums, die nicht unter seine Kompetenz fielen. Es war zwar ein Vergehen, aber kein Verrat. Doch sah sich Alexander gezwungen, unter dem Druck der öffentlichen Meinung seinen fähigsten Minister zu opfern (Schilder).

[16] General Fürst Peter Iwanowitsch Bagration (1765–1812). Berühmt wegen seines persönlichen Mutes und der Ruhe, die er in der Schlacht bewahrte; er zeichnete sich unter Suworoff und in allen folgenden Feldzügen im Kaukasus, in Polen, Italien, Schweden, in der Türkei und im Vaterländischen Krieg von 1812 aus. Sein Tod bei Borodino beraubte die russische Armee eines ihrer fähigsten Befehlshaber und machte aus ihm einen legendären Helden.

[17] Metternichs Memoiren.

[18] General August von Bennigsen (1745–1826) war schwedischer Abstammung. Er hatte das Unglück, von Napoleon bei Eylau und Friedland geschlagen zu werden.

[19] Caulaincourt, Memoiren. 18. IX. 1812.

[20] Korrespondenz zwischen Alexander I. und seiner Schwester Katharina Pawlowna, herausgegeben von Großfürst Nikolai Michailowitsch, 1910, Seite 91.

[21] Barclay de Tolly, Feldmarschall Fürst Michail Bogdanowitsch (1761–1818). Schottischer Abstammung, aber in Livland geboren, trat er 1776 als gewöhnlicher Soldat in die russische Armee ein. 1790 wurde er Adjutant des Kommandeurs Fürst Repnin und zeichnete sich in allen folgenden Feldzügen gegen die Türken, Schweden und Polen aus. Bei Eylau schwer verwundet, wurde er zum Generalleutnant befördert. Der charakterliche Gegensatz zu Bagration trug zur russischen Niederlage bei Smolensk bei. Nach den Schlachten von Bautzen, Dresden, Kulm und Leipzig wurde er Befehlshaber der russischen Besatzungstruppen in Frankreich. Er galt als großer Administrator und Reformer, weniger als brillanter Truppenführer.

[22] G. de Grünwald: La Campagne de Russie 1812.

[23] Alexander I. (Troyat).

[24] Feldmarschall Graf Louis, später Fürst v. Wittgenstein, 1769 bis 1843, Sproß eines alten rheinischen Geschlechts, trat in russische Dienste und zeichnete sich in allen Feldzügen gegen Napoleon aus. Er befehligte 1812 unter Kutusoff die Nordfront und rettete Petersburg. Er kämpfte dann 1813 bei Leipzig und 1840 schließlich in Frankreich.

[25] Stroganoff irrte: Bei Borodino verloren die Franzosen siebenundvierzig Generale.

[26] N. K. Schilder: Alexander I.

[27] Teilhard de Chardin, Écrits du Temps de Guerre.

[28] Von diesem Augenblick an trennte sich Wassiltschikoff nicht mehr von der Miniatur des jungen Mannes.

V

[1] Fürst Hilarion Wassiljewitsch Wassiltschikoff (1776–1847), Freund und Berater Alexanders I., Generalmajor und Generaladjutant des Zaren. Er befehligte die Akhtyrsky-Kosaken, nahm an der Schlacht von Borodino und an allen folgenden Schlachten teil. 1819 zog er sich zurück und wurde Mitglied des Reichsrats. Bei der Thronbesteigung Nikolaus' I. bat ihn die Kaiserinmutter Maria Fjodorowna, einen Eid abzulegen, nie aus dem Dienst des jungen Kaisers auszuscheiden. Nikolaus mußte dann seinerseits bei der Bibel schwören, «stets auf Wassiltschikoffs Rat zu hören». Ein zeitgenössischer Historiker schrieb: «Wassiltschikoff war der einzige, der zu allen Zeiten Zugang zum Kaiser hatte. Er war ein Mann, den Nikolaus I. nicht nur liebte, sondern den er auch wie keinen anderen verehrte. Er brachte ihm volles Vertrauen entgegen, fast wie einem Mentor. Er war der einzige, den er als seinen Freund bezeichnete.» Nikolaus hat einmal die Bemerkung gemacht: «Könige sollten dem Himmel für einen solchen Mann danken.»
Wassiltschikoffs Bruder Dmitrij machte eine glänzende Karriere als General der Kavallerie (Blücher umarmte ihn einmal nach einer Kavallerieattacke auf dem Schlachtfeld); dann wurde er Mitglied des Reichsrats und Vorsitzender aller Wohltätigkeitseinrichtungen. Seine Tochter Tatiana heiratete Graf A. Stroganoff.

[2] Der offizielle Tod des Kaisers Alexander in Taganrog 1825 ist zunehmend bezweifelt worden. Der Historiker Gen. Schilder

z. B. kam zu der Überzeugung, daß er als Pilger und später als Eremit Iwan Kusmitsch jahrelang in Sibirien weiterlebte. Sein Sarg wurde in den achtziger Jahren geleert.

3 Platonoff, Geschichte Rußlands.

4 G. F. Kennan, Bismarcks europäisches System in der Auflösung. Die franz.-russ. Annäherung 1875–1890.

5 Ihr Vater, Graf Tiesenhausen, den Kutusoff liebevoll «l'aimable Ferdinand» zu nennen pflegte, wurde bei Austerlitz tödlich verwundet. Dort sah ihn Napoleon in sein Fahnentuch eingehüllt auf dem Boden liegen und rief aus: «Quelle belle mort!» Diese Begebenheit hat Tolstoy in «Krieg und Frieden» aufgegriffen.

6 Die Zarin Alexandra Fjdorowna war Prinzessin von Preußen, eine Tochter Friedrich Wilhelms III. und die Schwester Friedrich Wilhelms IV. Ihre Kinder waren der künftige Alexander II., geb. 1818; Marie, später Herzogin von Leuchtenberg, geb. 1819; Olga, Königin von Württemberg, geb. 1822; Alexandra, Prinzessin von Hessen-Kassel, geb. 1825; Konstantin, geb. 1827; Nikolaus und Michail.

7 Puschkin bezeichnete Mme. Hitrowo mit liebevoller Ironie als «Putifarscha» (das Weib des Potiphar). Ihre Tochter Dolly ist angeblich für die «Tatiana» im zweiten Teil von «Eugen Onegin» Vorbild gewesen, und ihre Zimmer werden in der «Pique-Dame» beschrieben. Ihr anschauliches, nicht veröffentlichtes Tagebuch befindet sich im Familienbesitz der Fürsten Clary.
Die einzige Tochter der Ficquelmonts heiratete Graf Clary.

8 Puschkin heiratete Nathalie Gontscharoff.

9 Puschkin hatte immer geglaubt, die anonymen Briefe stammten von Heckeren. Da er seine Frau für unschuldig hielt, galt seine Auseinandersetzung mehr letzterem als d'Anthès wegen der Verunglimpfung seines Namens. Er konnte seinen Schwager nicht gut direkt provozieren.

10 Pogodin, Michail Petrowitsch (1800–1875). Historiker, Archäologe und Journalist, Sohn des leibeigenen und hochgeschätzten «Majordomo» (Haus und Hofmeisters) der Familie Stroganoff. Die Begabung des jungen Michails wurde in jeder Weise gefördert. Er trat in das erste Moskauer Gymnasium ein und studierte dann an der Moskauer Universität, wo er zum Professor der Geschichte wurde und über zwanzig Jahre lehrte. Er ist anerkannt als Fachmann für altrussische Geschichte (Encycl. Wörterbuch 1898, XXIV).

[11] Die Mitglieder des Erziehungsministeriums tasteten sich vorsichtig vor. Zuweilen versuchte Uwaroff, die Reformen zu bremsen, während Stroganoff auf ihre Verwirklichung drängte; oder Uwaroff hob Beschränkungen auf, die von Stroganoff empfohlen waren. Am 4. 12. 1840 vertrat Graf Uwaroff in einem Rundbrief an alle Beauftragten in den Erziehungsbezirken die Begrenzung der Zulassung zu höheren Studieneinrichtungen. Am 2. April 1848 wurde ein Komitee gegründet, um die moralische und politische Richtung der Buchveröffentlichungen zu beaufsichtigen. Dies ging Graf Uwaroff zu weit, und er beschränkte persönlich die Zensur in seiner Abteilung.

[12] J. Billington, «Cultural History of Russia».

[13] Prof. Winogradoff zu G. E. Kennans «Custine in Retrospect».

[14] Großfürstin Elena Pawlowna, geb. Prinzessin von Württemberg, 1806–1873. Erzogen im Institut von Mme. Campan in Paris, heiratete sie den Großfürsten Michail Pawlowitsch, den jüngeren Bruder von Alexander I. und Nikolaus I. Ihr Wissen galt als enzyklopädisch. Im Krimkrieg gründete sie eine wohltätige Schwesternschaft, die auch im Feld tätig war, sowie zahlreiche Institutionen, darunter das musikalische Konservatorium. Sie übte großen Einfluß aus auf ihren Neffen Alexander II., vor allem bei der Durchführung der Leibeigenenbefreiung.

[15] Tagebuch von Mme. Drancy.

[16] Bibliothek des amerikanischen Kongresses, russische Abteilung. Kongreßunterlagen von 1865.

[17] Unterrichtsminister und danach Innenminister D. M. Tolstoy. Nicht mit dem Schriftsteller Graf Leo Tolstoy zu verwechseln.

[18] Die weltberühmten Stroganoff-Sammlungen wurden am 12. Mai 1931 in Berlin versteigert.

VI

[1] Die Scherbatoffs stammen von dem Warägerfürsten Rurik ab und wurden 826 mit der Regierung des Kiewer Rußland betraut.

[2] Wassiljewskoje hatte einmal dem Sozialisten A. Herzen gehört. Deshalb entging es der Zerstörung und ist heute eine öffentliche Bibliothek.

[3] «Kleinrußland» (Malorossija) wurde auch «Ukraine» genannt, was soviel heißt wie «Grenzland» (okraina).

[4] Dieser Umstand bewahrte das Gestüt vor der Ausplünderung

durch die Bolschewisten, denn man hielt es eine Zeitlang für ausländisches Vermögen.

[5] Sein Vater Prinz Alexander Hilarionowitsch (Sohn des Freundes von Paul Stroganoff) schrieb ein heute noch oft zitiertes maßgebliches Werk: «Landbesitz in Rußland und im Ausland» (1881) Wie viele Grundbesitzer seiner Zeit, teilte Boris Alexandrowitsch die weitsichtigen und unvoreingenommenen Ansichten seines Vaters. Ihr Ziel war es, die befreiten Bauern in ein landwirtschaftliches Entwicklungssystem einzubauen, denn mit einem ertragfähigen eigenen Grundstück wuchs sein Verantwortungsgefühl. Man suchte die hemmungslose Bereicherung einzelner zu verhindern, um die verheerende Vermehrung des Landproletariats aufzuhalten. Diese gezielten Maßnahmen führten zu einer rasch anwachsenden Schicht von besitzenden Bauern und kleinen Landwirten, den «Kulaken», die Stalin in den dreißiger Jahren zu Millionen umbringen ließ.

[6] Erinnerungen des polnischen Grafen Mohl, 1863 (unveröffentlicht).

[7] Ein einjähriges Rind kostete hundert Rubel, in der damaligen Zeit eine hohe Summe.

[8] Frank Thiess, «Tsuschima».

[9] Außer Wassiliewskoje bei Moskau und Mariewka bei Woronesch besaßen die Scherbatoffs ein Gut an der Walda, welches Oleg bei seiner Rückkehr aus dem japanischen Krieg geschenkt wurde, sowie noch ein Waldgut in der Provinz Wladimir. Die Güter der Stroganoffs lagen im Ural und bei Wolischowo.

[10] Abgesehen von der Liquidierung der Bauern belief sich zwischen 1928 und 1937 die willkürliche Vernichtung von Vieh auf: 15 Millionen Pferde aus einer Gesamtzahl von 30 Millionen; 42 Millionen Rinder von insgesamt 70 Millionen; 97 Millionen Schafe von insgesamt 147 Millionen; 8 Millionen Schweine von insgesamt 20 Millionen. Die Sowjetwirtschaft hat sich von diesem Verlust noch immer nicht erholt.

[11] Nach sowjetischen Schriftstellern erwähnte Chruschtschow persönlich zwölf Millionen, was eine grobe Unterschätzung darstellt.

[12] Den großen Säuberungen zwischen 1936 und 1938 fielen, wie bekannt, zum Opfer: 4 Marschälle und 8 Admiräle, 14 von 16 Armeegeneralen, 60 von 67 Divisionsgeneralen, 136 von 199 Divisionskommandeuren, 20000 politische Kommissare, alle Offiziere, die am Spanischen Bürgerkrieg teilgenommen hatten,

5% der gesamten Bevölkerung («Last days of the personal cult», Anton Kolendić, Paris: Fayard, 1982).

[13] Das russifizierte Geschlecht der Sultane Khan-Girey hat viele seiner Traditionen, so auch die poetischen Namen, beibehalten.

[14] Feldmarschall Graf (später Fürst) Michail Semjonowitsch Worontzoff (1782–1856). Er wurde in England erzogen, wo sein Vater Botschafter Katharinas der Großen war, kämpfte 1803 im Kaukasus unter Zizijanoff, war Kommandeur des Preobrazhensky-Regiments, das Alexander I. bei Tilsit bewachte, und zeichnete sich in allen folgenden Feldzügen aus. 1812 bei Borodino schwer verwundet, wo seine Division fast ganz vernichtet wurde, brachte er 150 verwundete Offiziere und Soldaten zur Genesung mit auf sein Gut Andrejewskoje. Er wurde zum Generalmajor befördert und schlug bei Craonne überlegene, von Napoleon persönlich geführte Kräfte. Er kommandierte die in Paris eingesetzten russischen Kräfte und bezahlte beim Abmarsch die Schulden seiner Offiziere, verhängte aber strenge Strafen, wenn er sie beim Glücksspiel ertappte. Als Gouverneur von Noworossijsk und Vizekönig von Bessarabien traf er Maßnahmen, um menschenleere Regionen zu bevölkern und die Handelshäfen am Asowschen Meer auszubauen; dies führte zu rasch wachsendem Wohlstand in ganz Südrußland. 1844 zum Vizekönig des Kaukasus mit weitreichenden Machtbefugnissen ernannt, gelang es ihm, viele der miteinander im Krieg lebenden Bergstämme auf seine Seite zu ziehen, indem er den Handel entwickelte und die reichen Bodenschätze des Gebietes ausbeutete. Diese Befriedungsmaßnahmen wurden dann nach dem Sieg über Schamil von seinem Nachfolger Fürst Barjatinsky fortgesetzt.

Wenige Karrieren sind glänzender verlaufen und haben sich wohltuender ausgewirkt, und obwohl sein Hochmut sowohl Puschkin als auch Tolstoy aufreizte, wird sein Name noch heute im Süden Rußlands verehrt.

[15] «Clementine» von Mary Soames.

[16] Rumänien wurde zu 90% kommunistisch, Griechenland nur zu 10%, Jugoslawien zu 50%, Bulgarien zu 75% bis 90% und Ungarn zu 75%.

[17] «Clementine» von Mary Soames.

[18] «Great Contemporaries» von Winston Churchill, 1937.

[19] Memoiren von A. Dolgun, Collins.

PERSONEN- UND SACHREGISTER

Übersichtskarte von SIBIRIEN
0 100 500 1000 km
Weißes Meer
BARENTS-SEE
Nowaja Semlja
Cholmogor
Dwina
Wolga
Suchona
MOSKAU
Ustjug
Wytschegda
Obdorsk
URAL
Ob
Berjosow
MANGASEJA
Jenissei
Wjatka
Kasan
Wolga
Kama
Perm
Pelim
Mangaseja
Turuchansk
Untere Tung
Ufa
Turinsk
Irbit
Tobolsk
Tjumen
Ob
Jenissei
Steinige Tungusk
Ural
Tobol
Tara
Narym
Ketsk
Jenisseisk 1619
BARABA-STEPPE
Omsk
Kainsk
Kaspisches Meer
Tomsk
Obere Tunguska
Ischim
Kusnezk
Krasnojarsk
Bijsk
Nischne
Aral-See
Semipalatinsk
Ustkamennogorsk
Irkut
ALTAI-GEBIRGE
MONGO
Waldgebiet
Steppengebiet
Zug der Besiedlung
Jermak 1581–1584
Deschnew 1648
Grenze Mitte 17. Jahrh.
Pojarkow 1643–1646
Chabarow 1649–1653
Grenze im 18. Jahrh.
Staduchin 1647
Atlassow 1697–1699